사림열전

1

소쇄원의 바람소리

사림열전 1
소쇄원의 바람소리

ⓒ 이종범, 2006

첫판 1쇄 펴낸날 | 2006년 7월 20일
첫판 3쇄 펴낸날 | 2015년 6월 1일

지은이   이종범
펴낸이   박성규
디자인   민진기디자인

펴낸곳   도서출판 아침이슬
등록   1999년 1월 9일(제10—1699호)
주소   서울시 은평구 불광로11길 7-7(불광동, 제1층제1호)
전화   02)332—6106~7
팩스   02)322—1740
이메일   21cmdew@hanmail.net

ISBN 89—88996—67—4 04900
ISBN 89—88996—66—6 (세트)

* 신저작권법에 의해 보호를 받는 저작물이므로 무단전재와 무단복제를 금합니다.
* 책값은 뒤표지에 있습니다.

이 도서의 국립중앙도서관 출판시도서목록(CIP)은
e-CIP 홈페이지(http://www.nl.go.kr/cip.php)에서 이용하실 수 있습니다.
(CIP제어번호: CIP2006001379)

이종범 지음

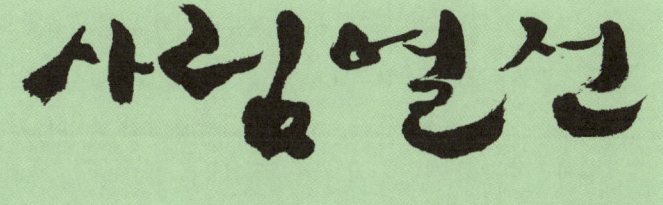

사림열전

1 소쇄원의 바람소리　　　　　　士林列傳

아침이슬

감사의 글

몇 해 전 '역사문화인물기행'을 주관한 적이 있었다. 최초의 '인물사·정신사·지성사' 기행이 아니었나 싶다. 호남에서 시작하여 충청도와 경상도를 넘나들었다.

처음에는 의인(義人)·학자(學者)·걸사(傑士)를 개인 차원에 맴돌다가 그들의 삶과 앎에 스며 있던 소통과 교류의 흔적에서 '경계 넘기'의 진경(眞景)을 엿보았다. '가문과 지역'의 폐쇄회로를 벗어난 반가움은 컸다.

이에 그치지 않았다. 양반과 상민, 선비와 농민의 관계가 일방통행에서 상호소통으로 바뀌는 아스라한 궤적을 눈치 챘다. 역사인물을 배우다가 이름 없는 백성의 지위가 차츰 높아지는 실체를 살핀 것이다. 그것이 진실과 공부, 헌신과 희생이 서로 겹쳐지는 성취였음을 알고 난 다음의 즐거움은 이루 말할 수 없었다.

그러나 기행 뒤끝에 엄습하는 쓰라림은 오래갔다. 세월의 험난함을 이기지 못한 고단한 풍경! 더구나 완벽하게 지워진 민초의 숨결과 몸짓! 역사의 굴곡이 고스란히 스며 있는 것이 아닌가 하였다.

이러한 여정을 거치면서 필자는 오늘날 가장 소중하게 생각하는 학문과 사상, 언론과 교류의 기풍이 언제부터 자리 잡게 되는가를 살폈고, 그 시기가 바로 16세기임을 알았다. 비록 양반·사족 계급에 한정된 것이었지만, 현재 우리 시민 개개인도 저만큼 공부하고 생각하고 고민하고 발언하였으면 좋겠다는 바람을 품을 정도였다.

주지하듯이 16세기는 세조의 찬탈과 연산군의 광란이 빚어낸 어두운 그림자를 걷어내려는 선비들이 거듭 희생을 당한 사화의 시대였다. 또한 그럼에도 바른 정신과 깊은 학문을 무기로 선비들이 정국을 주도하게 된 사림의 시대였다.

그것은 '나라의 근본은 백성이며 임금의 하늘은 백성이다'는 신념과 '해와 달이 사사롭게 비추지 않듯이 임금부터 사(私)와 리(利)를 포기해야 인정을 베풀 수 있다'는 희망의 소산이었으며 공론의 힘이었다. 제 몸을 위한 욕심을 없애어 세상을 이롭게 하는 마음을 잃지 않으려고 하였던 수기치인과 솔선수범의 정신과 자세가 바탕이 되었다. 그렇다면 16세기는 오늘날에도 찾아보기 힘든 인간의 덕목 즉 인내와 배려, 희생과 관용, 인륜과 도덕의 가치가 빛을 발한 시대인 셈이다.

이 책은 여덟 선비의 삶과 생각을 재구성하여 사림시대가 열린 저력이 어디에 있으며 오늘날 우리에게 무슨 교훈을 남기고 있는가를 살폈다. 이 중에는 김인후, 기대승처럼 알려진 인물도 있지만 대부분은 일반에게 생소한 인물들이다.

처음부터 책이 될 것을 생각하고 원고를 만들지는 않았다. 그러다가 3년 전 봄 광주방송(KBC)의 TV특강에서 「호남인물열전」을 한동안 강의한 적이 있었는데 여러분이 글로 만들라 하여 서둘렀지만 평소 꿰지 못하는 건성이라 이리 늦어졌다. 무척 난삽한 원고를 기꺼이 맡아주고 가다듬어준 아침이슬에 감사의 뜻을 전하고 싶다. 그래도 진정한 고마움은 거칠고 난감한 기행을 함께 해주신 여러 선생님들의 몫이다. 후속 작업으로 보답하고자 한다.

2006년 6월 경양재(景陽齋)에서

이종범

차례

감사의 글

서론 왕도정치, 이룰 수 없는 꿈이었는가 13

새로운 나라의 임금과 신하 | 절반의 화해 그리고 균열 | 화해와 미래를 위한 새로운 역사인식 | 명맥이 끊길 뻔한 나라를 되살리는 길 | 희망의 노래, 학문의 힘 | 사림정치와 붕당 | 임금은 선비의 마당[場]과 그물[網]을 거부하였다

최부 崔溥
하늘의 뜻으로 세운 나라를 어떻게 지킬 것인가

1. 숨김없는 삶 —— 36

   광란의 덫에 걸리다 | 이러다 나라의 명맥이 끊길지 모른다

2. 하늘의 빛은 땅을 가르지 않는다 —— 42

   「탐라시」: 먼 섬에도 자랑스런 문명이 있구나 | 『표해록』: 가보지 않고 중국을 알 수 있는 책 | 해외에서 더 유명하다

3. 나라의 역사를 바로 세우다 —— 53

   『동국통감』의 사론을 집필하다 | 조선의 건국은 하늘의 뜻이었다 | 부여씨(夫餘氏)의

제사가 끊겼으니 오호라 슬프다! | 계백을 되살리다

4. 소중한 사람: 삽화 그리고 후주(後奏) —— 63

정몽주를 문묘에 올리다 | 통일을 향한 새로운 기억을 위하여

박상 朴祥
인륜을 팽개치면 바른 정치를 할 수 없다

1. 임금이 바뀌었으면 정치도 바뀌어야 한다 —— 72

이미 나라의 명맥이 끊길 뻔하였다 | 공신이 먼저 반정의 명분을 팽개치다 | 임금이니 더욱 조강지처를 버릴 수 없다

2. 공신의 욕심을 채워주면 반역을 부추긴다 —— 80

우애와 기질 | 공신과 토호를 이대로 두고 백성을 살릴 수 없다

3. 정치개혁을 먼발치에서 바라보다 —— 86

새로운 시대가 오는가 | 세상은 다시 어두워졌다 | 조광조의 상여를 떠나보내며

4. 바른 말과 옳은 뜻이 하늘에 닿아 있다 —— 94

소중한 만남 | 『동국사략』을 엮고 김시습의 글을 수습하다 | 기묘완인

김인후 金麟厚
해와 달은 사사롭게 비치지 않는다

1. 신하의 길 —— 108

동궁의 신하가 될 것이다 | 「묵죽도」에 전한 마음 | 역(逆)이지만 기실은 충(忠)이다

2. 희망의 노래 —— 116

시를 읊고 술을 찾는 세월 | 시는 나의 무기 | 반가움과 아쉬움

3. 하늘의 뜻에 따라 산다는 것 —— 124

시대를 넘어서고 우주를 만나다 | 천명은 사람의 일[人事]에 달려 있다 | 세상의 불행은 하늘을 공경하지 않기 때문이다

4. 하늘은 중화와 이적을 나누지 않았다 —— 132

갑자기 세상을 버리니 우리 도학(道學)이 불행하다 | 백화(百花) 세상을 위하여

유희춘 柳希春
적막하고 아득해도 공부를 그칠 수 없다

1. 사화의 전승(傳乘) —— 144

외조부와 형을 사화로 잃고 아버지에게 배우다 | 지독한 보복, 어쩔 수 없는 세상이었다

2. 유배지의 꿈과 공부 —— 151

공부하고 가르치지 않았으면 부서졌을 것이다 | 다시 세상에 나가지 못한다 해도

3. 학문으로 세상을 감동시키다 —— 159

물어봐서 모르는 것이 없으니 어찌 이리 기특한가 | 문헌을 숭상하는 조용한 나라를 위하여

4. 기록과 기억: 세월의 소홀함을 이겨내다 —— 164

지치고 곤혹스러웠다 | 우리 함께 떠날 때가 되었구려

기대승 奇大升
평생 공부하지 못하고 떠나니 한스러울 뿐이다

1. 모르는 것을 감추지 않았고 의문은 풀지 않을 수 없었다 —— 176

    고담준론으로 신진의 영수가 되다 | 젊은 스승이 나타나다 | 퇴계와의 편지, 새로운 시대를 위한 선언이었다 | 임금과 재상이 바로 서는 나라

2. 새로운 정치를 위하여 —— 188

    임금의 마음은 하늘에 닿아 있어야 한다 | 임금과 신하는 정의(情義)가 소통하여야 한다 | 과거청산 없이 새로운 정치나 학풍의 쇄신은 불가능하다 | 원로중신과의 충돌: '구신'은 떠나라 | 사람을 키우는 일이 우선이다

3. 최후의 광경 —— 203

    숲과 강을 백성에게 개방하자 | 국사(國事)는 이미 그르쳤다 | 논쟁과 청의(晴誼)

박순 朴淳
새로운 정치가 참으로 어렵구나

1. 외척 권신을 몰아내다 —— 218

    맑음으로 더러움을 씻어내다 | 휴지(休止)의 미학

2. 사림재상의 출현 —— 224

    기다림의 정치 | 선류(善類)의 종장(宗匠)이 되다

3. 임금 모시기가 이렇게 힘들 수가 없다 —— 229

    이제는 붕당인가 | 국왕이 문제였다 | 재상의 한숨은 깊고 길었다

4. 오해와 변명 —— 237

임금과 친구 사이에서 | 학술을 내세우지 않고 학설로 갈라서지 않았다 | 여운(餘韻): 삶과 노래

이발 李潑
하늘인가 사람인가, 누가 죽였는가

1. 붕당정치의 한복판에서 —— 248

아무것도 남기지 않고 죽었다 | 열린 마음, 맑은 성품의 소유자 | 정국의 중심에 서다

2. 선비의 힘을 모으자 —— 257

이이와 이발, 편지를 주고받다 | 협력과 화합의 길목에서 | 정철과 이발

3. 고향에서 살다 —— 265

부친상을 당하다 | 재조사림(在朝士林)의 내림

4. 무서운 세상이 오고 있었다 —— 271

서로 시름을 앓다 | 겉은 초연하였으나 실은 단호하였다 | 임금의 뜻은 딴 데에 있었다

5. 뿌리째 뽑히다 —— 279

유언비어가 난무하다 | 아아, 한발 늦었다 | 『동남소사』에 담긴 뜻

정개청 鄭介淸
운명은 어쩔 수 없어도 세상은 바꿀 수 있다

1. 기축옥은 사화였다 —— 292

   억울한 죽음들 | 어처구니없고 아찔하였다

2. 죽음의 구실 —— 299

   절의를 배척하였다니 | 박순과 정개청

3. 독실한 앎과 삶 그리고 안타까운 풍경 —— 305

   열심히 공부하고 가르치다 | 김천일과의 의례논쟁

4. 겸허의 정치학 —— 312

   구차한 세상을 질타하다 | 누가 어지러운 세상을 책임질 것인가 | 임금이 교만하면 폭군이 된다

5. 죽음 뒤에 더욱 원통하였다 —— 320

   캄캄한 지하의 원통한 넋들의 통곡소리가 들리지 않는가 | 배척은 끊이지 않았다 | 윤선도의 변론

부록

인물표 328

참고도서 338

찾아보기 340

서론

왕도정치, 이룰 수 없는 꿈이었는가

새로운 나라의 임금과 신하

14세기 후반 외세의 간섭과 침략, 권문세족의 탐욕과 전횡을 이겨낸 신흥 사대부는 백성을 하늘로 아는 임금, 백성을 살리는 나라를 소망하였다. 옛 성현의 '나라의 근본은 백성이며 근본이 튼튼해야 나라가 편안하다'는 가르침을 새롭게 살핀 것이다. 어떻게 하면 백성의 삶을 북돋는 정치를 할 수 있을까?

사대부는 임금을 '하늘을 대신하는 대천자(代天者)'로 높였다. 절대지존(絶對至尊)이었다. 하늘이 낸 백성을 임금이 대신 살리라는 뜻이었다. '해가 사사롭게 비추지 않듯이 임금도 온 백성을 고루 살펴야 한다'는 주문이기도 하였다. 그리고 임금에게 신하의 갈등을 조정하고 백성을 해치는 사사로운 권세를 제압할 수 있는 힘과 수단을 부여하였다. 그러나 방임이 아니었다. 백성을 살리는 무한책임을 뒷받침하기 위한 왕권 안정이 목표였다.

이러한 이상과 목표를 실현하기 위하여 조선국가는 고려에 비해 한층 강화된 중앙집권적 관료제를 마련하고 국왕과 관료, 관료와 관료 사이의 비판과 견제의 틀을 갖추어갔다.

그러면 신하는 어떠한 자격을 갖추어야 하는가? 제 몸의 사사로움[利리]에서 벗어나 세상을 이롭게 할 수 있는[利他] 존재가 되어야 하였다. 바로 군자(君子)이며 선비[士]의 길이었다. 먼저 우주와 자연의 섭리, 인간의 마음과 세상의 이치, 나라의 흥망과 시세의 성쇠를 소상하게 알아야 했다.

격물치지(格物致知)였다. 하늘을 향한 순수한 뜻[誠意]과 바른 마음[正心]도 갖추어야 했다. 그렇게 하여야 집안을 가지런하게 하고 고을과 나라를 다스릴 수 있으며 나아가 천하를 태평하게 할 수 있기 때문이다. 요컨대 자신을 닦고 남을 다스린다는 수기치인(修己治人)이었다.

그렇다면 신하가 임금 곁에 있으면서 한시라도 잊지 말아야 하는 것은 무엇일까? 우리 임금이 요순(堯舜)과 같은 성군(聖君)이 되게 하고 우리 백성을 어질고 제명대로 살 수 있는 '인수(仁壽)'의 영역으로 이끌겠다는 각오였다. 나아가 배움이 지식에 머물지 않고 관직이 부귀를 가져다주는 것이 아님을 명심하여 혹여 임금을 바르게 이끌지 못할까 백성의 아픔을 알지 못할까 노심초사하는 선우후락(先憂後樂)의 자세였다.

고려 말 사대부는 이러한 정치이념과 좌표를 유학을 새롭게 공부하면서 찾아냈고, 나아가 새로운 학문인 성리학을 통하여 신념으로 체계화시켰다. 유학을 국시로 삼은 조선국가가 성리학을 국정교학(國定敎學)으로 선포한 소이였다.

절반의 화해 그리고 균열

고려 후기 성리학을 받아들인 사대부는 백성을 살리는 일을 하늘의 명령으로 받아들였다. 그러다 새 나라의 창업인가 고려에의 충절인가를 두고

갈렸다. 전자인 공훈파(功勳派)는 정도전(鄭道傳)·조준(趙浚)·남은(南誾)·윤소종(尹紹宗) 등이고, 후자의 절의파(節義派)는 정몽주(鄭夢周)·이색(李穡)·문익점(文益漸)·길재(吉再) 등이었다. 양측의 갈등과 대립, 소외와 배척은 어쩔 수 없었다.

그러나 국면 전환은 의외로 빨리 왔다. 공훈파의 내부 분열로 핵심세력인 정도전, 남은 등이 제거되고 태조와 태종이 절의파를 수용한 것이다. 그러나 이것은 여건이며 구실일 따름이었다. 절의파의 진출은 사대부의 존재와 의식에서 보아 회피할 수 없는 선택이었다.

공훈인가 절의인가를 떠나 사대부는 관직에 나서 임금을 보필하려는 목표가 있었다. 사군자라면 '세상을 가지런하게 하고 백성을 구제한다'는 이상도 가지고 있었다. '고려인가, 조선인가'를 둘러싼 한때의 정치적 판단 때문에 사대부·사군자로서의 존재 조건과 이념 지향을 완전히 버릴 수는 없었던 것이다. 더구나 국정의 제일의제를 '백성을 아끼고 보살피며 가르쳐서 인정(仁政)과 덕치(德治)를 이룬다'에 두고 변화와 개혁을 추진하는 새 나라를 언제까지 외면할 수 없었다.

절의파의 선회(旋回)! 한 세대가 지난 세종 치세(1418~1450)에 이르러 더욱 두드러졌다. 특히 건국에 반대하여 먼 지방으로 숨어들어 볼 만한 것이 없게 된 가문의 젊은 인재를 과감하게 발탁하였던 '연소한원(年少寒遠)'의 인사정책은 상당한 성과를 거두었다. 공훈파와 절의파의 간극도 그만큼 좁혀졌다.

이런 상황에서 찬란한 문화가 꽃피었다. 천문·지리·농학 등의 실용학문 분야가 놀랄 만한 수준으로 발달하였다. 백성의 병을 고쳐야 어진 정치라고 할 수 있다는 합의 아래 의약 분야도 발전하였다. '의국(醫國)'을 표방함이었다. 여기에는 사람의 질병만이 아니라 세상의 병폐도 고치겠다는 의지가 담겨져 있었다. 특히 훈민정음(訓民正音) 창제는 '백성을 가르치며 덕으로 다스린다[訓民德治]'는 애민사상의 결정체였다. 말과 글의 일치를 통하여 겨레의 정체성을 세움과 아울러 유교의 경전은 물론 불경까지 민간에 보급하여 겨레의 교양과 정신 수준을 한 단계 높이는 발판을 마련한 것이다. 마치 유럽에서 성서를 자국어로 번역하면서 종교개혁을 이룩하고 근대국가의 토대를 마련한 것에 버금가는 쾌거였다.

그러나 새로운 국가를 향한 기대와 희망은 오래가지 않았다. 건국 반세기가 지난 세조 치세(1455~1468)는 오만이며 독선이었다. 세조는 어린 조카의 왕위를 빼앗고 목숨까지 거두었을 뿐 아니라 단종의 생모이자 문종 비(妃)인 현덕왕후(顯德王后)를 서인(庶人)으로 낮추고 그녀가 묻힌 소릉(昭陵)까지 파헤쳐버렸다. 왕실의 정통성을 훼손하고 인륜도덕을 짓밟은 참변이었다. 더구나 이 과정에서 공로를 세운 훈구파는 백성을 위한 공기(公器)인 관직을 '사사로운 이익의 원천[利源]'으로 삼고 한계를 정해 임시로 맡긴 권한을 남용하였으며 민생을 침탈하였다. 권력을 독점하고 세습하면서 세상에 오만방자한 '권귀(權貴)'가 된 것이다.

왜 이런 일이 벌어지는가? 욕심이 하늘을 찌르는 패륜이 옛적의 광포함과 무엇이 다른가? 번민과 분노, 일탈과 둔세(遁世)가 속출하였다. 반세기 전 '공훈파와 절의파의 상극'이 재연되는 듯한 형국이었다. 특히 청년

사족의 충격은 더욱 컸다.

   소년 시절 신동으로 세종마저 감탄시킨 김시습이 세상을 통곡하며 불교와 도교에 깊이 빠져들어 평생을 방외인(方外人)으로 보냈던 것도 세조의 찬탈에 대한 한탄, 제구실을 하지 못하는 유학에 대한 반발 때문이었다. 밀양에서 경산으로 가다가 답계역(踏溪驛)에서 잠을 청한 김종직(金宗直)이 꿈에 항우(項羽)에게 죽임을 당한 회왕(懷王)을 보고 지었다는 「조의제문(弔義帝文)」도 단종이 영월에서 살해되었다는 소식을 듣고 울분을 품었던 소산이었다.

화해와 미래를 위한 새로운 역사인식

성종 치세(1469~1494) 중반 이후 왕실의 도덕성 회복을 요구하고 훈구파를 비판하는 흐름이 뚜렷해졌다. 성종 9년(1478) 현덕왕후의 복위를 주장한 남효온의 '소릉복위론'이 기폭제가 되었다. 성종 23년(1492)에는 이목(李穆)·권달수(權達手) 등 유생이 훈구파 대신을 흉측하고 간사한 '간귀(奸鬼)'로 지목하였다. 사림파의 등장을 알리는 상징적 사건이었다. 이때에 김일손·김굉필·정여창·표연말·최부 등이 학문과 교육, 나아가 참여와 비판을 통하여 미약하지만, 시대의 변화를 향한 의미 있는 세력을 이루었다.

사림파는 임금에게 궁리수신과 솔선수범, 공평무사를 요구하고 언로의 개방과 공론의 수용을 주장하였다. 공(公)과 사(私), 의(義)와 리(利)를 최종 판단하는 임금에게 사림의 여론을 온전히 전하여 세조 치세의 패도(覇道)·패권론(覇權論)의 오류를 극복하고자 함이었다.

한편 사림파는 문명[中華]과 야만[夷狄]으로 양분된 세계질서 속에서 선진문명국 즉 소(小)중화가 되는 길을 모색하였다. 그것은 문치교화(文治敎化)를 실현하고 나아가 성리학의 의리와 명분을 실천하는 일이었다. 우리 역사와 국토에서 그러한 궤적을 살피고 역량을 찾고자 하는 일과 병행하였다. 사림파가 『동국통감』과 『여지승람』의 개정 증보에 적극 참여한 동기가 여기에 있었다. 김종직·최부·표연말 등이었다.

『동국통감』의 새로운 사론(史論)은 지난 역사에서 분열과 난세를 극복한 동력은 패권·패도의 부국강병이 아니라 인심과 천명에 있었음을 밝혔다. '인심이 떠나고 천명이 버리면 어떠한 나라도 정통이 아니다' 는 정통론(正統論)의 관점이었다.

이러한 관점에서 난세와 분열의 역사를 균형 있게 서술하면서 정통이 되지 못하고 사라진 나라도 정당하게 평가하였다. 김부식의 『삼국사기』나 권근의 『삼국사절요』는 신라를 중심에 두고 고구려와 백제를 변방으로 치부하는 경향이 농후하였다. 신라가 삼국 쟁패의 최후 승자라는 엄연한 사실 때문이었다. 그러나 『동국통감』은 달랐다. 삼국시대의 세 나라가 어깨를 맞대고 경쟁하였다는 '삼국균적론'을 제시함으로써 신라는 물론이고 고구려와 백제도 한 시대의 당당한 주역임을 밝혔던 것이다. '우리 강토에서 사라진 옛 나라 어느 하나도 소중하지 않은 바가 없다'는 삼한통일 의식의 발로였다.

또한 사림파는 '공적보다는 진실, 공리(功利)보다는 의리(義理)가 소중하다'는 절의론(節義論)의 관점을 세웠다. 이것은 공적을 바탕으로 부귀를 탐내고 사리사욕을 추구하는 훈구파의 패권론에 대한 비판인 동시에 나라를 지키는 동력은 의리와 명분에 있다는 교훈을 세우기 위함이었다. 이러한 관점에서 『동국통감』은 망한 나라에 목숨을 바친 충신을 높이 평가하였다. 역사와 인물의 평가가 승리와 공훈만으로 될 수 없다는 것이었다. 마치 '나라를 지키려는 정신은 승패를 떠나 소중하다' 혹은 '조선국가를 지키는 힘은 절의에 있다'는 선언과도 같았다.

이와 동시에 『동국통감』은 조선의 건국도 재평가하였다. 그동안 『고려사』나 『고려사절요』는 '고려의 선양(禪讓)으로 태조가 왕위에 올랐다'는 식으로 서술하여 조선의 정통성을 고려의 양보에서 찾았지만, 『동국통감』은 '고려는 공민왕 23년에 이미 망하였다'고 하여 조선이 인심을 얻고 천명을 받아 수립된 새로운 정통국가임을 천명한 것이다. '조선이 고려를 빼앗은 것 아닌가?' 하는 의혹을 불식하고 조선의 위상을 드높인 새로운 건국상(建國像)이었다. 그러면서 창업에 나선 공훈을 인정하지만 고려의 충절 또한 중요함을 강조할 수 있었다.

그러나 사림파의 역사인식은 과거에 머물지 않았다. 인심을 잃고 천명이 떠나면 어떠한 국가든 망하며 패권과 공리가 나라의 미래를 보장하지 못한다는 현실비판·미래전망을 제시한 것이다.

이러한 정통론과 절의론의 역사의식은 사림파가 후학 교육을 위하여 편찬한 '사략(史略)' 유형의 사찬사서(私撰史書)를 통하여 널리 퍼졌다. 역사인식의 주체, 역사서술의 주역이 시대를 이끌어간다고 하였는가? 사림의 시대는 이렇게 오고 있었다. 그러나 수많은 죽음을 넘어야 하였다.

명맥이 끊길 뻔한 나라를 되살리는 길

연산군 치세(1494~1506)는 한심하고 참혹하였다. 임금은 향락과 패륜을 일삼고 훈구파는 안일과 보신에 빠졌다. 이런 상황에서 사림파가 외척과 소인의 득세를 반대하며 재상 중신의 분발과 각성을 누차 촉구하였지만 오히려 임금과 훈구파의 분노와 참화를 불렀을 따름이었다. 「조의제문」이 발단이 된 무오사화였다.

연산군의 방종! 연산군은 생모 윤씨가 사사되었다는 울분도 작용하였겠지만 처음부터 공부를 싫어하고 욕심과 의심은 끝이 없어 임금의 자질이라고는 전혀 없는 인물이었다. 그는 신하들에게 언제 생모의 원한을 갚을지 모른다는 위협을 가하며 패륜을 저지르고 재산을 빼앗았다. 그럴수록 훈구파 대신은 연산군의 횡포와 탈선에 더욱 침묵하였고, 이에 따라 연산군은 더욱 격분하였다. 고립감과 자괴감에 사로잡힌 광란, 바로 갑자사화였다. 무오사화 때 목숨을 겨우 부지한 사림관료까지 다시 덫에 걸렸다.

자신을 폄하할 사람은 한 사람도 남기지 않겠다는 연산군의 패악이 극에 달한 결과요, 임금이기를 포기한 처사였다.

중종반정(1506) 후에도 사림파는 좀처럼 정국에 나설 수 없었다. 그만큼 타격이 컸던 것이다. 더구나 중종 치세(1506~1544) 초반은 반정공신이 막강하여 사림파에게 우호적인 상황도 아니었다. 그러다 중종 10년(1515) 김정과 박상이 올린 '신비복위소(愼妃復位疏)'를 계기로 다시 결집하기 시작하였다.

상소는 원자를 낳고 세상을 떠난 장경왕후(章敬王后)의 뒤를 중종이 왕위에 오를 때 버린 조강지처 신씨(愼氏)로 잇게 하자는 것이었지만, 실은 '인륜을 지키지 않고 왕도정치를 이룰 수 없다'는 시대선언이었다. 이후 조광조를 비롯하여 김안국·김정·이자·김식·김구·기준 등 신진사림이 조정에 대거 진출하였다. 무오사림의 세뇌를 받은 젊은 선비들이었다.

사림파는 '하늘이 임금을 세우고 신하를 둔 것은 백성을 위함이다'라는 원론을 제기하며 공의(公義)와 공익(公益)을 위한 도학정치를 추구하였다. 또한 훈구파의 권력 독점과 남용을 비판하고 백성의 삶을 보장하기 위해서라면 '선대의 법제라도 고쳐야 한다'면서 개혁론을 주장하였다. 사장(詞章) 중심의 과거제의 한계를 보완하려는 현량과(賢良科)나 토지소유에 제한을 두려고 한 한전론(限田論)은 당시로서는 매우 혁신적이었다.

또한 사림파는 『주자대전』·『주자어류』 등 주자의 저작을 들여와 학문 진흥을 모색하는 한편, 훈민(訓民)과 생민(生民)의 일환으로 『소학』·『주자증손여씨향약』을 비롯하여 『농서(農書)』·『잠서(蠶書)』 등을 한글로 번역하여 배포하였다. 나아가 당시 유행하던 열병이나 종기 등의 처방전을 민간에 보급하고자 『벽온방(辟瘟方)』·『창진방(瘡疹方)』 등의 의서도 간행하였다. 조선건국의 목표이었던 '의국론(醫國論)'을 계승한 것이었다.

그러나 사림파는 반정공신 중에서 거짓 공훈을 가려내고자 하는 '위훈삭출' 문제로 훈구파 공신과 격렬하게 대립하면서 또다시 좌절을 겪었다. 기묘사화였다. 명분과 의리의 원칙, 훈민과 생민의 성과도 함께 묻혔다. 그러나 기묘사림의 이상과 원칙까지 짓밟을 수는 없었다. 비록 잠시에 그쳤지만 임금과 신하가 보여준 협찬(協贊)과 공치(共治)의 정치실험은 훗날 사림정치의 값진 경험으로 살아남았다.

희망의 노래, 학문의 힘

기묘사화는 이기심이 이타심을 짓밟고 단심충정(丹心衷情)이 중상모략에 쓰러졌던 시대의 분노이며 한탄이었다. 그러나 살아남은 기묘사림은 왕도정치의 이상을 포기하지 않았다. 청년사림을 만나고 가르치며 시대의 빛을 찾았다. 김안국·최산두·박상·이자·김세필 등이었다.

또한 기묘사림의 지우(知遇)를 얻었거나 영향을 받은 청년사림도 공부를 통하여 난관을 돌파하고자 하였다. 이들은 『성리대전』·『주자대전』·『근사록』·『심경』·『자치통감강목』 등을 깊이 공부하며 자연의 이치와 인간의 마음, 역사의 궤적을 깨쳐갔다. 이언적·서경덕·이황·조식·이항·성운·성수침·임형수·정지운·김인후·유희춘·노수신 등이었다. 그러나 조정에서 포부를 펼칠 수 없었다. 조광조 등의 신원요구는 번번이 묵살되었고 『소학』 보급과 향약장려정책은 무시되기 일쑤였다. 중종 자신부터 자기 치세의 과오나 실수를 인정하려 하지 않았고 실권을 장악한 외척 권신이 사림파를 철저히 부정하였던 것이다.

이런 상황에서 적지 않은 사림이 공부와 행실이 독실한 세자의 치세를 기대하였다. 그러나 세자가 보위에 오른 지 일곱 달만에 세상을 버리자 또다시 희생을 겪었다. 명종의 외척세력인 '소윤(小尹)'은 인종의 외척인 '대윤(大尹)'만이 아니라 자신들을 반대하는 사림파에게도 보복의 칼날을 휘둘렀던 것이다. 을사사화였다. 이후에도 정치탄압은 한동안 계속되었다. 보복과 배신, 함정과 음모는 실로 유례가 없을 정도로 치밀하고 가혹하였다.

하늘의 뜻과 인간의 길을 공부한 선비의 선택은 분명했다. 죽임을 당하고 유배를 당하였으면 모르되 조정에 머물거나 나설 수 없었다. 대신 학문을 연마하고 제자를 양성하며 희망을 노래하고 미래를 준비하였다. 서경덕·이황·조식·이항·성운·김인후 등이었다. 유배지에서도 이런 꿈은 시들지 않았다. 이언적·유희춘·노수신 등이었다.

이러한 시기에 젊은 선비들이 스승을 찾아 나섰고 서로 뭉쳤다. 일종의 결사와 비슷한 학단(學團)이 출현한 것이다. 서경덕의 화담학파, 이황의 퇴계학파, 조식의 남명학파, 이항의 일재학파 등이었다.

각 학파는 종장(宗匠)에 따라 공부방법이나 학풍에 차이가 있었다. 퇴계학파가 주자를 묵수(墨守)하는 주자성리학 위주였다면 다른 학파는 성리학을 중심으로 하지만 천문·지리·병법·의술 등에도 깊이 파고들어 박학과 회통의 특징을 보였다.

또한 처세관도 서로 달랐는데 퇴계학파와 남명학파가 특히 대조를 이루었다. 퇴계학파가 '어렵게 나가고 쉽게 물러서는 난진이퇴(難進易退)'의 독특한 출처를 보여준 이황을 모범으로 하였다면 남명학파는 은둔과 처사의 길을 고집한 조식을 따라 '선비는 높고 벼슬아치는 낮다'는 '사존관비론(士尊官卑論)'에 투철하였다. 퇴계학파에 비하여 재야 본위의 처세관을 견지한 것이다.

나아가 지역 기반에도 차이가 있었다. 종장의 근거지에서 먼저 터를 잡았기 때문이다. 화담학파는 기호, 퇴계학파는 경상좌도, 남명학파는 경상우도, 일재학파는 호남을 중심으로 하였다. '지방의 학문화'와 '학문의 지방화'가 진행된 것이다.

이렇듯 여러 학파는 학풍과 처세관이 달랐지만 '천지가 생물에 은택(恩澤)을 베풀 듯이 군주도 인정(仁政)을 베풀어 민생을 북돋아야 한다'는 신념은 같았다. 또한 지역을 경계 삼아 문호를 닫아걸지 않았다. 오히려 각 학파는 자아성찰과 사회염원을 서로 확인하고 교류하며, 상호소통과 연계의 망을 갖추어나갔다. 권신 외척의 전횡과 사리사욕을 종식시킨다는 기대와 희망이 전국으로 퍼져나갔다. 이러한 상황에서 이황과 기대승의 왕복서한이 끼친 영향은 컸다.

이제 선비는 더 이상 고립된 혼자가 아니었다. 서로 희망을 공유하고 미래를 찾아가는 '함께하는 선비'가 된 것이다.

사림정치와 붕당

명종 치세(1545~1567)는 실로 '군약신강(君弱臣强)'의 시대였다. 외척 권신의 부귀와 권세는 왕실을 능가할 정도였다. 그러나 문정왕후가 떠나자 허망하게 추락하였다. 전국에 걸쳐 뿌리를 내린 사림파에게 밀린 것이다. 학문의 힘을 바탕으로 한 공론의 승리였다.

그렇다고 이십 년에 걸친 외척 세도가 재야의 공론만으로 쉽사리 종식될 수는 없었다. 조정에서 외척 권신과 대립각을 세웠던 사림관료 세력이 존재했기에 가능한 일이었다. 기대승·박순·허엽 등이었다. 재야(在野)와 재조(在朝)의 연계와 협력! 물론 외척 권신의 민생침탈에 진저리를 치던 백성의 저항도 한몫을 하였다. 그러나 새로운 정치는 쉽지 않았다.

의정부와 육조를 장악한 원로중신은 개혁정치에는 미온적이었다. 그들 자신이 외척 권신에 아부하지 않았기 때문에 중망(衆望)이 있기는 하였지만 그렇다고 적극적으로 저항하지도 않았기 때문에 깨끗한 공론을 대변할 수는 없었던 것이다. 그만큼 어두운 과거를 청산하는 데 소극적이었을 뿐 아니라, 조정의 여론이 재야사림과 연계되는 것조차 못마땅하게 여졌다. 선조 즉위(1567) 후에도 이러한 기류는 당분간 지속되었다.

이런 상황에서 신진사림은 원로중신을 '구신(舊臣)'으로 지목하며 공세를 폈다. 지난 시대의 신하이므로 물러나야 마땅하며 물러날 수밖에 없다는 뜻이 담겨져 있었다. 사림파의 투쟁 대상이 외척 권신에서 '구신'으로 바뀐 것이다. 기대승·박순·이이·정철 등이 앞장섰다. 명종 치세의 그림자에서 하루라도 빨리 벗어나려는 선조의 의중까지 개입하면서 구신은 차츰 조정을 떠났다.

사림정치의 개막! 임금을 바르게 하고 백성을 사랑하는 격군애민(格君愛民)에의 여망을 실현할 시대가 열린 것이다. 어떻게 하면 외척 권신의 출현을 차단하고 '왕도는 임금과 신하가 함께 이룬다' 는 군신공치론(君臣共治論)을 구현할 수 있을까? 사림파는 '군자가 뭉쳐야 한다' 는 군자당(君子黨)의 필요성을 제기하였다. 주자의 정치이론이면서 동시에 오랫동안 일탈과 시련을 거치며 사림파가 다듬어온 정치구상이었다.

그러나 이 순간 사림의 분열이 시작되었다. 이조전랑을 둘러싼 심의겸과 김효원의 충돌이 발단이었다. 이후 향약 정책과 서경덕의 학문을 평가하는 과정에서 벌어진 이이와 허엽의 공방, 그리고 '살주(殺主)' 혐의를 받은 노비를 석방한 '노비재판사건'에서 드러난 박순과 허엽의 알력이 얽히고 증폭되면서 조정은 동인과 서인으로 갈렸다. 붕당정치가 시작된 것이다.

초기 붕당은 세대(世代)와 학맥(學脈), 문지(門地)와 지연(地緣)에 따라 형성되었다. 선조 즉위 이후 조정에 나온 퇴계학파와 남명학파 출신 후배사림은 대체로 동인이 되었고, 이전에 조정에 진출하여 학파와 연계 기회가 적었던 선배사림은 서인이 되어 주로 이이와 성혼에 의지하였다. 훗날 율곡·우계학파였다. 또한 오래전부터 도성에 뿌리를 내려 경복궁 서편의 오늘날의 덕수궁과 자하문 근처에 살던 세력은 대체로 서인을 표방하고, 지방에 근거를 두고 경복궁 동쪽 북촌이나 숭례문과 남산 근처에 자리잡고 살던 세력은 동인을 표방하였다.

임금은 선비의 마당[場]과 그물[網]을 거부하였다

붕당은 '누가 임금과 정치를 함께 할 것인가' 혹은 '임금과 신하의 관계는 어떻게 되어야 하는가' 나아가 '외척을 어느 수준에서 배척할 것인가'와 같은 사안을 두고 끊임없이 충돌하고 분열하였다. 그러나 한편으로는 정국이 일방의 독주로 흐르지 않고 견제와 균형을 이루는 안전판의 역할을 하였다. 그만큼 외척 권신이 요리하던 시기에 비하여 정국에 활력이 넘쳤고 왕권 역시 안정되며 강화되었다. 상호비판과 대안제시라는 공론정치가 가져온 성과였다.

 붕당은 지속적으로 새로운 인재를 수혈하여야 하였다. 공론을 생산하고 전파할 인재가 필요한 때문이었다. 그만큼 중앙과 지방의 소통도 활발해졌고 조정과 임금의 동향은 바로 전국적 여론을 탔다.

이런 의미에서 붕당은 임금을 견인하며 외척 권신의 출현을 차단하는 사림의 공론장(公論場)이며 여론망(輿論網)이었다. 사림의 마당[場]과 그물[網]! 그것은 임금의 국정 운영을 여론을 통하여 뒷받침하면서도 동시에 임금의 처분을 언제든지 제약할 수 있는 장치였다. 어느 붕당에 힘이 쏠리면 그만큼 왕권이 제약받을 수 있었던 것이다. 정치공세의 빌미를 항상 '붕당 결성'에서 찾으며 국왕의 동의를 얻고자 한 것도 이 때문이었다.

임금도 붕당을 부정하지 않았다. 오히려 왕권의 강화를 위해 붕당 대립을 이용하기도 하였다. 국면 전환을 통해 정국의 주도권을 잡았던 것이다. 선조는 이 점에서 뛰어났다.

선조는 '구신'의 공백을 차지한 심의겸과 서인을 견제하기 위하여 동인을 부각시키더니만, 이후 동인이 급속히 팽창하자 보합(保合)을 유도하는 듯하다가 동인을 억제하는 조치를 실로 신속하게 단행하였다. 계미삼찬(癸未三竄)이었다. 그리고 다시 심의겸이 부상하자 동인을 재차 끌어들였지만 동인의 전권(專權)을 방치하지는 않았다.

한편 선조는 시국을 비판적으로 보며 좀처럼 조정에 출사하지 않았던 '처사형 사림'을 불신하였다. '선비가 조정에 나서지 않음은 시세를 불운하게 여긴 때문이다'라고 생각한 것이다.

'정여립의 모반고변(謀反告變)'을 계기로 일어난 기축옥(己丑獄)은 정권을 탈환하겠다는 서인의 의도가 개입되어 있지만, 국왕의 의사를 제약하거나 거부하는 일체의 의식과 성향을 뿌리뽑겠다는 선조의 왕권 절대화 의지가 보다 결정적 배경이었다. 결국 국왕과 긴장관계를 늦추지 않으면서 붕당의 힘을 키웠던 사림관료가 쓰러졌다. 대표적인 인물이 이발이었다. 또한 외척과 서인에 배타적 태도를 취하고 시세를 비판하였던 최영경·정개청 등 처사형 선비까지 죽음으로 몰고 갔다.

   기축옥이 이전의 어떠한 사화보다 큰 희생을 낳았던 데에는 붕당의 대립과 알력이라는 객관적 조건과 국왕의 개입이라는 주관적 요소가 합해지면서 증폭되었기 때문이었다. 왕권과 신권, 붕당과 국왕의 미숙한 관계가 빚어낸 참사인 셈이다. 조선 후기 처사형 사림의 활동공간이 빠르게 봉쇄되고 중앙정계와 지방사회의 소통과 견제의 흐름이 차단된 것은 기축옥의 어두운 그림자가 오래도록 깊게 드리워진 때문이라고 하여도 과언이 아니었다.

하늘의 뜻으로 세운 나라를 어떻게 지킬 것인가

최부 崔溥

최부 연보

1454년 (단종 2) —— 나주 곡강면 성지촌 출생, 자 연연(淵淵), 호 금남(錦南)
1457년 (세조 3) —— 김종직 「조의제문」 지음
1470년 (성종 1) —— 17세 초계 정씨와 혼인, 해남으로 이사
1477년 (성종 8) —— 24세 진사, 김굉필과 정지교부계 모임
1478년 (성종 9) —— 생원 남효온 '소릉복위론' 주장
1482년 (성종 13) —— 29세 알성문과 급제
1485년 (성종 16) —— 『신편동국통감』 편찬 참여
1486년 (성종 17) —— 『신찬여지승람』 편찬 참여
1487년 (성종 18) —— 제주도경차관으로 가서 「탐라시」 지음
1488년 (성종 19) —— 35세 부친상, 『표해록』 집필
1494년 (성종 25) —— 『표해록』 간행
1496년 (연산 2) —— 호서경차관으로 수차(水車) 보급
1498년 (연산 4) —— 45세 무오사화, 함경도 단천으로 유배
1504년 (연산 10) —— 51세 갑자사화, 참형을 당함

최부는 연산군의 방종과 타락, 훈구파의 나태와 무능을 거침없이 비판하다가 희생되었던 전형적 사림관료였다. 제주도를 나오다가 풍랑에 쓸려 겨우 목숨을 건지고 살아와서 남긴 『표해록』으로 유명한데, 중국에서는 이 책을 에닌의 『입당구법순례행기』, 마르코 폴로의 『동방견문록』과 함께 3대 기행문학의 하나로 꼽고 있다. 그런데 최부가 『동국통감』을 개편할 때 지은 사론의 의미는 아직도 주목받지 못하고 있다. 최부는 국가의 명분은 인심과 천명에 있다는 명제를 통해 하늘의 뜻에 따라 출현한 조선국가야말로 모든 신민이 함께 지켜야 할 가치와 명분이 있는 국가임을 새롭게 강조하였다. 여기에는 더 이상 도덕을 상실하고 백성을 학대하는 파행과 굴곡을 계속한다면 언제 하늘이 버릴지 모른다는 경고가 담겨져 있다. 또한 최부는 절의가 나라를 지키는 동력임을 제시하면서 그동안 폄하되어온 역사사실과 인물을 재평가하였다. 일례로 '계백론' 이었다. 승패 차원이 아니라 곧고 바른 의지 즉 절의의 관점에서 계백을 충신으로 선양한 것이다. 승패 기준의 역사인식을 패권의식과 공리주의의 소산으로 비판하였던 최부는 건국의 공훈이라도 사리사욕에 따른 것이면 온당한 공훈일 수 없다고 주장하였다. 심지가 잘못되었으면 건국의 공훈마저 인정하지 않았던 최부였기에 비상한 시기에 임금의 즉위를 도운 공로를 내세워 권세를 누리며 나라를 좀먹는 훈구파를 좌시할 수 없었다. 나아가 임금의 인척이라고 관직을 맡아 방종하는 사태는 더욱 용납하지 않았다. 최부가 죽을 수밖에 없었던 이유였다. 그러다가 엄청난 죽음의 광풍이 멈추었을 때 최부의 웅변은 정몽주를 문묘에 배향하는 날의 소야곡(小夜曲)이 되었다.

1. 숨김없는 삶

광란의 덫에 걸리다

연산군 치세 초기에도 왕실의 기강과 훈구파의 부정에 대한 사림파의 공세는 그치지 않았다. 특히 연산군이 경연에 나서지 않고 외척을 우대하는 인사정책은 어김없이 여론의 도마에 올랐다. 조정에 긴장감이 돌기 시작하였다. 아니 적대감이었다.

이런 상황에서 『성종실록』의 편찬이 진행되고 있었다. 이때 음모가 시작되었다. 유자광(柳子光)과 이극돈(李克敦)이 나섰다. 이극돈은 전라감사를 지내던 때 정희왕후 상중이었음에도 기생을 끼고 술판을 벌였던 자신의 비행을 김일손(金馹孫)이 사초(史草)에 적었음을 알고 삭제해줄 것을 요구하다가 거절당하자 분노하고 있었고, 유자광은 일찍이 함양에 가서 지은 시를 현판으로 걸어두었는데 군수로 온 김종직(金宗直)이 "소인의 글이다"라며 떼어낸 일에 앙심을 품고 있었다.

이들은 사초에서 '김종직이 일찍이 「조의제문」을 지었는데 충의가 분발하여 보는 사람이 눈물을 흘렸다'거나 '노산군(魯山君)의 시체를 숲 속에 던져버리고 한 달이 지나도 염습하는 자가 없어 까마귀와 솔개가 쪼았는데 한 동자가 밤에 와서 시체를 짊어지고 달아났는데 물에 던졌는지 불에 던졌는지 알 수 없다'는 구절을 찾아내서 연산군에게 올렸다. '의제는 죽은 노산군이며 세조를 포악한 항우로 비유하였다'는 사실을 알린 것이

김종직 초상화

김종직은 성종 초년부터 근 10년 동안 함양부사와 선산부사를 지내고, 모친상으로 고향에 있을 때 인근의 학자를 많이 가르쳐 문풍(文風)을 크게 일으켰다. 성종의 신임으로 도승지, 이조참판, 형조판서를 지내면서도 많은 제자를 키웠다. 그는 문장에 뛰어났고 성리학에도 조예가 깊었을 뿐 아니라 역사와 지리 등에도 관심이 많아 경상도의 병마평사(兵馬評事)때에 「경상도지도지(慶尙道地圖誌)」, 선산부사 때에는 「선산지도지(善山地圖誌)」를 펴냈고 후일에는 『동국여지승람』의 개정 편찬을 주도하였다. 최부가 김종직에게 배우게 된 데에는 최부의 중조부 최운룡(崔雲龍)이 영남까지 찾아가 길재에게 수학한 인연도 작용하였을 것이다. (사진 밀양문화원)

다. 이때 '세조 대의 궁중 비사(秘史)와 비행(非行)'을 적은 사초도 같이 올렸다. 연산군의 언행도 후일 '참람(僭濫)하다'고 기록되리라는 것을 알게 하여 격분을 유도하고자 함이었다. 실제로 그렇게 되었다.

이를 기화로 연산군은 사대부의 염치와 왕가의 도덕성 회복을 주장하던 사림파를 유배와 죽음으로 몰고 갔다. 김종직과 사초를 지은 관료에게 '세조를 모욕하였다'는 죄를 씌우고 또한 '붕당을 결성하였다'는 죄목을 추가하였다. 결국 김일손과 권경유(權景裕)·권오복(權五福) 등은 효수(梟首)되고 김종직은 무덤을 헤쳐 시신을 베는 부관참시(剖棺斬屍)를 당하였다. 연산군 4년(1489년)의 무오사화(戊午士禍)였다.

이때 김굉필·정여창·표연말 등이 '불궤(不軌)를 고하지 않았다' 거나 '김종직의 붕당' 이라는 이유로 형벌을 받았다. 일찍이 성균관 유생으로 있으면서 김종직의 지도를 받았던 최부도 그의 문집 『점필재집(佔畢齋集)』을 소장하고 있다는 이유로 곤장 80대를 맞고 함경도 단천(端川)으로 유배를 갔다.

그리고 6년 뒤, 갑자사화(甲子士禍)가 일어나자 다시 끌려왔다. 이때 지었을 시가 전한다.

북풍이 다시 세차게 부는데	北風吹更急
남녘 길이 이리 멀까	南國路何長
매화는 차갑게 잔설을 이고	梅冷封殘雪
말라버린 연꽃가지 못 속에 서 있네	荷枯立小塘

곤장 100대에 거제도에서 천민으로 사는 형벌을 받았다. 그러나 연산군은 살려두지 않았다. "붕당을 지었으니 살려두어 어디에 쓸 것인가" 하

면서 참형을 명령한 것이다.『연산군일기』에 졸기(卒記)가 있다.

> 최부는 공정하고 청렴하며 정직하였으며 경서와 역사에 능통하여 문사(文詞)가 풍부했고, 간관(諫官)이 되어서는 아는 바를 말하지 아니함이 없고 회피하는 바가 없었다.
> 연산군 10년 10월 임오

최부는 빈틈이 없고 숨김이 없는 간관이었던 것이다.

이러다 나라의 명맥이 끊길지 모른다

최부의 언론은 날카로웠다. 연산군 원년(1495) 5월 초하루 "외척과 인친(姻親)에게 관직을 내리면 부귀에 더하여 권력까지 얹어주게 되어 제어할 길이 없다"고 하면서 "10년이 못 되어 외척의 나라가 되어 하늘이 임금에게 시킨 일이 물거품이 되어버릴 것"이라고 경고하였다. 연산군의 외척 등용에 대한 통렬한 비판이었다. 한두 번에 그치지 않았다.

연산군은 최부를 기피하였다. 연산군 2년(1496) 봄 가뭄이 심한 호서지방에 경차관(敬差官)으로 파견한 것도 실은 쫓아 보낸 뜻이 있었다. 그러나 10개월 후 조정에 돌아온 최부는 조금도 변함이 없었다. "도루묵[銀口魚]을 날것으로 진상하면 민폐가 심하니 소금에 절여 올리는 것이 마땅하다"고 진언하였을 때였다. 연산군은 "나를 위하자는 것이 아니라 위로 삼전(三殿)이 계시니 들어주지 않는다"고 묵살하면서 "지금의 대간은 모두 제 잘난 체만 한다"고 힐난하였다. 그러나 물러설 최부가 아니었다.

백성으로 나라의 근본을 삼아야 하는 임금은 백성에게 폐단이 있으면 제
거하려고 힘써야 합니다. 그런데 구중궁궐에 깊이 거처하시어 폐단을 알
기가 어렵다고 하지만 지금은 알면서도 고치지 않으시니 매우 실망스럽
습니다. 그리고 갑자기 잘난 체한다는 전교를 내리시니 이는 대간으로
하여금 말을 하지 못하게 하려는 것입니다.　　　　　　　연산군 2년 12월 을유

연산군도 물러서지 않았다. "대간이 나를 순전히 어린 인군(人君)으로
보고 있다"고 하면서 반감을 노골적으로 내뱉었다.

연산군 3년(1497) 3월 사간원에서 임금의 방종과 난정(亂政), 훈구파의
사리사욕과 무사안일을 격렬하게 논박한 일이 있었다. 먼저 의정부의 세
정승에 대하여 "나약하여 질병으로 집에만 있다", "재주는 있으나 근면하
지 못하고 음주를 벗삼고 있다", 나아가 "바탕은 좋을지 몰라도 배움이 없
어 자기 집 정원에 담벼락을 쌓는 일 이외 한 일이 없다"고 지적하며 나태
와 무능을 통박하였다. 육조의 판서도 비켜가지 못하였으니 "조세를 감하
라고 하여도 수행하지 않고 사사로이 부리는 사람들을 관직에 등용하는
일에만 힘을 쏟을 뿐이다"라고 폭로하였다.

여기에 그치지 않았다. 임금의 잘못을 낱낱이 거론하였다.

학문을 게을리 하고 오락을 즐기며, 종친과 외척과 후궁 그리고 훈구거실
(勳舊巨室)의 노복이 궁궐에서 활개치고 오고 가며, 환관이 제멋대로 세
력을 부리고 있으며, 패륜(悖倫)을 저지르고 공물(公物)을 훔치고 양민을
노비로 삼거나 뇌물을 주고받았던 죄인들마저 마구잡이 사면하여 강상
(綱常)을 허물어뜨리고 있을 뿐 아니라, 인재가 소중하다는 점을 모르고
가볍게 임용하고 아무렇지도 않는 듯 해임을 하여 인사가 허물어졌다.

그리고 이런 난맥상이 '국왕이 바로 서 있지 않기 때문이다'라고 단정하면서 '마음을 바르게 하고[正心術], 간사함과 오락을 멀리하고[遠細娛], 가볍게 사면을 내리지 말며[毋輕赦], 궁중을 엄히 다스리고[嚴內治], 인재를 신중하게 쓰고 버릴 것[愼用捨]' 등을 건의하며 마무리를 지었다. 최부가 주도한 상소였다.

그리고 한 달 후, 중국 황제의 생일을 축하하는 성절사(聖節使)를 파견할 때였다. 최부가 중국의 제도와 법 등을 조사하는 질정관(質正官)이 되었는데, 연산군이 돌연 "사간의 직함을 내놓고 가라"고 명령하였다. 사신으로 가면 본래 직함은 그대로 유지하는 관례까지 무시한 것이다. 연산군의 증오가 어떠하였는지를 알 수 있는 대목이다. 이미 죽을 목숨이었던 것이었다.

2. 하늘의 빛은 땅을 가르지 않는다

「탐라시」: 먼 섬에도 자랑스런 문명이 있구나

최부는 도리에 어긋나는 일은 그냥 넘기는 법이 없었다. 임금에게도 그러하였으니 동료에게도 예외가 있을 수 없었다.

언젠가 김종직에게 배우고 임사홍(任士洪)의 비리를 규탄하기도 한 채수(蔡壽)에게 조문을 갔을 때였다. 그런데 상주가 소고기 안심을 얇게 썰어 구운 우심적(牛心炙)을 먹고 있지 않는가. 바로 일갈하기를 "상중에 병이 있으면 육즙(肉汁)은 먹을 수 있을지 몰라도 어찌 고기 적(炙)까지 먹는가. 그러고도 스스로 마음이 편할 수 있는가" 하였다.

성종 말년 고향에 있는데 송흠(宋欽)이 찾아온 적이 있었다. 분명 반가웠을 터인데도 "여기까지 역마를 타고 왔는가?"라고 물었고 "그렇다"고 대답하자 '사사로운 행차에 공물을 이용했으니 있을 수 없는 일'이라고 질책하였다. 그리고 상경하여 송흠을 탄핵하였다.

이렇듯 강직하고 과감하였지만 세상을 보는 눈은 따뜻하고 자상하였다. 특히 성종 18년(1487) 가을 추쇄경차관(推刷敬差官)이 되어 제주도에 갔을 때 남긴 「탐라시(耽羅詩)」는 그러한 마음의 산물이었다.

추쇄경차관에게는 군역을 회피하는 장정을 찾아내고 양인과 천인이 뒤섞이는 것을 바로잡고 제주도로 도망온 유민을 찾아 고향으로 돌려보내는 임무가 있었다. 또한 목장을 살펴서 나라에 필요한 말을 가려 뽑아

올려야 했다. 이렇듯 업무가 번잡하면 꺼렸을 법도 한데 최부는 기꺼웠다. 김종직이 책임을 맡은 『여지승람』의 증보사업에 신종호(申從濩)·유호인(兪好仁) 등과 함께 참여하면서 제주도의 물산과 풍속을 소문만으로 서술하였음이 못내 아쉬웠던 차에 제주도에 가면 답사를 하고 문헌까지 찾을 수 있을 것이란 기대가 있었던 것이다.

최부는 신이 났다. 그래서 해남군 현산면의 관두포(關頭浦)에서 배를 띄우고 제주도에 내릴 때까지를 '바람이 적당하여 눈 깜짝할 사이에 조천포(朝天浦)에 닿았다'고 적었다. 그리고 제주도에 내려서는 환영 나온 관리와 거족의 '예의에 어긋남이 조금도 없는' 의용(儀容)과 향교의 교생이 의복과 장물(仗物)을 찬연하게 갖춘 모습을 보고 "바다 먼 섬나라 땅이라도 얕잡아볼 수 없다"고 하였다. 그만큼 반가웠고, 대견하였음이리라. 변방으로 공무를 수행하러 가면서 갖기 쉬운 배타적 예단이나 경계심은 조금도 없었다. 세상을 보는 눈이 대범하고 따뜻한 때문이었다.

최부는 틈틈이 곳곳을 답사하고 민간에 전해오는 야사를 들으면서 제주도가 풍속이 번화하고 물산이 풍부하며 규모 있는 객관(客館)과 사우(祠宇)가 잘 갖추어졌음을 알았다. 또한 산천은 적을 막을 수 있는 자연의 요새가 되고 관문(關門)과 성곽이 잘 갖추어져 있음도 살폈다. 그리고 영웅호걸이 제주도를 무대로 활약하였음도 들었다.

그러나 책으로는 엮을 수 없었다. 현지 문헌을 종내 찾을 수 없었던 것이다. 대신 그간 찾아보고 알아낸 사적과 문물을 칠언절구(七言絶句) 서른다섯 수로 풀었다. 「탐라시」였다. 이렇게 하여 제주도를 문명이 있고 살 만한 우리 땅으로 노래한 최초의 서사시가 탄생하였다. 먼 바다 우리 땅 제주도에 도착하는 모습부터 시작한다.

삼성혈(三姓穴)

국가지정문화재 사적 제134호. 제주의 고(高)·양(梁)·부(夫)의 시조가 되는 고을나(高乙那)·양을나(良乙那)·부을나(夫乙那) 세 신인이 솟아 나온 전설이 얽힌 곳. 제주도 제주시 이도동에 있다. 사적지 내에 삼성전(三聖殿)·전사청(典祀廳)·숭보당(崇報堂) 등이 함께 있다. 제주도에서 처음 신라를 찾았을 때, 오늘의 강진에 있는 탐진(耽津)을 거쳐 신라로 왔다고 하여 제주도를 탐라(耽羅)라고 하였다. 그때 신라에는 신기하게도 먼 곳에서 귀한 손님이 온다는 객성(客星)이 나타나서, 그 손님을 왕자(王子)처럼 귀하게 대접하였다고 한다. 그래서 이후에도 제주도의 호족에게 내리는 벼슬을 왕자(王子) 혹은 성주(星主)라고 하였다. 정이오(鄭以吾)의 「성주고씨전(星州高氏傳)」에 나온다. 그런데 최부의 본관이 탐진으로 그의 선대가 이곳에 계속 살았으니, 제주도와 최부의 인연이 실로 깊지 않은가. (사진 고·양·부삼성사재단)

발해 남쪽 하늘과 물이 서로 닿아 있는 땅	渤海之南天接水
고래와 악어가 토해낸 물결 끝도 없어라	鯨潮鼉浪無涯涘
탐라국은 멀고도 아득하게 있는데	耽羅國在渺茫中
한 점 총알인 양 구백 리를 왔구나	一點彈丸九百里

그리고 제주도의 지세가 어떠하며, 언제 사람이 살기 시작했고, 농경과 어로의 모습은 어떠하였으며, 어떻게 나라가 생겨났는가, 이후 삼국시대와 고려에서는 무슨 일이 있었고, 조선시대에 들어 인심과 교화는 어떠한가를 노래하였다. 이 중 삼별초의 난과 조선건국 이후의 사정을 노래한 부분을 보면 다음과 같다.

바람맞이 섬 어귀엔 김방경 장군	候風島口金方慶
달 밝은 포구 앞엔 도통사 최영	明月浦頭都統瑩
앞뒤로 토벌군이 바다 메워 건너오니	前後旌旗盖海來
난리에 지친 마음 서로서로 알겠구나	渠心厭亂知相應

그런 뒤로 백십여 년이 지나고	爾來一百十餘年
임금님 덕화가 골고루 퍼졌구나	贏得王家德化宣
문물은 모조리 주나라 예악을 따르고	文物儘從周禮樂
판도는 우임금의 산천에 편입되었구나	版圖編入禹山川

그는 제주의 기후와 지리, 풍속과 토산, 역사와 인심을 보고 듣고 겪으면서 느낀 무한한 일체감과 애정을 토로하였다. 그래서 이곳에 그냥 살면서 '선인(仙人)이 되리로다' 고도 하였다. 그러나 자신은 임금과 부모에 얽

매어 있는 몸임을 깨닫고 이렇게 읊었다.

구중궁궐 임금님 생각	紫殿九重憶聖君
흰 구름 천 리 어버이 그리움	白雲千里戀雙親
아직 이 몸은 충효를 다 이루지 못하였으니	此身猶未全忠孝
차마 어이 방외인이 될 수 있을쏘냐	不忍堪爲方外人

그리고 육지로 나가면 '평생을 이윤(伊尹)의 뜻을 지키며 살리로다' 고 다짐하였다. 옛날의 태평성대를 이끌어낸 현자(賢者)처럼 되겠다는 포부를 담은 것이다.

최부는 제주도 사람이 두루 봐서 역사와 문화를 알고 또한 후세에도 참고하였으면 하는 바람에서 깨끗하게 베껴 관아에 보관하도록 당부하였다. 그러나 정녕 자신은 부친상 소식에 제주도를 급히 나오느라고 간수하지 못하였다. 그리고 사화를 당하여 집안의 문헌을 제대로 수집할 수 없었으므로 훗날 문집 『금남집(錦南集)』에도 실리지 않게 되었다.

「탐라시」는 선조 34년(1601) 안무어사(按撫御使)로 제주도에 간 김상헌(金尙憲)이 제주의 역사와 인심과 문물을 정리한 『남사록(南槎錄)』에 전한다.

『표해록』: 가보지 않고 중국을 알 수 있는 책

제주도에서 반년 남짓 지내고 공무가 거의 끝나갈 즈음에 최부는 부친의 부음을 들었다. 성종 19년(1488) 정월 그믐이었다. 풍랑이 거세게 몰아쳐서 많은 사람이 만류하였으나 조금도 지체할 수 없어 바로 공무를 인계하고 배를 띄웠다. 향리·군관·관노 등 모두 43명이 탄 배였다.

폭우는 더욱 거세지고 파도가 거칠어졌다. 결국 추자도 근처에서 표류하기 시작하였다. 강풍과 폭우 속에서 언제 침몰할지 알 수 없었다. 무게가 나가는 물건들은 모두 바다에 던졌다. 식량과 물까지 버렸다. 겨울 바다의 추위는 견디기 힘들었고 기갈(飢渴)로 오줌까지 받아먹었다. 배에 탄 자들은 체념하고 서로 불신하고 원망하였다. 최부가 믿음과 희망을 간직하라고 위로하고 격려했지만 소용이 없는 듯하였다.

그렇게 십여 일, 풍랑이 가라앉고 육지가 가까워졌는데 이번에는 해적을 만나 얼마 남지 않은 옷가지와 물건마저 빼앗겼다. 목숨을 부지한 것만으로도 다행이었다. 그러다 중국 절강성 영파현 해안에 배를 대고 내렸을 때에는 왜구로 오인을 받고 온갖 멸시와 가혹행위를 당하였다. 심문도 매우 거칠었다. 최부가 조선의 역사와 인물을 자세히 설명하고, 또한 조선의 예의범절이 어떠한가를 자세히 말해준 후에야, 중국 관헌은 일행을 표류인으로 대우하였다. 물론 필담(筆談)이었다.

최부 일행은 중국의 여러 도시를 거쳐 북경으로 호송되었고 조선에서 온 사신에게 인도되어 요동을 거쳐 압록강을 넘어 돌아왔다. 제주도를 떠난 지 꼭 반년 만에 8,000리 길을 달려온 것이다.

최부는 죽음의 고비를 넘기면서도 자신이 상인(喪人)임을 잊지 않았다. 주위에서 '관복'을 입고 위엄을 보이라고 건의했지만 한사코 거절했다. 황제를 알현할 때도 상복(喪服)을 고집하다가 어쩔 수 없이 잠시 예복으로 갈아입었을 뿐이었다.

돌아온 최부를 본 성종이 감격하여 "사지(死地)를 건너왔고 또한 능히 나라를 빛냈도다" 하며 견문록을 지으라고 명령하였다. 상중(喪中)이었지

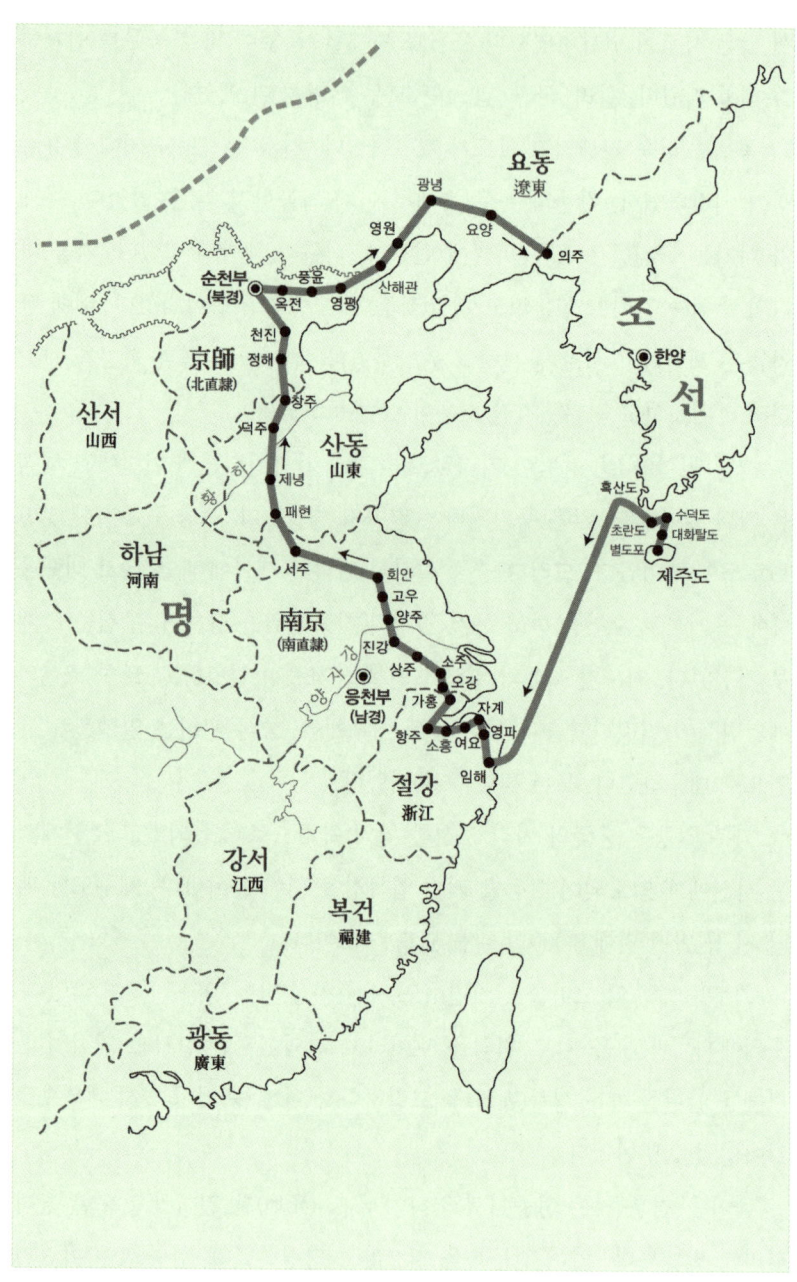

최부의 표류와 귀환 경로도

만 임금의 명 또한 지엄한지라 바로 고향에 가지 못하고 불과 8일 만에 마치니 바로 『표해록(漂海錄)』이었다. 부친상을 치러야 한다는 절박함이 있었지만, 역사와 지리에 대한 해박한 지식, 인간과 세상에 대한 자상한 안목이 없으면 이렇게 빨리 작업을 하지는 못하였으리라.

『표해록』은 해로(海路)의 원근, 중국 연안의 도리(道里)와 관부(官府)는 물론이고 산천·교량·호구·민속·제도·풍요(風謠)·주차(舟車)·의식(衣食) 등을 두루 담고 있다. 또한 요동에 남아 있는 우리의 옛 사적(史蹟)에 대한 설명도 빼놓지 않았다.

『표해록』은 당대에 이미 최고의 기행문학으로 평가되었다. 중종 6년(1511) 3월에 첫판이 나온 지 오래되어 구하기 어렵게 되자 다시 발간하자고 주장한 이세인(李世仁)은 '중국을 눈으로 보지 않더라도 알 수 있는 책'이라고까지 하였다. 그러나 실행되지 못하였다. 그러다 선조 2년(1569) 외손자 유희춘이 교정을 보고 평안감사 오상(吳祥)이 정주(定州)에서 펴냈다. 4년 후에는 전라감사 이양원(李陽元)이 남원에서 다시 찍었다. 그리고 백년이 지난 숙종 2년(1676)에 나두춘(羅斗春)이 최부의 문집인 『금남선생집』과 함께 발간하였다. 그러나 이뿐이었다. 이내 잊혀진 것이다. 바다를 막고 바다와 상관없이 살아간다는 나라에서는 이럴 수밖에 없었다.

해외에서 더 유명하다

우리가 『표해록』을 잊어가는 사이 일본은 주목하였다. 16세기 후반에 처음 구해 펴낸 다음 여러 차례 발간하였을 뿐 아니라 18세기 후반에는 『당토행정기(唐土行程記)』란 제목으로 일본어로 번역까지 하였다.

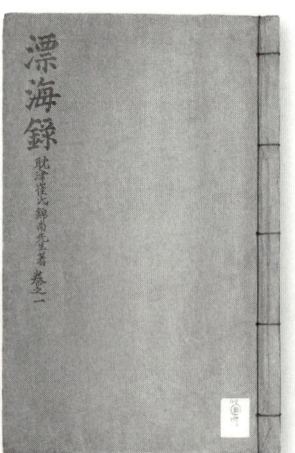

「표해록」 원본

『표해록』은 우리에게 거의 알려지지 않았다. 최기홍의 한글 번역본도 1979년에야 처음 나왔다. 일찍이 『산하』·『지리산』 등 문제작을 발표한 이병주는 '우리나라 독자들에게 널리 보급되어 있는 영국 소설 『로빈슨 크루소의 표류기』보다 문학적 질에서나 곁들여 역사적 기록성에서 우월했으면 했지 결단코 손색이 없는 『표해록』이 일반 독자들에게 알려지지 못함이 유감스럽기 한량없다'고 한 적이 있었는데 그 역시 '일어판'을 읽었기에 더욱 안타까웠다고 한다. (고려대학교 도서관 소장)

1960년대 초에는 영문 번역본도 나왔다. 미국인 학자 존 메스킬(John Meskill)이 주석까지 보태어 『최부 표류기(Choe Pu's Diary, A Record of Drifting Across the Sea, Translated with introduction and notes)』라는 제목으로 출간한 것이다. 『당토행정기』가 저본이었다.

외국 학자들은 『표해록』에 열광하고 있다. 중국의 대표적 연구자인 북경대학 갈진가(葛振家) 교수는 『표해록』을 당나라에 유학을 온 일본승려 엔닌(圓仁)의 『입당구법순례행기(入唐求法巡禮行記)』와 원나라 때에 이루어진 마르코 폴로의 『동방견문록(東方見聞錄)』에 비견하면서 '중원(中原) 묘사의 거필(巨筆)'로 높게 평가하고 있다. 특히 항주에서 북경에 이르는 운하와 연안 상업도시 등의 번화한 모습을 생생하게 기록하여 명나라 사회상을 연구하는 귀중한 자료가 되는데, 그중에서도 "명나라 시대 전기 운하의 건설에 대한 공적을 적은 「미산만익비(眉山萬翼碑)」기록은 중국에도 없는 유일한 것"이라며 사료로서의 가치를 높게 평가하고 있다.

또한 외국학자는 최부를 통하여 조선시대 선비의 의식세계를 재평가하고 있다. 갈진가 교수는 "조선의 양반이 가지고 있던 생과 사, 충과 효, 정(情)과 의(義), 공과 사, 이타와 이기 그리고 인격(人格)과 국격(國格) 등에 대한 사고방식과 입신관(立身觀)·가치관·심미관을 엿볼 수 있다"고 하였다. 콜럼비아 대학 교수로 지내다가 은퇴한 메스킬 박사도 이렇게 언급한 적이 있었다.

최부는 고난을 용기로 극복하고 상황에 기민하게 대처한 전형적인 조선의 용기 있는 지식인의 일면을 보여주고 있다. 그는 유교 교리와 실체의 일상적 사건을 흥미 있게 결합시키려고 했다. 그가 우리에게 남긴 자화상은 조선의 문화와 정치에 대한 우리 인식을 한층 제고시킬 수 있을 것이다.

이렇듯 외국인 학자들은 『표해록』에 나타난 최부의 심성(心性)과 일상의 태도, 나아가 문화·도덕적 자부심을 읽으면서 16세기 사림의 인간성과 도덕성, 실천성을 살피고 당시의 한국 문화의 높은 수준에 감탄을 아끼지 않은 것이다.

이에 비하여 우리나라의 관심은 저조하기 이를 데 없다. 1964년 고병익 교수가 「성종조 최부의 표류와 표해록」을 발표하여 명사(明史)와 한중관계사 연구자의 관심을 환기시킨 적이 있기는 하지만 일반 대중에게는 거의 생소한 실정이다. 아쉬움이다. 그나마 최근 박원호 교수의 자상하고 치밀한 역주본과 연구서가 나와 다행이다.

최부의 표류사적비

한중수교(1992) 이후 중국에서는 자못 '최부 열기'가 일었다. 관광부국의 기치와 무관하지 않았다. 1994년에는 표류와 귀환의 전체 여정에 대한 답사 여행을 조직하고 주요 지점마다 기념비를 세워 한국과 중국 간의 교류와 친선을 돈독하게 하는 징표로 삼자는 제안까지 하였다. 다음 해 8월에는 '최부와 『표해록』'을 주제로 중국 북경에서 국제학술회의를 개최하였다. 우리를 부르는 소리다. 2002년 7월에는 최부가 표류 끝에 처음으로 발을 들여놓은 절강성 영해현 월계항에 '최부표류사적비'를 세웠다. 전라남도와 탐진 최씨 문중이 협찬하였음은 물론이다. 최근에는 최부의 생가와 묘소를 찾는 중국인 학자가 심심찮게 있다. 그러나 표지판을 세워놓지 않아 관계자가 애를 먹고 있다. (사진 교양사회)

3. 나라의 역사를 바로 세우다

『동국통감』의 사론을 집필하다

새로운 나라는 새로운 역사를 요구한다. 동서고금이 그러하듯이 조선국가도 마찬가지였다. 먼저 삼국시대와 고려시대를 각각 마무리하였다. 물론 쉽지 않았다. 역사의 자취와 문물의 성취를 임금 중심으로 인식할 것인가, 아니면 임금과 신하가 함께 이룩한 것으로 볼 것인가 미묘한 알력이 있었다. 또한 유교주의라는 잣대로 엄격하게 평가할 것인가, 아니면 유구하고 다양한 문화 전통을 인정할 것인가를 두고도 혼선이 있었다. 더욱이 단대사(斷代史)를 넘어 통사(通史)로 구성하고자 하였을 때 어려움은 더 컸다. 특히 새로운 나라의 건국과정을 설명할 때가 곤란하였다. 옛 나라가 왜, 어떻게 멸망하였고 새로운 나라의 창업 군주는 어떻게 나타났는가? 혹여 반역이나 찬탈은 아니었는가? 이를테면 신라가 있는데 왕건은 어떻게 고려의 임금이 되었으며, 언제부터 세상의 진정한 주인이 되었는가? 조선의 건국을 설명하기는 더욱 곤란하였다. 태조 이성계는 언제 진정한 주인이 되었는가? 특히 인심과 천명을 얻어가는 조선의 건국을 단군조선 이래의 정통왕조의 성립·멸망의 연장선에서 어떻게 설명해야 하는가? 등의 어려운 점이 있었다.

이렇게 복잡한 문제가 있었기에 『삼국사략』·『삼국사절요』와 『고려사』·『고려사절요』 등을 대강 마감하면서 시작한 통사편찬 사업은 지지부진하였다. 세종 대에 시작한 『동국통감』이 수십 년 동안 여러 차례 중단되곤 하였던 이유가 여기에 있었다. 그러다가 성종 15년(1484년) 11월에 일단락이 되었다. 당대의 문장이며 경륜이었던 서거정(徐巨正)이 실질적 책임을 맡았다.

이번에는 성종이 거부하였다. "만세(萬世)에 남길 만한 사서인데 왜 김부식과 권근의 사론만을 실었는가"라고 질책한 것이다. 사실상 '사론을 새로 집필하라'는 전교였다. 서거정은 "이제현 등의 사론도 있다"고 변명하였지만 『동국통감』에 새로운 사론이 없음을 인정하지 않을 수 없었다.

성종은 왜 김부식과 권근의 사론만 실었다는 점이 못마땅하였을까? 나라의 기틀이 잡히기 이전에 씌어진 사론이 문물이 정비된 현재와 무궁한 발전이 기약되어야 할 미래에 맞지 않다고 판단한 것이다. 더구나 김부식의 사론은 고려시대의 관점만이 투영되었기에 참고는 될지언정 새로운 나라의 역사 좌표와는 동떨어진 것으로 여겼던 것이다.

이렇게 하여 『동국통감』의 수정 보완이 시작되어 이듬해 7월 『신편동국통감』이 나오게 되었다. 김부식과 권근 등의 기존 사론을 포함하여 380편의 사론이 실렸다. 이 중 최부의 사론이 120편이나 되었다.

여기에서 최부는 조선건국의 정통성을 새삼 확인하면서 공리(功利)가 아니라 절의(節義)를 중시하는 도덕주의 역사관을 유감없이 드러냈다. 그러면서 좌절한 나라의 역사, 그래서 하찮게 생각하고 무시하기 쉬운 산하와 인물을 새롭게 해석하였다. 깊은 뜻이 있었다.

조선의 건국은 하늘의 뜻이었다

정통론은 공자가 『춘추』에서 천명한 존주론(尊周論)을 바탕으로 주자가 가다듬었던 역사해석의 틀이었다. 북방의 요(遼)·금(金)의 압박에 대항하여 남송(南宋)에 중화의 체통과 명분이 있음을 강조하기 위함이었다. 즉 이민족의 국토할거나 무력우세를 부정하며 중화한족의 주체성을 높이려는 역사인식의 소산이었다.

그런데 이민족의 지배나 침략이 아니라 중국 내부가 분열하여 통일국가를 세우지 못한 시대에는 어느 나라를 정통으로 삼는가 하는 문제가 남았다. 공자가 일찍이 춘추시대에 세력을 잃은 주(周)를 정통으로 삼았던 사례가 기준이 되었다. 즉 부국강병이 아니라 국가의 명분과 도덕성을 중시하였던 것이다. 이런 관점에서 주자는 위(魏)·오(吳)·촉(蜀)이 각축하던 삼국시대에서 위를 정통으로 삼았던 사마광(司馬光)을 비판하면서 자신은 촉을 정통으로 보았다. 촉의 유비(劉備)가 한(漢)의 후예라는 것이었지만, 실은 부국강병과 독재전횡을 일삼은 조조(曹操)보다는 제갈량 등과 함께 다스리는 군신공치(君臣共治)의 국정 운영을 보여준 유비를 높이 평가한 것이다.

한편 분열의 시대에 어느 한 나라도 정통으로 삼을 수 없는 시대도 있다. 중국의 남북조(南北朝)와 오호십육국(五胡十六國) 시대가 그런 경우였다. 여러 나라가 분립하였을 뿐 아니라 존속기간이 너무 짧고 나아가 정치다운 정치가 이루어지지 않은 시대였다. 이러한 시기가 바로 정통이 없는 윤통(閏統)의 시대 즉 난세였다.

그러면 윤통과 난세는 역사에서 아무런 의미가 없고 하찮은 것일까? 아니다. 역사의 궤적을 치세가 있으면 난세가 따른다는 '일치일란(一治一

亂)'이라고 파악하는 역사관은 난세를 허투루 살피지 않고 교훈을 찾는다. 치세를 소중하게 여기며 오래 지키고자 함이다. 난세는 치세로 가는 길목, 아니 치세를 위한 각축기로 본 것이다.

정통과 윤통의 관계도 이와 마찬가지였다. 일리일합(一離一合), 즉 한 번 나뉘었다가 한 번은 통합한다는 것이다. 윤통의 시대가 있기에 정통의 시대가 더욱 값어치가 있다는 인식이었다. 그래서 새로운 정통국가는 이전의 정통국가를 망국(亡國)이라 하지 않고 승국(勝國)이라 칭하였다. 새로운 정통은 윤통과 난세를 척결하고 오랜 정통의 궤적을 이어간다는 의미가 담겨 있다.

이렇듯 역사를 정통과 윤통, 치세와 난세라고 하는 변화의 흐름으로 이해하면 새로운 정통국가와 치세는 그만큼 값진 것이 되는 것이다. 최부도 정통론의 관점에서 우리 역사의 의미를 새롭게 살폈다.

먼저 고려의 건국과정을 윤통기로 파악하였다. 왕건이 고려의 임금이 된 918년부터 후삼국을 재통일한 936년까지를 정통이 없는 시기로 본 것이다. 신라의 경명·경애·경순왕은 신라의 임금일 뿐 정통의 임금이 아니었고, 그렇다고 고려의 왕건(王建)도 아직은 온 나라의 인심을 얻지 못하였으니 정통 임금이 될 수 없다는 이유였다. 18년 간의 난세와 윤통, 이를 이겨내며 출현한 고려. 그래서 고려의 정통성이 더욱 소중하고 나아가 고려의 건국도 그만큼 가치 있는 역사가 될 수 있었다.

조선의 건국도 이와 같은 구도에서 새롭게 인식하였다. 최부의 사론 「고려망(高麗亡)」은 이렇게 시작한다.

사람들은 고려가 공양왕 대에 망한 것으로 잘못 알고 있을 뿐, 이미 공민왕(恭愍王) 대에 망한 줄을 모르고 있다.

고려의 정통은 공민왕 23년(1374)에 끝났다는 것이다. 그렇다면 우왕과 창왕은 물론이고 왕씨인 공양왕도 고려의 임금일지는 몰라도 정통국가의 군주는 될 수 없었다. 그리고 이렇게 적었다.

이러한 터에 진정한 주인에게 천명이 돌아가 태조가 임금이 되었으니 실로 하늘의 뜻이지 사람의 뜻이 아니다.

조선의 건국은 윤통의 마감과 정통의 확립이었던 것이다. 그리고 그것은 '하늘의 뜻'이었다.

이같이 실로 박진감 넘치고 생동감 있는 건국론은 정인지(鄭麟趾)가 책임 편찬한 『고려사』가 제시한 사론과는 판이하였다. 『고려사』는 "왕씨가 누리던 임금자리[神器]를 도둑질한 신돈(辛旽)의 아들인 우(禑)와 창(昌)에 이어 공양(恭讓)이 왕씨를 회복하였지만 인심을 잃고 천명이 떠나 이성계에게 선위(禪位)하였다"라고 한 것이다. 조선의 정통성이 고려의 양보로 확립되었다는 것이다. 태조의 즉위가 어쩔 수 없는 사실임을 애써 강변하려고 하였지만 '공양왕의 양위가 진실인가?'라는 의구심을 불러일으킬 소지가 있었고 실제 그러하였다.

최부가 이러한 의구심을 완전히 불식시켰다. 그러면서 왕건의 삼한통일(936)부터 공민왕 23년(1374)까지의 고려국가의 정통성을 고스란히 이어가는 조선으로 만들었다. 고려가 망국이 아니고 승국이 되는 연유가 여기에 있었다.

그런데 최부의 사론은 조선의 건국을 소중하고 정당하게 평가하는 데 그치는 것이 아니었다. 이토록 숭고한 정통이며 소중한 건국이니 앞으로도 천명에 따르고 인심을 잃지 않으며 명분과 의리의 나라를 만들어가야 한다는 간절한 소망과 미래의식이 깔려 있었다.

부여씨(夫餘氏)의 제사가 끊겼으니 오호라 슬프다!

정통론은 윤통의 시대에 존재한 나라, 그러면서 정통국가가 되지 못하고 사라진 나라도 정정당당하게 이해하고 평가할 수 있는 근거를 제공하였다. 이전의 역사책은 고구려·백제·신라가 각축하던 삼국시대의 경우 외견상으로는 세 나라를 병렬로 취급하여 균등하게 이해하는 것 같지만 내실은 신라를 중심에 두고 고구려나 백제를 변방으로 치부하는 경향이 없지 않았다. 신라가 삼국을 통일하였다는 엄연한 사실에서 자유롭지 못하였던 것이다. 김부식의 『삼국사기』와 권근의 『동국사략』이 그러하였다. 김부식은 백제 멸망을 이렇게 평가하였다.

> 백제는 소행이 도리를 따르지 않았고 또한 대대로 신라를 원수로 삼고 고구려와 화친하여 계속 침략하였다. 친인선린(親仁善隣)을 보배로 삼은 나라가 아니었다. 이에 당 천자가 재차 조서를 내려 원한을 평정하였으니 겉으로는 따르나 실제로는 어긋나다가 대국에 죄를 얻고 망하게 되었으니 마땅하다 할 것이다.

백제의 멸망이 순리이며 운명이라는 뜻이 내포되어 있었다. 권근도 이와 대동소이하였으니 "중국을 예로서 섬기지 못하여 종사가 허물어졌으니 오래도록 징계로 삼을 만하다"고 하였다. '망해야 마땅한 나라'로 인식한 것이다.

최부는 전혀 달랐다. 「백제망(百濟亡)」은 이렇게 시작한다.

온조(溫祖)는 주몽(朱蒙)이 태자가 되니 용납하지 않을까 두려워 도망하여 하남(河南)에 나라를 이루고 도읍을 세우니 만사가 초창(草創)인데도 병무(兵務)를 엄히 하고 또한 굳게 지켜 낙랑과 말갈을 막고 마한을 병합하였으며, 또한 능히 고구려와 대항하고 신라에 대적하여 정족(鼎足)의 형세를 이루어 700년 기업(基業)을 닦았으니 어찌 호걸의 임금이라 하지 않겠는가?

부여의 한 갈래로 출발한 백제가 고구려·신라에 대적할 만한 국가체제를 갖추어낸 위업을 평가하면서 온조를 주저 없이 호걸로 높인 것이다. 이른바 '백제호걸건국론'이었다. 정통이 없는 윤통의 시대를 이끌어온 당당한 주역으로 백제를 평가한 것이다. 삼국이 서로 대등하게 대적하였다는 '삼국균적론(三國均敵論)'에 충실한 해석이었다.

그렇다면 백제는 '망해야 할 나라'가 아니었다. 그래서 최부는 "부여씨(扶餘氏)가 제사를 지낼 데가 없게 되었으니, 오호라 슬프다"고 하였다. 백제를 '망하는 것이 마땅하다'고 본 것과는 정반대로 '명맥이 끊겨 아쉬운 나라'로 높인 것이다.

이것은 없어진 나라에 대한 겉치레의 조사(弔詞)가 아니었다. 김부식의 견해를 자세히 보면 재통일을 이룬 고려에 들어서도 삼국의 우열을 가리며 차별하는 '분립의식'이 바탕에 깔려 있음을 알 수 있다. 신라우월주의, 신라중심주의와 다름이 없었다. 그만큼 고구려나 백제는 폄하되었던 것이다. 이에 그치지 않았다. 없어진 나라의 땅에서 살았던 사람을 차별할 소지를 안고 있었다. 실제로 12~3세기 각처의 민중항쟁이 고구려·신라·

백제 부흥운동을 표방하게 된 배경에는 이러한 분립·차별의식에 대한 반발의 성격이 있었다. 따라서 권근의 역사해석을 그대로 내세우면 조선국가에도 그러한 일이 벌어지지 않으리란 보장이 없었다.

그렇다면 '우리 강토에서 사라진 어떤 나라라도 우리의 소중한 역사이다'라는 선언과 같았던 최부의 견해는 우리 영토의 모든 신민이 어떠한 나라의 후예든 그에 얽매어 우월감에 빠지거나 자괴감에 젖어들지 않도록 하는, 그리하여 과거에 갇혀 생길지 모르는 분립의 경향에 종지부를 찍는 진정한 '삼한일통의식'의 발로였던 것이다.

계백을 되살리다

최부는 역사 인물을 평가함에서 있어서도 승패를 떠나 '행실과 마음의 진실성'을 강조하였고 공훈과 패권이 아니라 '명분과 의리'를 기준으로 삼았다. 그래서 사라진 나라의 충의열사를 새롭게 조명할 수 있었다. 일례로 계백(階伯)이었다.

권근은 계백을 "관창을 잡고도 살려주었고, 전쟁에 졌으나 항복하지 않고 죽으니 옛 명장의 유풍(遺風)이 있다"고 옳게 보는 듯하다가 결국 이렇게 적었다.

계백이 명을 받아 장수가 되어 군사를 이끌고 나가기 전에 먼저 그 처자를 죽였으니 심히 부도(不道)하다. 비록 죽음으로 국난을 이겨보자고 한 것이나 힘써 싸워 적을 이긴다는 계책이 없었다. 그때 백제는 위로 임금이 어리석고 아래로 신하가 망령되어 현자(賢者)가 쫓겨나고 불초(不肖)

들이 자리를 차지하고 있었으니 하물며 사람을 얻을 수 있었겠는가? 계백의 광패잔인(狂悖殘忍)함이 이와 같았다.

권근에게 계백은 '승패가 이미 결정 난 시세를 헤아리지 못하고 폭군을 섬기며 처자까지 죽인 부도하고 사리에 어긋나고 잔인한 인물'에 지나지 않았다. 승패와 공훈의 시각에서 계백을 평가한 것이다. 패권론의 관점이었다.

최부는 달랐다. "장수된 자가 명을 받았으면 살려고 하는 요행을 피우지 않고 가문과 친속과 일신의 목숨을 버리고 죽는다는 의지로서 나서서 다행히 이기면 국가의 복이요, 불행히 실패하면 절의(節義)로서 죽는 것이다"라고 하면서 이렇게 덧붙였다.

이때 백제 임금이 어리석고 잔학하여 하늘이 노하고 백성이 원망하여 망할 징조가 이미 여러 번 드러났고 당과 신라가 협공하여 비록 아녀자라도 망할 것을 알고 있었다. 계백이 장수가 되어 스스로 분별하기를 반드시 죽고자 했는데 그 아내가 욕을 당하는 것이 두려워 먼저 죽였으니, 비록 중용을 넘어섰다고 하여도 이를 두고 심히 헐뜯을 일은 아니다.

계백이 처자를 죽인 일이 비록 지나치다 하여도 그것만으로 계백을 평가할 수 없다는 것이다. 이렇게도 말하였다.

계백이 나라가 망할 줄 알았고 그 몸을 아끼지 않았으니 하물며 그 아내를 아끼겠는가? 그 아내를 아끼지 않았으니 하물며 그 군부를 배반할 것인가?

그러면서 인물은 "지절(志節)을 가지고 논할 따름이지 성패(成敗)나 이둔(利鈍)을 기준으로 삼을 일이 아니다"라고 하였다. 절의론(節義論)의 관점에서 인물을 평가해야 마땅하다는 것이다. 이로써 계백은 충신으로 되살아났다. 훗날 안정복은 『동사강목(東史綱目)』에 두 사론을 함께 실으면서 "권근이 비록 대학자이지만 그 견해는 짧은 것이다"라고 하였다.

그렇다면 최부의 '계백충신론'은 무덤 속의 인물에 대한 찬사였을까? 아니다. 그것은 '망한 나라의 후예라도 새로운 나라의 주역이 될 수 있다'는 일깨움이었다. 그리고 국가가 어려운 지경에 빠지면 무슨 명분으로 신민에게 충의를 요구할 것인가? 또한 폭군을 만나고 시세가 어긋나면 체념하고 나라가 망하기를 기다려야 하는가에 대한 대답이었다. 나아가 조선 국가도 절의로서 지켜나가야 하며, 일시의 승리와 공훈을 내세워 권세를 독점하며 민생을 도탄에 빠뜨리는 일이 더 이상 없어야 한다는 비판의식의 발로였던 것이다.

4. 소중한 사람: 삽화 그리고 후주(後奏)

정몽주를 문묘에 올리다

최부는 조선의 건국을 천명을 받아 태어난 전혀 새로운 정통의 수립으로 인식하였다. 그리고 의리와 명분으로 지켜야 할 나라로 높였다. 건국를 둘러싼 공훈파와 절의파 사이의 각축과 경쟁은 그다지 중요하지 않았다. 건국은 '사람의 뜻이 아니었기 때문이었다.' 공훈파는 건국의 공로를 포상하면 되었고, 절의파도 고려에 대한 충절을 선양하면 되었다.

그런데 최부는 공훈파나 절의파 누구라도 시세에 영합하여 이해관계를 좇았다면 그 공훈은 떳떳하지 못하며 충절이라도 흠이 있다고 보았다. 공훈과 충절의 행적에 앞서 마음과 뜻을 중시하였기 때문이었다. 이것은 결국 사리사욕에 빠진 공훈은 평가절하하고 흠이 없는 충절을 한층 높이 선양할 수 있는 근거가 되었다. 그리고 바로 정몽주를 문묘에 올리는 논리가 되었다.

그동안 정몽주는 '동방 도학의 비조(鼻祖)'로 추앙을 받았지만 마지막에 가서 이성계와 정치적 반대편에 섰다는 사실 때문에 문묘종사가 쉽지 않았다. 특히 공양왕 대에 말에서 떨어져 부상당한 이성계를 제거하고 정국의 반전을 꾀한 사실이 『고려사』에 기록되어 있어 '고려에 대한 큰 절개'를 내세울수록 '조선의 역적'임을 부정하기 어려운 상황이었다. 문묘종사는 좀처럼 이루어질 수 없을 것 같았다. 그러나 성패와 행적을 떠나

성의와 진심을 기준으로 인물을 평가한다는 최부의 논리가 재삼 제기되면서 마침내 정몽주의 문묘종사라는 어려운 과제가 쉽게 풀렸다.

기묘사림에 의한 혁신정치가 궤도에 오르던 중종 12년(1517) 8월 정몽주의 문묘종사를 건의하는 자리였다. 이때 조방언(趙邦彦)은 "사적(史籍)을 자세히 살펴보면 정몽주 등이 위신(僞辛)을 섬기지는 않았다고 하는데 최부가 이렇게 말하였습니다"라고 하고 정순붕(鄭順朋)도 "위신을 섬긴 것을 탓한다면 다른 사람은 어떠했습니까? 전후 사정을 잘 알고 계신 태종대왕이 이색 등을 포장(襃奬)한 이유도 거기에 있지 않았겠습니까? 최부의 의논이 그랬다고 들었습니다"라고 하였다. 이때 기묘년간 혁신정치의 주역이었던 김정(金淨)도 최부를 '정인(正人)' 즉 바른 사람으로 추켜세우면서 뒷받침하였다.

조방언과 정순붕이 최부를 끌어들여 정몽주의 문묘종사의 당위성을 주장한 논리는 이런 내용이었다. 건국공신이 된 공훈파도 우왕과 창왕을 섬긴 것이 사실이고, 우왕과 창왕을 옹립한 이색도 포상하였으니 우왕과 창왕을 반대한 정몽주는 문묘에 올려 사표로 삼아야 한다는 것이다.

이러한 논의가 있고 한 달 후에 정몽주는 문묘에 배향되었다. 태조의 마지막 반대자를 '고려에 대한 충절'을 내세워 나라가 제사를 지내고 학자의 모범으로 삼았던 것이다.

정몽주의 문묘종사는 의리와 명분의 나라를 지키는 힘은 바른 마음의 절의에 있음을 공식화한 사건이었다. 나아가 공훈파와 절의파 사이의 갈등과 반목의 해소, 그리고 미래를 위한 진정한 화해의 장이 마련되는 상징적 의미가 있었다. 최부가 『동국통감』의 사론을 집필한 지 32년, 세상을 떠난 지 13년 되던 해였다.

통일을 향한 새로운 기억을 위하여

세상을 보는 최부의 안목은 따뜻하고 예리하였다. 또한 중국에서 돌아오다가 꼼꼼히 살핀 수차(水車)를 실제 제작해서 보급하였을 만큼 실사(實事)를 중요시하였다.

최부는 해남에 있을 때 윤효정(尹孝貞)·유계린(柳桂麟)·임우리(林遇利) 등을 가르친 적이 있었다. 중년기를 관료로 지내고 말년에는 유배 생활을 했으니 중국으로 표류하고 돌아와서 시묘(侍墓)하던 기간이었을 것이다. 이들 제자의 후예들이 훗날 사림파의 중추로 성장하였다.

윤효정의 첫째 아들 구(衢)는 문과에 합격하여 혁신정치에 가담하였다가 사화에 연루되어 고초를 당하였지만 절의를 굽히지 않는 기묘명현(己卯名賢)이 되었다.

최부의 사위 유계린은 장인이 유배를 떠난 후 김굉필이 평안도 희천에서 전라도 순천으로 배소(配所)를 옮겨오자 찾아가 배웠다. 사림 탄압의 광풍이 불던 시절에 쉽지 않은 일이었다. 장인과 스승을 한꺼번에 잃은 유계린은 이후 벼슬을 단념하고 두 아들을 훌륭하게 가르쳤는데 그만 큰 아들 성춘은 기묘사화, 둘째 아들 희춘은 을사사화에서 희생을 당하였다.

최부의 다른 외손자로 나주에서 학당을 열었던 나사침(羅士忱)은 정개청(鄭介淸)을 학장으로 영입하여 학풍을 일신하였으며, 김굉필을 비롯하여 정여창·조광조·이언적·이황 등 5현을 배향하는 나주의 경현서원(景賢書院)의 초석을 다졌다. 그래서 최부의 유고를 수습하여 『금남집』을 엮었던 유희춘이 「금남선생사실(錦南先生事實)」에서 "선생이 있었기에 해남이 비로소 문헌(文獻)의 고장이 되었다"고 한 것이다.

최부의 학문과 정신을 제자의 후예와 외손 등이 이어갔던 것이다. 그

해촌사(海村祠)

해남 주산인 금강산 아래 예쁜 눈썹 같은 아미암(蛾眉巖)이 바라보이는 금강골, 풍광이 좋고 바람이 시원하여 더위를 식히고 담소를 나눌 만한 곳에 있다. 해촌사는 처음에는 임억령만을 제사 지내는 석천사(石川祠)였다가 기사환국(己巳換局)으로 남인이 집권하던 숙종 15년(1689)에 최부와 유희춘이 처음 배향되었다. 이후 경종 원년(1721) 다시 소론과 남인이 득세하던 때에 윤구와 윤선도까지 제사지면서 오현사(五賢祠)로 이름을 바꾸었다. 이렇게 보면 남인과 소론이 집권하던 때에 최부와 그 계승자들이 사우에 올랐던 것을 알 수 있는데, 그렇다면 그 후손들은 동인을 거쳐 남인에 속하였음을 알 수 있겠다. 그러다 대원군의 서원철폐로 없어졌던 것을 일제 강점기에 임억령의 제자인 박백응(朴伯凝)을 추향(追享)하여 복설하면서 해촌사로 이름을 바꾸었다. 이외 최부가 모셔져 있는 서원으로는 광주시 광산구 월계동의 무양서원(武陽書院)이 있는데 탐진 최씨의 시조인 최사전(崔思全)을 주벽으로 유희춘 등을 제사 지내고 있다. 1927년 탐진 최씨 문중이 주도하여 건립하였다. (사진 이종국)

러나 정작 최부는 적손(嫡孫)이 없어 고단하였고 세월 또한 소홀하였다. 변변한 사우나 서원도 없었다. 사후 180여 년이 지나서야 겨우 임억령(林億齡)을 기리는 석천사(石川祠)에서 모셨을 뿐이다. 그뿐이었다.

훗날 우리가 남과 북이 하나가 되면 '한 민족 두 국가 체제'를 어떻게 규정하고 서술할까? '분단시대' 혹은 옛적 통일신라와 발해의 분립을 생각하여 '남북국시대'라고 할 것이다. 그러면 어디에 정통을 둘 수 있을까? 혹여 생각하기 끔찍하지만 한 편의 승리와 다른 한 편의 패배로 통일이 이루어진다면 승자를 정통으로 삼아야 할까? 다행히 화해와 협력을 통해 강물이 바다에 모이는 듯한 통일을 이루는 경우라 해도 경제력과 군사력 등을 내세워 어느 한 편의 주도권을 내세워야 할까? 아닐 것이다.

삼국이 대등하게 대적하였다는 삼국균적론의 관점을 적용한다면 우리 당대는 새로운 정통을 세우기 위한 '통일운동시대'로 정의하면서, 체제와 의식은 다르지만 남과 북이 모두 새로운 통일, 새로운 정통을 창출하는 과정에서 당당한 주체였다는 점을 균형감을 가지고 인식할 수 있을 것이다.

그래도 공적과 공리를 내세우는 관점이 불식되지 않는다면 마치 김부식과 권근이 신라가 삼국을 통일하였다는 사실 때문에 '신라중심주의'를 버리지 못한 것처럼 통일의 승자와 주도세력을 중심으로 시대를 규정하려는 경향이 없지 않을 것이다. 이렇게 되면 통일 이후에도 한 편의 우월과 다른 한 편의 차별은 가시지 않을 것인데 그렇다면 통일 이후의 진정한 협력과 상생을 기대할 수 있을까? 어려울 것이다.

이때 최부의 '백제호걸건국론'에서 답을 구할 수 있을 것이다. 체제와 의식이 다르고 성취가 달랐지만 남과 북의 궤적과 진보는 통일시대의 소중한 자산이 된다고 하는 합의를 이끌어낼 수 있을 것이기 때문이다. 나아가 '계백충신론'의 관점을 되살린다면 남과 북에서 진심과 성의로 살았던 사람들을 '분단의 고집쟁이'로 폄하하지 않아도 될 것이다. 이때에 비로소 시세에 아부하고 시류를 따르면서 승리에만 집착하여 패자를 하찮은 존재로 치부하고 무시하며 부정하는 고질적 패권주의 관성을 깨끗이 씻어내는 길이 열릴 것이다.

인륜을 팽개치면 바른 정치를 할 수 없다

박상 朴祥

박상연보

1474년 (성종 5) ── 광주 방하동에서 출생, 자 창세(昌世), 호 눌재(訥齋)
1496년 (연산군 2) ── 23세 생원시 합격
1501년 (연산군 7) ── 28세 문과급제
1505년 (연산군 11) ── 전라도도사로 부임
1506년 ── 우부리사건(8월), 중종반정(9월)
1512년 (중종 7) ── 39세 담양부사
1515년 (중종 10) ── 신비복위소(9월)
1517년 (중종 12) ── 순천부사, 모친상
1519년 (중종 14) ── 노산군의 입후치제(立後致祭) 및 기묘사화
1521년 (중종 16) ── 46세 충주목사
1522년 (중종 17) ── 『동국사략』, 『매월당문집』 편찬
1526년 (중종 21) ── 중시(重試) 장원으로 당상관이 됨
1527년 (중종 22) ── 나주목사를 사직하고 귀향
1530년 (중종 25) ── 55세 별세

중종반정은 신하가 임금을 세울 수 있다는 사실을 웅변한 일대사건이었다. 그러나 새로운 정치는 쉽지 않았다. 여전히 공훈을 세운, 아니 거짓 공훈을 차지한 공신집단이 새로운 전망을 제시하지 못한 채 사리사욕과 권력독점에만 혈안이 되었기 때문이다. 신진사림은 좀처럼 정국 전면에 나설 수 없었다. 연산군의 가혹한 탄압으로 재기 불가능할 정도로 타격을 받은 탓도 있지만 공신집단이 정국을 장악한 마당에 공간도 없었던 것이다. 이런 상황에서 박상과 김정이 함께 올린 신비복위소가 사림파의 활로를 제공하였고 이후 활발한 혁신정치가 이루어지게 되었다. 그러나 김정과는 달리 박상은 중앙 정계에서 그다지 역할을 하지 못하였다. 지나치게 강직한 성품과 비타협적 처세로 공신 외척은 물론이고 임금까지 배척하였던 것이다. 그래서 관료생활의 대부분을 수령으로 보냈는데 임지에서는 민생 침해를 일삼는 토호 향리를 가혹하게 응징하곤 하였다. 불의를 보면 참지 못하는 불같은 성격의 소유자였던 것이다. 기묘사화 때에는 모친상으로 향리에 있었기 때문에 직접 화를 당하지는 않았지만 유배 오는 조광조를 맞이하고 그 상여를 보내면서 시세의 불운을 통탄하였다. 이후 복직하여 충주목사 때에는 조정에서 물러나 있던 김세필·김안국·이자·이연경 등과 같이 성리학을 연구하는 한편 후진들에게 절의의 역사관을 심어주기 위하여 『동국통감』을 간추린 『동국사략』을 편찬하였고, 김시습의 의리정신을 계승하는 작업의 일환으로 시문을 모아 『매월당집』 간행의 기초를 닦았다. 그는 삶과 생각의 담백한 굴절이 투영된 듯 스산하기조차 한 느낌의 시를 많이 남겼는데 훗날 정조가 보고 동방의 제일의 시인이라고 칭송하였다.

1. 임금이 바뀌었으면 정치도 바뀌어야 한다

이미 나라의 명맥이 끊길 뻔하였다

연산군의 치세는 실로 혼란스러웠다. 도덕과 윤리가 사라지고 염치와 신의를 찾을 수 없었다. 임금부터 그러하였다. 방종과 패륜! 생모가 억울하게 죽었다고 하여 그렇게 앙갚음한 것이다. 갑자사화 이후의 연산군은 거의 임금이기를 포기하였다.

연산군은 신하와의 소통을 완전히 끊었으며 경연을 중단하고 홍문관과 사간원은 기구 자체를 없애고 사헌부의 관헌은 크게 줄였다. 간쟁과 직언을 원천에서 봉쇄하고 환관·궁첩 등의 비리를 규찰하지 못하게 한 것이다. 국가와 왕실의 일상을 기록하는 소임을 맡았던 춘추관의 기사관(記事官)도 없앴다. 자신의 처사가 기록으로 남을 것을 미리 차단한 것이다. 그리고 가뭄과 홍수, 성변(星變) 등의 천문현상을 관찰하는 관상감(觀象監)은 사역서(司曆署)로 개편하였다. 천문(天文)은 우연에 지나지 않는 천수(天數)이지 임금의 인사(人事)와는 상관없다는 것이었다. '하늘이 임금을 내려 백성을 살리게 하였다'는 임금 된 까닭을 스스로 부정한 처사였다.

그래도 연산군의 고독과 불만은 가시지 않았고 탐욕과 패악은 끝이 없었다. 측근 고위 관료에게 충성 서약문을 강요하고 성균관과 원각사를 주색장으로 삼을 정도였다. 그러면서 신하의 재산을 빼앗았고 사냥을 위하여 고양·광주 등 도성 인근 고을의 백성을 삶의 터전에서 내쫓았다.

조정의 불안감과 공포감도 배가되었다. 측근 시종(侍從)도 예외가 아니었다. 윤필상(尹弼商)·성준(成俊)·한치형(韓致亨) 등 훈구파의 일가가 몰살당하고 한명회(韓明澮) 등이 부관참시를 당하는 현장을 목도한 터라 언제 죽음의 나락에 빠질지 몰랐던 것이다.

임금과 신하 사이에 '죽느냐 사느냐'의 생존게임이 벌어졌다. 갑자사화 때에 쫓겨난 전 대사성 이과(李顆)가 유배지 전라도에서 거사를 준비하였다. 이런 소문이 퍼졌지만 연산군에게는 전해지지 않았다. 다음 일이 두려웠던 것이다.

마침내 도총관 박원종(朴元宗), 이조판서 유순정(柳順汀), 이조참판 성희안(成希顔)이 앞장을 섰다. 궁중 경호를 담당하며 총애를 받던 신윤무(辛允武)·박영문(朴永文)·홍경주(洪景舟) 등도 적극 도왔다. 두 차례 사화를 일으킨 장본인 유자광도 자연스럽게 합세하였다. 어지러운 시대에 살아남았던 친위세력이 궁정쿠데타를 일으킨 것이다. 그리고 성종의 폐비 윤씨에 이어 중전에 오른 정현왕후(貞顯王后) 소생 진성대군(晉城大君)을 임금으로 세웠다.

중종반정은 '인심을 잃고 천명이 떠나면' 임금이라도 끌어낼 수 있음을 보여준 일대 사건이었다. 그러나 반정공신은 인심을 수습하고 천명을 이어갈 명분과 의리를 갖추지 못하였다.

공신이 먼저 반정의 명분을 팽개치다

반정공신 특히 삼공신(三功臣)의 힘은 막강하였다. 세 공신이 편전을 나갈 때면 임금도 따라 일어나 배웅을 할 정도였다. 이들이 조정을 좌지우지하며 스스로 반정의 명분을 짓밟았다.

명나라에 새 임금이 즉위하였다는 사실을 알릴 때부터 그랬다. 중국 황제에게 보내는 주문을 연산군이 지은 것으로 꾸미면서 "본래 어지럼증[風眩]으로 때도 없이 발작하고 세자가 질병으로 일찍 죽어 군국(軍國) 서무(庶務)를 재결할 수 없기에 임금의 자리를 물려주었다"고 한 것이다. 민심을 잃고 천명이 떠나 왕위에서 쫓겨난 것이 아니라 병이 들고 세자가 죽어 진성대군에게 왕위를 이양하였다고 한 것이다. 새 임금을 패륜과 실신(失信)을 거듭한 연산군의 후사로 삼아서 명분도 없이 임금에 오른 쇠세(衰世)의 나락으로 끌어내린 셈이었다.

반정공신은 처음부터 왕권의 정통성과 정당성을 고려하지 않았다. 아니 그들에게는 그런 자격이 없었다. 그들 스스로가 연산군의 총애를 한 몸에 받으며 악폐(惡弊)를 만들어낸 장본인이었던 것이다. 구악(舊惡)을 반성하고 극복할 의지나 식견이 있을 리 없었다.

인적 청산도 없었다. 다만 연산군을 보복과 타락으로 충동질한 임사홍(任士洪)과 연산군의 처남으로 권세를 누렸던 신수근(愼守勤) 등 외척 일부를 제거하였을 뿐이었다. 신수근도 구악의 책임을 물어서가 아니라 "사위를 왕에 올리려고 매부를 폐할 수는 없다"고 했기 때문에 죽였다. 신수근은 중종의 조강지처인 신씨의 부친이었던 것이다.

반정공신은 신수근을 죽인 이상 신씨를 중전으로 인정할 수 없었다. 훗날 신씨가 생산한 원자가 대통을 잇기라도 하여 외조부의 원수를 갚겠다고 나설 때 일어날 사변을 미리 막아보겠다는 것이었다. 왕을 세우고 왕비가 될 조강지처를 내친 것이다. 중종도 받아들였다. 어쩔 수 없었을 것이다.

반정공신은 공을 세우지 않은 사람이나 친인척까지 공신록(功臣錄)에 올렸다. 결국 4등으로 분류한 원공신(原功臣)은 백십여 명이나 되었고 원공(原功)을 따르는 원종공신(原從功臣)도 수백 명에 이르렀다. 공신에게 주는 관직과 재물을 미끼로 조정을 완전히 장악하고자 함이었다. 그러나 외방에 있거나 죽은 사람까지 공신으로 올려 잘못되었다는 위훈(僞勳) 시비를 일으켰고 반정 명분도 그만큼 퇴색하였다. 더구나 공신에게 토지와 저택 등을 제공하느라 국부(國富)까지 축이 났다. 나라를 바로 잡았다는 공훈이 나라를 좀먹는 결과를 빚었던 것이다.

그런데 공신세력의 치명적 약점은 대부분이 무과(武科)나 음서(蔭敍) 출신으로 훼손된 국가의 성헌(成憲)을 회복하고 옛 폐단을 없앨 수 있는 능력이 결여되어 있다는 것이었다. 조정을 쇄신하고 민생을 살필 수 있는 식견이나 안목이 없었던 것이다. 더구나 시대의 변화에 부응하여 제도와 법을 개혁하는 일은 기대조차 할 수 없었다.

이런 상황에서 연산군 치하에서 광풍을 비켜갔거나 유배를 가서도 죽지 않고 돌아온 문신집단이 부상하였다. 김전(金詮)·정광필(鄭光弼)·안당(安瑭)·신용개(申用漑)·장순손(張順孫)·권민수(權敏手)·남곤(南袞)·이행(李荇) 등 훈구파 출신이었다. 이들은 연산군에 의해 훼손된 법제를 원래대로 돌려놓는 것만을 몫으로 삼았다. 그만큼 시대의 변화 발전에 따른 개혁에는 소극적이었다. 또한 공신집단의 전횡과 왕실의 난맥상에는 침묵하였다. 겨우 유자광 등 거짓 공훈이 너무 명백한 일부 공신만을 축출하였을 따름이었다. 그나마 다행이라면 안당·정광필·신용개 등이 신진사림을 조정에 끌어들이려고 노력한 것이었다.

중종 5년(1510) 박원종이 세상을 떠나고 유순정·성희안도 뒤를 따르면서 정국에 변화의 조짐이 일기 시작하였다. 비(非)공신 문신집단의 위상이 높아진 것이다. 그래도 공신과 외척의 영향력은 막강하였다.

이때 왕실과 조정에 파란이 일었다. 장경왕후(章敬王后)가 원자를 낳고 세상을 떠난 것이다. 중종 10년(1515) 여름이었다. 중전 자리를 놓고 치열한 암투가 벌어지고 외척과 공신도 가파르게 움직였다. 조정과 중신은 황망할 따름이었다. 이러한 상황에서 중종은 거듭된 자연재앙에 따른 대책을 구하는 전교를 내렸다. 국면을 수습해보겠다는 뜻이 있었다. 그리고 얼마 후 근신(近臣)과 환척(宦戚)이 미리 뜯어보지 못하도록 아래와 위를 풀로 단단히 붙인 한 통의 상소가 올라왔다.

임금이니 더욱 조강지처를 버릴 수 없다

상소는 이렇게 시작한다.

> 배필을 정하는 것은 인륜(人倫)의 시초(始初)요 만화(萬化)의 근원(根源)이며 기강과 왕도의 으뜸 되는 단서입니다. 태초에 하늘과 땅이 생기고 만물이 일어나고 사람이 남자와 여자로 태어나고, 이후 이 땅에 인간의 도리가 생기게 되었을 때 부부의 도리가 제일 처음 생겨났기에 그 으뜸이라고 하는 것입니다.
> 중종 10년 8월 임술

하늘 아래 인연이 어느 하나라도 소중하지 않음이 없지만 부부의 인연이 으뜸이며, 하늘 아래 살아가는 사람이 지켜야 할 도덕과 윤리가 여러 갈래이지만 부위부강(夫爲婦綱)·부부유별(夫婦有別)이 기본이 된다는 선언이었다. 인간사는 남자와 여자가 부부가 되어 이루는 가정에서 시작하

온릉(溫陵)

폐비 신씨의 묘로 경기도 양주시 장흥면 일영리에 있다. 신씨는 13세에 혼인하여 7년을 살다가 진성대군이 왕에 오르자 궁궐에도 가보지 못하고 이레 만에 폐서인이 되어 반백 년을 더 살았다. 신씨가 세상을 뜨자 왕실은 관곽(棺槨)을 내리고 특별히 부의(賻儀)하여 일품례(一品例)로 장례를 치러 주었지만 여전히 서인이었다. 갈 곳도 없어 신씨들의 묘가 있던 신가묘역(愼家墓域)에 묻혔는데, 영조 15년(1739)에 복위되면서 묘호(廟號)를 단경(端敬), 능호(陵號)를 온릉이라 하였다. (사진 최승훈)

는 만큼 하늘의 뜻에 따라 정치를 하려는 임금이라면 결코 놓칠 수 없는 첫 단추가 바로 부부의 인연이며 도리라는 것이다. 이어서 상소는 10년 전의 폐비 신씨의 일을 거론하였다.

신씨를 폐위할 만한 까닭이 있음을 듣지 못했음에도 전하께서 폐위하신 것은 과연 무슨 명분입니까? 정국(靖國) 당초에 박원종·유순정·성희안 등이 이미 신수근을 제거하고서는 왕비의 아비를 죽였다는 후환이 있을까 근심하여 자신을 보전하려는 사사로움 때문에 폐위시켜 내보내자는 모의를 꾸몄으니 진실로 까닭도 없고 명분도 없는 짓이었습니다.

그리고 세 공신의 죄는 '죽여도 죄가 남는다'고 단언하였다. 이미 세상을 떠났으니 공신의 칭호라도 거두자는 것이나 다름이 없었다. 이에 그치지 않았다. 상소는 대통의 승계는 하늘의 태양이 만물을 비추듯이 조금도 숨김이 없어야 하는데도 새 임금의 즉위를 구차스럽게 만들었던 세 공신의 죄를 고발하였다. 반정 초기에 '종묘 사직에 연산군의 죄를 낱낱이 폭로하였어야 하는데 그렇지 않았고, 연산군의 선위(禪位)로 임금에 오른 것처럼 거짓을 꾸며 명나라에 주문을 보낸 사실'을 재론한 것이다. 마침내 상소는 결론을 제시하였다.

지금 내정(內庭)의 주인이 비었으니 이때에 쾌히 결단하셔서 신씨를 곤후(坤后)의 자리에 앉히시면 천지의 마음이 기뻐할 것이요, 조종(祖宗)의 신령(神靈)이 윤허할 것이고 신민의 희망에 부응할 것입니다. 전하께서 장차 이 자리를 누구에게 부탁하고자 하십니까? 이미 떨어진 대의명분을 보존하고 어그러진 옛 은혜를 온전히 하시면 이것이 바로 대의(大義)

와 정리(情理)에 합당한 일이 될 것입니다.

신씨를 복위하자는 것이었다. 후궁이 중전을 차지하면 원자(元子)가 불안하니 신씨를 복위시키는 게 나을 것이라는 판단이 없지 않았다. 그러나 이에 못지 않게 '인륜을 어기고는 왕도를 기대할 수 없다'는 명분과 원칙이 중요하였다. 정치와 도덕의 일체를 주장한 것이다.

이것이 담양부사 박상·순창군수 김정·무안군수 유옥(柳沃)이 순창 강천산 계곡에 모여 벼슬을 버릴 각오로 인수(印綬)를 바위에 걸쳐놓고 올렸다 하여 '삼인대(三印臺) 상소'로 더 알려진 '신비복위소(愼妃復位疏)'였다. 그런데 상소를 올리기 전에 유옥은 '늙은 부모를 봉양하여야 한다'는 이유로 빠지고 두 사람만 서명하였다.

2. 공신의 욕심을 채워주면 반역을 부추긴다

우애와 기질

본래 개경에 살았던 박상의 선대는 조부가 충청도 회덕으로 옮겼고, 부친 박지홍(朴智興) 대에 광주에 뿌리를 내렸다. 고려 말 왜구를 크게 무찔렀던 해도원수(海島元帥) 정지(鄭地)의 아들인 전라감사 정경(鄭耕)의 딸과 결혼한 것이 계기가 되었다. 박지홍은 권근의 손자로 세조의 측근이었던 권람(權擥)과 친분이 있어 여러 차례 천거되었어도 벼슬에 나서지 않고 오로지 세 아들 공부에만 힘을 쏟았다고 한다. 세조의 즉위가 달갑지 않아서였을 것이다.

박상은 처음에는 부친에게 학문을 익히다가 후에는 형 박정(朴禎)에게 배웠다. 박정은 생원시에 들고도 벼슬을 생각하지 않고 아버지를 대신하여 동생들을 가르치다 일찍 세상을 떠났는데 박상은 평생 그런 형을 잊지 못하였다. 일화가 전한다.

동생 박우(朴祐)가 진사시에 장원하여 모친을 위로하며 친척들과 기쁨을 나누는 잔치 자리였다. 박상은 이날 동생에게 "형님이 내가 진사가 되었을 때 나누어준 것이 있다. 이제 아우가 진사에 들었으니 이를 주어야 하지 않겠는가"라고 하며 튼실한 노비와 기름진 논밭, 그리고 서책(書冊)과 서정(書釘)을 주었다. 이에 동생이 답례의 술잔을 올리자 갑자기 "즐거움이 있으면 슬픔이 뒤를 잇는다"고 하면서 오히려 슬퍼하였다. 아우에게 별도의 재산을 주는 증빙문서인 「별급육봉문(別給六峯文)」앞에 나온다.

너와 나는 어려서 아버지를 여의고 형님에게서 문장을 배웠다. 내가 진사에 들고 대과에 뽑혔을 때 어머니와 형님은 슬퍼하시고 너와 나는 울었다. 왜 그랬겠느냐? 아버님이 계시지 않았기 때문이었다. 지금 네가 진사에 합격하여 수석의 영광을 차지하였으니 기쁘기는 하다마는 형님께서 또 돌아가셨다. 앞서는 돌아가신 아버님만을 슬퍼하였는데 지금은 또 돌아가신 형님을 슬퍼한다. 네가 대과에 뽑히면 또 누구를 슬퍼해야 될지 모르겠다.

진정 즐거운 날이 갑자기 서글퍼졌던 것이다. 부친이 계시지 않음에 아쉬워하다가 이내 동생들을 가르치기 위하여 정성을 다하였던 형 박정이 정녕 그리웠음이었다. 그리고 언제 어머니가 세상을 떠날지 모른다는 생각에도 사무쳤다. 즐거운 날에 슬픔을 감추지 못하는 박상, 그만큼 숨김이 없고 담백하였던 것이다.

박상은 나쁜 일을 보면 참지 못하는 불같은 기질의 소유자였다. 전라도의 도사(都事)로 근무할 때였다. 그때 나주에 제 딸이 연산군의 애첩이 된 것을 믿고 남의 토지를 약탈하고 부녀자를 겁탈하는 등 패악을 저지르던 우부리(牛夫里)라는 자가 있었다. 누구도 다스리려고 하지 않았다. 그러나 박상은 참지 않았다. 우부리를 포박하여 심한 매를 때렸는데 너무 지나쳐 목숨까지 빼앗고 말았다. 이른바 '우부리 장살사건', 중종반정 한 달 전이었다.

박상은 화를 피할 수 없다고 생각하며 서울로 올라갔다. 그런데 공교롭게도 박상을 체포하기 위해 내려오던 금부도사(禁府都事)와 길이 엇갈

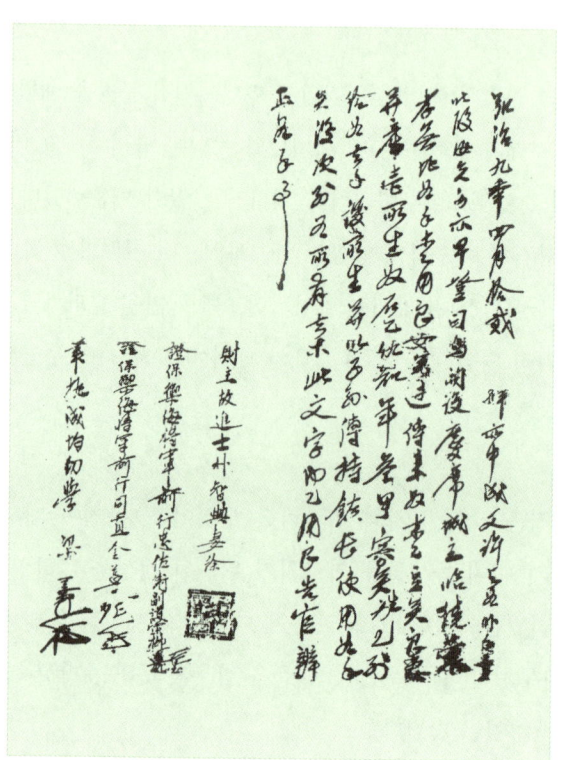

박상가의 별급문서

박상의 모친 서씨(徐氏)가 박상에게 토지와 노비를 내린 문기. 박상의 부친은 나주 정씨와 사별하고 계성(桂城) 서씨를 재취하여 삼 형제를 두었는데 세간에서는 '송나라에 삼소부자(三蘇父子)가 있다면 동방에는 삼박형제(三朴兄弟)가 있다'고 칭송하였다. 세 형제의 문장과 학술을 송나라의 소식(蘇軾) 삼부자에 비견한 것이다. 이 중 박상의 형 박정은 '백미지량(白眉之良)'이라고 칭송을 받았으며, 전라감사 김종직이 보고 재상이 될 만한 '우랑묘기(虞廊廟器)'의 인재로 기대하였다고 한다. 박정은 박상이 사마시에 들자 모친에게 아뢰어 특별히 토지와 노비를 내리게 하였고, 박상은 그 일부를 다시 박우에게 주었던 것이다. (영남대학교 박물관 소장)

렸다. 설화가 전한다. 박상이 정읍을 지나 10리쯤 가는데 고양이 한 마리가 이상한 시늉을 하면서 큰길을 피해 샛길로 들어가자 이상하여 따라갔다는 것이다. 그리고 서울에 올라오니 세상이 바뀌었다. 중종반정이 일어난 것이다. 천우신조였다.

공신과 토호를 이대로 두고 백성을 살릴 수 없다

박상은 사간원 헌납(獻納)에 등용되었다. 그러나 조정은 달라진 것이 별로 없었다. 특히 공신과 외척을 중시하는 인사정책이 그랬다. 박상은 곧잘 "공신과 외척이라고 하여 능력도 없는데 관직을 내리면 폐조(廢朝)와 다를 바 없다"고 하며 비판의 날을 세웠다. 공신을 우대하고 외척을 수용하는 인사정책이 연산군 치세와 다르지 않음을 규탄한 것이다.

공신의 위세에 눌려 있던 중종이 "누구누구는 배우게 하여 쓰겠다"고 하면 더욱 강력하게 반발하였다. 중종 2년(1507) 10월이었다.

주상께서는 공신이 많으면 돕는 사람이 많아 오래도록 의뢰할 수 있다고 생각하십니다. 폐조도 인심이 이미 떠났음을 알고 관작(官爵)으로 굳게 맺어놓으려 했습니다. 그러나 인심은 도리어 멀어졌으니 작상(爵賞)으로 인심을 진정시키고 복종시킬 수 없음은 이로써도 분명합니다. 더구나 예로부터 반역은 공신에서 많이 나오니 공신을 믿을 수 없음은 이미 오래되었습니다.

반역은 공신에서 나온다? 이미 부귀를 누린 공신 외척에게 관직을 내린다고 그 욕심을 채워줄 수 없으니 결국 반역을 꾀하게 된다는 것이었다. 공신의 세력이 막강한 터에 쉽게 건드릴 수 없는 문제를 조금도 거리낌 없이 거론한 것이다. 위태로운 지경을 넘나든 셈이었다.

그러나 박상의 경고는 사실로 나타났다. 공신에 올랐지만 공훈이 적다고 생각한 이과나 신윤무·박영문 등이 성종의 다른 아들로 중종과는 이복간이었던 견성군(甄城君)을 추대하려다 발각되는 일이 벌어졌던 것이다.

박상은 과거장의 감독관까지 거부하며 공신 외척의 등용을 반대하다가 투옥된 적도 있었다. 공신 외척은 말할 것도 없이 국왕에게도 따돌림을 당하였다. 박상이 지방관을 전전한 연유였다.

박상은 가난하게 혼자 사는 홀아비, 과부나 어린 고아 등 어려운 처지에 있는 환과고독(鰥寡孤獨)은 따뜻하게 보살폈으며, 깨끗하게 서정을 처리하여 두 차례나 청백리로 뽑혔다. 그러나 토호의 탐욕과 향리의 간사함은 호되게 진압하였다. 특히 가난한 농민의 토지를 헐값에 사들이고 고리대로 전당을 잡아 토지를 늘리는 겸병(兼倂)이나 양인을 억압하여 천민으로 만드는 압량위천(壓良爲賤)은 가혹할 만큼 심하게 다루었다.

담양부사 때였다. 아전의 위세로 목민관의 사명을 수행하기 어렵다고 호소하는 이웃 영광 고을의 수령에게 "형장(刑杖)을 제대로 사용하면 된다"고 일러준 적이 있었다. 그런데 얼마 후에 향리와 군졸들이 반발하여 출근하지 않을 뿐 아니라 관아까지 폐쇄하는 일이 일어났다. 영광군수가 절제를 하지 못하고 서투르게 형장을 사용한 데 대한 항명사태였다.

박상이 사태 수습의 책임을 맡았다. 박상은 주모자와 동조자를 가려내고 사태를 바로 진정시켰다. 그때 박상이 사용한 형장이 '두부같이 네모반듯하다'고 하여 편적장(片炙杖)이라고 하였다.

이때 『중종실록』에 "박상은 사람됨이 강직하고 각박하여 악한 사람 미

위하기를 원수처럼 하고, 착하지 못한 사람을 보면 반드시 징계하려고 했다"는 사평이 실려 있다. 중종 10년(1515) 6월이었다. 그리고 몇 달이 못 되어 신비복위소를 올린 것이다.

3. 정치개혁을 먼발치에서 바라보다

새로운 시대가 오는가

신비를 복위하라는 상소를 본 중종은 놀랐다. "큰일이다. 이러한 대사를 어찌 소신(小臣)들의 말을 듣고서 할 수 있겠는가" 하면서 "앞으로는 비록 위아래 끝을 풀로 단단히 봉하여 뜯어볼 수 없게 하였어도 뜯어본 뒤에 아뢰도록 하라"고 하였다. 이런 사안은 공신이나 외척이 몰라서는 아니 된다는 어투였다. 죄를 묻지 않을 수 없다는 뜻도 담겨 있었다.

대사헌 권민수와 대사간 이행이 곧바로 '흉소(凶疏)', '사론(邪論)'으로 지목하였다. 경빈(敬嬪)과 희빈(熙嬪) 등 후궁과 연계된 심정(沈貞)과 홍경주 등 공신세력도 가세하였다. 좌의정 정광필과 이조판서 안당 등이 구언(求言)에 따른 상소를 처벌하면 언로를 막게 될 것이라고 반대하였지만 역부족이었다. 결국 박상과 김정은 유배를 떠났다.

바로 이해 초겨울에 조광조가 들어왔다. 개국(開國)·정사(定社)·좌명(佐命) 등 세 번이나 공신에 책봉된 조온(趙溫)의 고손자(高孫子)였던 조광조는 벼슬이 그치지 않았던 훈구가문 출신이었지만, 17살 때에 평안도 어천찰방(魚川察訪)으로 부임한 부친을 따라갔다가 이웃 고을 희천(熙川)으로 유배 온 김굉필을 찾아가 배우면서 인생의 진로를 바꾸었다. 사림 탄압의 광란이 극심하던 시절 쉽지 않은 일이었다. 이후 성리학을 얼마나 깊이 파고들었던지 '광인(狂人)', '화태(禍胎)'로 이름이 날 정도였다. 그러다 신비복위소가 올라오기 바로 전 여름에 이조판서 안당이 궁중과 관청에 종이를 조달하는 조지서(造紙署)의 사지(司紙)로 천거하자 "이달(利達)에 마음이 없었는데 대과에 들지 않으니 이러한 벼슬을 받게 되는구나" 하며 알성문과(謁聖文科)에 급제하고 조정에 나온 것이다.

조광조는 가장 먼저 신비복위소를 '흉소 혹은 사론'으로 지목하였던 대사헌과 대사간을 탄핵하였다. '언론이 지나칠지라도 언관(言官)의 처벌을 주장하여 언로를 막을 수 없다'는 이유였다. 중종은 조광조의 건의가 있자 바로 김안국(金安國)과 이장곤(李長坤)을 후임에 앉혔다. 정광필·안당 등 대신의 의견은 받아들이지 않았지만 갓 조정에 들어온 조광조의 의견은 받아들인 것이다.

조광조는 임금이 새로운 정치에 열의가 있고 국가를 다시 세우려는 의지가 있음을 의심하지 않았다. 김구(金絿)·김식(金湜)·김정·최산두(崔山斗)·기준(奇遵)·이연경(李延慶)·유성춘(柳成春)·양팽손(梁澎孫)·한충(韓忠) 등이 모였다. 무오사림(戊午士林)에게 배웠거나 영향을 받은 신진사림이었다.

신진사림은 연산군의 폐정으로 허물어진 조종(朝宗)의 법제를 이전 수준으로 회복하는 것에 만족하지 않았다. 백성의 삶을 북돋고 시대의 흐름에 맞추기 위해서 보수(補修)하자는 입장을 표방하였다. 당시 정국을 주도하던 훈구파가 현상 유지에 치우친 채 묵수론(墨守論)을 견지하였다면 신진사림은 조종의 성헌(成憲)이라도 고칠 수 있다는 경장론(更張論)을 주장한 셈이었다. '천하의 대공(大公)을 구현하자'는 목표의식이 뚜렷했다.

신진사림은 '우리 임금이 요순(堯舜)이 될 수 있고 우리 백성은 어질고 오래 살아야 한다'거나 '임금과 신하는 백성을 위하여 둔 것이다' 같은 왕도정치의 이상을 거듭 설파하였다. 그러면서 '임금부터 리(利)를 버리고

의(義)를 내세우며 사(私)가 아니라 공(公)을 앞세우는 일심(一心)을 가져야 한다' 또한 '관직으로 재물을 얻고 공훈을 사리(私利)로 삼는 상투적 구습을 혁파하고 사치의 풍습과 뇌물수수의 관행을 근절하자'고 주장하였다.

이에 따라 왕실의 재정을 담당하는 내수사(內需司)가 고리대로 재물을 늘리는 장리(長利)의 관행이 금지되었으며 수신(修身) 교과서『소학(小學)』이 보급되고 향약이 권장되었다. 백성으로 하여금 인간의 도리와 명분을 알아 일상에서 실천하도록 하는 한편 자율과 자치를 통하여 향촌사회의 질서를 유지하고자 함이었다.

이외에도 노산군의 생모 현덕왕후를 복위하고, 노산군에게 봉사손(奉祀孫)을 정하여 제사를 잇게 하였다. 왕실의 도덕적 결함을 씻어내는 일이었다. 놀라울 정도의 변화였다. 민심도 기꺼워하였다.

세상은 다시 어두워졌다

이 시기 사림파는 토지개혁론도 제기하였다. 경작농민에게 토지를 주어야 한다는 경자유전(耕者有田)의 이상을 실현하겠다는 것이었다. 또한 어진 정치는 백성의 토지를 보장하고 세금을 공평하게 부과하는 데서 시작한다는 '인정필자경계시(仁政必自經界始)'를 구현한다는 목표가 있었다. 많은 토지를 소유하고 있는 훈구파 공신과 지방 토호, 그리고 든든한 자본을 바탕으로 물산을 독과점하며 이익을 챙기는 대상인들이 싫어하였음은 당연하였다.

사림파는 토지 소유의 한계를 정하자는 방향으로 의견을 모았다. 이른

바 한전론(限田論)이었다. 유성춘·유옥·기준·김구·박수량(朴遂良)·정응(鄭䴴) 등이 주도하였는데 한결같이 '하늘 아래 땅에서 나는 모든 재화는 백성이 주인이다' 혹은 '백성의 가산(家産)을 균등하게 하는 일이야말로 하늘 아래 가장 공정한 대공(大公)의 사업이다'는 논거를 내세웠다.

한전론은 중종 12년(1517) 7월과 이듬해 2월에 절정에 치달았다. 그러나 5월에 내려진 결론은 사림파의 기대와는 동떨어진 것이었다. 토지소유의 상한을 50결(結)로 한 것이다. 당시 1결이 대략 30~40두락(斗落)이었으므로 약 1,500~2,000두락을 소유의 한계선으로 삼은 셈이었다. 가세(家勢)를 기준으로 대(大)·중(中)·소(小)·잔(殘)·잔잔호(殘殘戶)로 등급을 나누었을 때 대략 10결 정도가 대호(大戶)에 해당하던 당시 실정에 비추어보면 50결은 아무런 의미가 없는 결론이 아닐 수 없었다.

사림파는 분개하였다. 기준은 "근자에 50결로 한계를 정했는데 50결을 가진 백성이 어찌 있겠는가" 하며 반발하였지만 더 이상 진전이 없었다.

중종 13년(1518) 가을에는 현량과가 도입되었다. 외척과 공신이 사사로운 인연에 따라 운영하였던 천거제를 바꾸어 덕망과 인품을 갖춘 인재를 사림의 공론(公論)에 따라 선발하자는 취지였다. 과거제를 보완하자는 것이었지만 관리충원체계를 뒤흔들 파괴력을 내포한 개혁조치였다. 현량과는 문장은 다소 뒤떨어지지만 행실이 바르고 성리학에 조예가 있는 신진사림에게 유리할 것이기 때문이다. 현량과 출신이 공론을 장악할 수도 있는 일이었다. 실제 그렇게 되었다. 그만큼 사림파의 영향력이 확대되었음은 물론이다.

사림파는 공신세력과의 치열한 공방을 거치면서 백십여 명이 넘는 반정공신 중에서 76명의 위훈을 가려냈다. 임금의 재가도 받았다. 중종 14년(1519) 겨울이 오는 길목이었다. 공신과 외척의 대대적 반격이 개시되었다. 왕권까지 위협할 지경이었다. 중종이 공신 외척의 손을 들었다. 기묘사화(己卯士禍)였다. 사림파는 다시 한 번 참혹한 시련을 겪게 되었다. 신비복위소가 올라온 날의 사론에 이런 구절이 있다.

> 신비복위소는 매우 올바른 것인데 좌우의 의논이 분분하게 시비를 하다가 양시양비(兩是兩非)로 번지더니 마침내 조정이 서로 반목하다가 화(禍)가 참혹한 지경에 이르렀다.
> 중종 10년 8월 임술

연산군의 광란과 반정공신의 전횡으로 위축되었던 사림파가 신비복위소를 계기로 세력을 결집하며 혁신정치를 추구하다가 다시 나락으로 떨어졌음을 말한 것이다.

조광조의 상여를 떠나보내며

박상은 새로운 시대를 향한 고동(鼓動)을 먼발치에서 바라볼 뿐이었다. 1년의 유배를 마치고 장악원(掌樂院) 첨정(僉正)으로 복귀하였지만 바로 순천부사로 내려갔고 거기에서 모친상을 당하여 향리에 머물렀던 것이다.

혁신정치가 궤도에 오르면서 조광조에게는 곤혹스러운 일이 많았다. 젊은 사림이 너무 성급하게 개혁을 부르짖다가 곳곳에서 마찰을 빚었기 때문이다. 특히 현량과 출신이 그러하였다. 조광조는 "일을 꾀함은 급박하게 하는 것이 아니라 점진적으로 해야 한다"고 타일렀지만 소용이 없었다. 또한 "일 꾸미기를 좋아하는 희사(喜事)와 이름을 내려는 호명(好名)의 무리가 일을 그르치게 될 것이다"라고 경고하면서 사직을 고려하였지만 이마저 뜻대로 할 수 없었다. 그래서 박상이 조정에 있었으면 하였을까? 중종 14년(1519) 4월 박상의 탈상이 가까워올 무렵 이렇게 건의하였다.

박상은 박학하고 고도(古道)를 좋아하며 재행(才行)이 있습니다. 다만 행동하는 것이 고상하고 청결한 터라 속류(俗流)와 함께하기를 즐겨하지 않고, 문장도 옛날과는 맞으나 지금과는 맞지 않아 세속의 안목이 비웃음치지마는 진실로 보기 드문 사람입니다.

박상을 천거한 것이다. 조광조가 청하여 불시에 이루어진 저녁 경연에 서였다. 그러나 중종의 대꾸는 차가웠다. "내가 그의 사람됨을 알고 있다"고 할 뿐이었다. 외척과 공신을 맹렬히 배척하였을 뿐 아니라 신씨를 중전으로 삼자고 한 박상을 또렷이 기억하고 있었던 것이다. 조광조는 박상과 함께 조정에서 일을 하고 싶었지만 그렇게 되지 못하였다.

그리고 7개월 후, 박상은 조광조가 능주로 유배 온다는 소식을 듣고 광주 남문 밖 10여 리의 분수원(分水院)에서 기다리다 만났다. 그리고 한 달 후 세찬 눈보라가 치던 날 조광조는 사약을 받았다. 조광조는 관리에게 "상체는 어떠하신가?"를 물은 후 절명시를 남기고 세상을 떠났다.

임금 사랑 어버이 사랑	愛君如愛父
나라 생각에 집을 생각하지 않았는데	爲國不爲家
밝은 해 땅을 비추듯이	白日臨下土
내 붉은 충정 밝게 비추소서	昭昭照丹衷

어지러운 세상에 유배지의 스승을 찾아 배우면서 학문에 뜻을 두었다

조광조 묘

경기도 용인시 심곡리 소재. 부인 한산 이씨와 합장되어 있다. 언젠가 부인의 실절 때문에 가정 불화를 심하게 겪던 친구가 조광조에게 부인을 버리겠다고 상의하였을 때였다. 조광조는 정색을 하며 "부부는 인륜의 시작이며 만복의 원천이라 소관이 지중한 것인데 부인의 성질이 음암(陰暗)하고 무지하여 절개를 잃은 바가 있었다고 하여도 군자 되는 사람은 마땅히 바름으로 이끌어서 감화를 시켜 집안을 함께 만들어가야 후덕(厚德)이 아니겠는가?" 하였다. '공성가도(共成家道)!' 가도는 부부가 함께 이룬다는 것이다. 부부가 함께 이루는 가정이 소우주(小宇宙)일진대 어찌 한 사람의 힘으로 될 것인가 한 것. 아름답게만 들린다. 그런데 정녕 조광조는 38세에 부인 한산 이씨를 홀로 두고 갔고, 부인은 또 그만큼의 세월인 38년 동안 홀로 집안을 이끌었다. 공교롭게도 한산 이씨와 폐비 신씨는 명종 12년 같은 해에 세상을 떠났다. (사진 용인시청)

가 조정에 나와서는 '한 번도 가사를 묻지 않고 오로지 임금이 바르고 백성이 편안한 세상'을 꿈꾸었던 조광조, 이때가 38세였다. 양팽손이 시신을 거두고 임시로 묘를 썼다. 그리고 이듬해 봄 상여가 용인 심곡리로 떠나갈 때 박상이 다시 나가 작별을 하였다.

무등산 앞에서 서로 손을 붙잡았는데	無等山前曾把手
소가 끌고 가는 상여 외롭게 고향으로 가는구나	牛車草草故鄕歸
후일 지하에서 만나더라도	他年地下相逢處
인간사 그릇된 일 더 이상 말해 무엇할까	莫說人間謾是非

얼마 후 박상은 유배지 선산(善山)을 이탈하여 자신을 찾아왔던 김식이 결국은 스스로 목숨을 끊었다는 소식을 들었다. 참담하였다.

4. 바른 말과 옳은 뜻이 하늘에 닿아 있다

소중한 만남

중종 15년(1520) 가을 박상은 다시 관직에 나갔다. 재해가 심한 호남지방을 살피는 어사를 지내고 잠깐 동안의 상주목사를 거쳐 충주목사로 옮겼다. 충주에서도 깨끗하고 바르게 다스려서 담양부사 때에 이어 두 번째로 청백리로 뽑혔다. 그러면서 실로 소중한 사람들을 만났고 서로 공부하고 가르치고 그리고 내일을 꿈꾸었다.

박상이 충주목사로 나갈 무렵 조광조의 처벌을 반대하여 유배를 갔던 김세필(金世弼)이 방면되어 충주로 돌아와 있었다. 또한 기묘사화 때 조정을 떠난 김안국도 이웃 고을 이천에서 공부하며 후학을 가르치고 있었다. 세 사람은 김세필이 지비천(知非川) 위에 지은 공자당(工字堂)에서 자주 만났다. 양쪽은 침실이고 가운데에 강학을 하기 위한 중청(中廳)을 들여놓은 모양새가 '공(工)'자를 닮아 박상이 그렇게 이름을 지었다.

그러나 모양새 때문만은 아니었을 것이다. 하늘[·]과 땅[—]을 잇는 사람[ㅣ]의 일, 천지인 삼재(三才)가 바로 공(工)이 아닌가? 사람이라면 마땅히 하늘의 뜻을 땅에서 이룩하여야 한다는 염원을 담아 그렇게 불렀을 것이다.

이들은 서로 만나 시름을 달래고 희망을 찾았다. 각자가 한 구절씩 지은 「공자당연구(工字堂聯句)」가 남아 있다.

지비천의 우뚝 선 보물이라	知非渠伯玉
술이 좋아 사령을 부리는구려	嗜酒我劉伶
꽃이 예쁜 시절에 만나지만	會合芳菲節
여러 날 머물러도 뜰은 적막할 뿐	留連寂寞庭
천신이 아끼던 이 땅이 아닌가	天神慳瑞地
농부도 하얀 신선을 꿈꾼다	田父夢髯靈
우주를 오가는 인간	宇宙人來往
이 강산의 주인은 누구인가	江山孰主停

꽃이 예쁜 계절에 머무는 뜰이 적막하다는 것은 바른 뜻을 펼 수 없는 가혹한 세상을 비유한 것이리라. 그래도 우리 땅이 소중하여 하늘이 저버리지 않을 것이고, 언젠가는 농민도 신선같이 살아가는 아름다운 세상, 그래서 사람이 우주의 중심이 되는 시절이 오리라는 희망을 노래하고 있다.

이들은 서로 공부하며 후진을 양성하였다. 김안국이 기묘사화 전에 중국에 갔다가 들여온 『주자대전(朱子大全)』과 『주자어류(朱子語類)』, 『이락연원(伊洛淵源)』 등 주자의 문헌도 함께 읽었을 것이다.

박상이 서로의 만남에 소용되는 적지 않은 경비를 담당하였다. 이웃 고을 여주에서 빌려서 두 사람에게 주고 가을이 되면 자신이 갚는 식으로 하였다. 충주에서 염출하면 이들의 동향을 면밀히 주시하고 있을 훈구권신의 눈총을 피하기 어려웠기 때문일 것이다.

박상은 김세필과 더 많이 만났다. 서로 술을 마시며 감회를 한 구절씩 주고받은 연구시(聯句詩)가 남아 있다.

얼굴 맞대니 마음 걱정 없어지고	對面心無阻

공자당

김세필이 충북 음성군 생극면 팔성리에 세운 정자. 김세필은 갑자사화 때 거제로 유배되었다가 풀려나서 중종반정 후에 전라도관찰사·형조판서 등의 고위직에 올랐다. 기묘사화가 일어난 해에 명나라에 사은사(謝恩使)로 갔다가 돌아와서 조광조가 사사(賜死)된 것을 알고 지나친 처사임을 주장하여 귀양을 갔다. 중종 16년(1521)에 풀려나 충주에서 후진을 양성하며 지냈다. 이곳을 찾았던 김안국은 경상도와 전라도관찰사를 역임하면서 지방에 향약과 소학을 보급하는 등 점진적 개혁을 추진하다가 파직되어 이천에 살면서 자주 여주의 별장을 오고 가며 후진을 양성하였다. (사진 십청헌김세필선생문화재사업회)

술잔을 삼키니 뜻이 절로 통한다	含杯意自通
강산이 좋은 곳이 아니라도	江山非勝地
물색은 봄바람을 타는구나	物色是春風
진득하게 깊어가는 밤이 되면	袞袞更移夜
멀리 멀리 달이 떠오르네	沼沼月上空
언젠가 글과 술로 만나도	他年文酒會
어찌 지금과 같을까	能復此時同

왕수인의 『전습록(傳習錄)』도 함께 읽었던 모양이다. 이때 박상은 '성즉리(性卽理)'가 아니라 '심즉리(心卽理)'를 본령으로 하는 양명학은 선학(禪學)이나 다름없다는 결론을 내렸다고 한다. 김세필의 시가 전한다.

주자 가시니 도학이 사라지고	紫陽人去斯文喪
누가 위미(危微)를 옛글대로 알 수 있을까	誰把危微考舊聞
학자가 육상산을 좇는 것은 흠이 되니	學蹈象山多病處
그대가 도학의 회복을 가려주게나	要君評話復云云

인심(人心)의 위태로움과 도심(道心)의 은미함의 본뜻을 모르고 방황하는 학자들에게 천리와 본성을 알게 하려면 주자학을 더욱 연마하여야 할 것이고, 그러한 임무가 박상에게 있음을 당부한 것이다. 박상이 화답하였을 것인데 "사람들이 놀라 무엇을 말해야 할지 걱정이라[劫恐人驚無所云]"는 끝 구절만 전하고 있다. 아마 학자들이 『전습록』의 본지를 모르고 좋아할까 두렵다는 의미인 듯하다.

『동국사략』을 엮고 김시습의 글을 수습하다

박상은 이색을 흠모하였던 것 같다. 담양부사로 있을 때에는 이색이 나타나 시를 지어주자 덜컥 받아 반쯤 삼키는 꿈까지 꾼 적이 있었다. 그래서 순창군수 김정을 찾아가 꿈 이야기를 하며 이색의 심사(心事)를 토론하기도 하였다. 이색은 '왜 우왕을 지지하고 창왕을 옹립하였으며 조선의 건국에 반대하였을까' 하며 소회를 피력하였을 것이다. 그때 지은 시가 남아 있다.

한산의 선정은 오래전 사람	先正韓山世已遼
우뚝 선 산처럼 불후의 인간	人間不朽挺嶢嶢
역사책에 공은 어디에 있는가	史家秉筆公何在
새 나라 세운 공신의 자취도 아득하네	昭代凌煙影獨遙
고사리 캐던 미자는 성스런 무왕을 가벼이 여기고	孤竹蕨薇輕聖武
강도의 벼슬아치들은 요임금을 없애려 하였네	江都冠盖盡神堯
가을 밤 꿈에 만나 놀래 깨어보니	秋宵邂逅驚殘夢
밝은 말씀이 귀에 쟁쟁하여 순임금 풍악을 듣는 듯	晤語鏘然聽舜韶

옛적에 미자(微子)는 무왕 같은 성군도 가볍게 여겼고, 요임금 같은 성인도 죽이려는 사람이 있었음을 예로 들며 조선왕조를 반대하였다고 하여 '이색을 지나치게 폄하하는 것은 공정한 사필(史筆)이라 할 수 없다'는 뜻을 담은 시였다.

훗날 이 시를 본 『동사찬요(東史纂要)』의 찬자(撰者) 오운(吳澐)은 박상이 이 시를 지은 것은 위화도회군으로 우왕이 폐위되자 당시 최고 실세이던 조민수(曺敏修)의 책동을 이기지 못한 탓도 있지만 왜구가 창궐하던 상황에서 어쩔 수 없어 이성계와 정몽주를 반대하며 창왕을 옹립하지 않을 수 없었던 이색을 동정하였기 때문이라고 해석하였다. 그리고 옛날 진(晉)의 원제(元帝)가 국성(國姓)이 아닌데도 종통(宗統)을 이었을 때 신하들은 마음이 편하지 못했지만 오랑캐가 번갈아 쳐들어오고 국세가 미약하였으므로 어쩔 수 없어 받아들였다는 중국 사례를 덧붙였다. 이색에 대한 박상의 평가를 수용하면서 보충한 것이다.

그러던 차 박상은 사화로 파직되어 이웃 고을 음성에 살던 이색의 후손인 이자(李耔)를 만날 기회가 있었다. '절의가 역사에서 얼마나 소중한가'를 서로 토론하였을 것이다. 그러면서 『동국통감』을 약 10분의 1 정도로 간추려 『동국사략(東國史略)』을 엮었다.

박상은 공훈파의 건국사업을 인정하였지만 이에 반대한 절의파도 소중하게 생각하였다. 새로운 나라의 무궁한 발전에는 공훈과 사업이 아니라 의리와 명분이 더 중요하다는 믿음 때문이었을 것이다.

이 시기에 박상은 이자와 함께 김시습의 글을 모았다. 훗날 『매월당집(梅月堂集)』 간행의 기초를 다진 것이다. 세조의 즉위에 분개하여 불교와 도교에 의탁하면서 각처를 방랑하였던 시대의 이방인 김시습이 겉으로는 이단을 따르는 듯하였지만 내면에서는 의리를 숭상하는 진정한 유자였다는 사실을 묵힐 수 없었기 때문이었다. 사실 김시습은 너무나 양심과 자아에 충실하였기에 부정(不正)한 권위를 부정(否定)하였고, 춘하추동의 자연질서와 같은 가지런함이 인간세상에서 구현되기를 염원하였기에 통곡하고 방황하였던 인물이었다. 후일 이이(李珥)와 이산해(李山海)도 김시습을 왕도정치를 꿈꾸던 선구적 사림이라고 평가하였는데 그 초기 작업을 박상과 이자가 함께 하였던 것이다.

박상의 인생에서 충주목사 시절은 황금기와 같았다. 그리고 급격히 쇠약해갔다. 말년에 충주에서 군정을 누락하였다는 혐의를 받고 파직을 당한 것도 심신을 피곤하게 하였을 것이다. 그러다 나주목사를 마지막으로 은퇴하여 고향에 왔다가 바로 세상을 떠났다.

기묘완인

박상은 실로 부정과 타협하지 않고, 바른 것에 대한 신의로서 살았다. 『중종실록』에 이렇게 나온다.

> 박상은 비록 일을 논하는 것이 중도(中道)에 지나치지만 그래도 진실하여 꾸밈이 없었으며, 학문에의 뜻이 독실하고 시속에 초연하여 사귀는 사람이 적었으므로 시론(時論)에 용납되지 못했다. _{중종 3년 1월 병인}

박상이 세상을 떠나자 동생 박우가 시문의 절반 정도를 묶어 『눌재집(訥齋集)』을 엮었다. 그리고 120여 년 후 서인의 영수 김수항(金壽恒)이 남인과의 정치투쟁에서 실각하여 영암으로 유배를 가던 중에 박상의 후손을 찾았다가 나머지 시문이 많은 것을 알고 수습하여 속집(續集)으로 엮었다.

조선후기 문장과 학문이 높았던 김창협(金昌協)은 박상이 사화를 당하지는 않았지만 기묘사림이 결집하여 활약하는 동기를 부여하였음을 알고 '기묘완인(己卯完人)'으로 높이면서 박상의 시를 "깊고 넓은 연못과 같고 흙덩이도 옮겨버리는 바람과 같이 기이하여 속세를 끊어버리는 힘이 있지 않은가"라고 평가하였다. 왕위가 아니었으면 문묘에 올랐을 일세의 스승 같던 임금 정조도 "맑고 높으며 깨끗하고 기이하며 빼어나게 힘차며 아름답다"고 극찬하며 '우리 시인 중에 제일'이라고 치켜세웠다.

박상은 자연과 인간의 참모습이 담백하고 진솔하게 드러나 스산하기조차 한, 알 수 없는 힘이 절로 넘쳐나는 시를 많이 남겼다. 다음은 신비복위소를 올리자고 만나서 가을 산중의 차가움을 노래한 '강천산(剛泉山)'의 일부이다.

어지럽고 빠른 바람 서편에서 불어오는데	撩憬風西振
강천산 아늑하고 참된 곳을 찾는다	剛泉討蘊眞
푸른 벼랑에 가을 오니 풍광은 수척하지만	靑崖秋骨瘦
붉은 잎에 머금은 이슬 빛깔 새롭다(후략)	赤葉露華新

차가운 바람이 흐르는 계곡에서 편안함을 찾고, 여위어가는 가을 풍광에 단풍 색깔이 두드러진다는 노래. 이것은 스산한 바람과 차가운 기운에도 따사로움과 풍요로움을 향하는 자연의 운행이 그치지 않듯 세상의 구차함과 어지러움도 머지않아 사라지리라는 기대를 드러내고 있다. 그래서 김정의 화답이 이러하였다.

천 개 봉우리에 가을 기운 들어오니	千峰秋氣入
벼랑 바위 참모습을 드러낸다	崖骨始呈眞
해질 녘 떠오르는 푸르스름한 기운이 예스럽고	晩翠嵐烟古
처음으로 붉었거니 승검초 타래붓꽃이 새롭다(후략)	初丹薜荔新

삼인대

영조 20년(1744), 세 사람의 수령이 인수를 걸어놓고 신비복위소를 꾸미던 곳에 비석을 세웠다. 순창 강천산 계곡 안쪽 강천사 맞은편에 있다. 이재(李縡)가 비문을 지었는데 "이 대(臺)는 바위와 시냇물의 좋은 경치가 있어서 고금에 많은 고관대작이 다녀갔지만 안개와 구름이 눈을 스쳐 지나가듯 가버리고 오직 세 선생의 풍도(風度)만이 늠름하게 없어지지 않고 전해지는 것은 어찌 군신(君臣)·부자(父子)·부부(夫婦)의 윤상(倫常)이 천지의 변함없음과 같이 영원토록 무궁함이 아니겠는가" 하였다. 순창군에서는 매년 '삼인문화축제'를 열고 있다. (사진 순창군청)

하늘의 기운이 시드는 가을에 바위가 참모습을 드러낸다는 것은 시듦에 그치는 것이 아니라 새로움을 향한 지새움이요. 그러하니 가을은 새로운 생명의 본체가 드러나는 절기이고 우리가 만난 것은 진정한 세상을 위한 것이 아니겠는가 하였던 것이다.

이렇듯 스산한 가을에 봄을 바라보며 부끄러운 시대를 거두어내고 새로운 시작을 다짐하였던 두 사람을 위하여 훗날 나라에서 제사를 지내주었다. 그때 박상에게 보낸 정조의 제문(祭文)에 이런 구절이 있다.

경은 지방수령으로서 대궐에 피를 짜내듯 외쳐서 무너져 내리는 기강을 세우고 백골이 된 간악한 자들을 징벌했으니 곧은 말과 바른 의(義)가 하늘 까마득한 데까지 치닫고 천 길까지 곧추 서 있어 그 유풍(遺風)이 늠름하다.

해와 달은 사사롭게 비치지 않는다

김인후 金麟厚

김인후 연보

1510년 (중종 5)	——	장성 황룡 출생, 자 후지(厚之), 호 하서(河西)·담재(湛齋)
1527년 (중종 22)	——	최산두를 찾아가 배움
1531년 (중종 26)	——	22세 사마시 급제, 성균관 입학
1540년 (중종 35)	——	31세 문과급제
1543년 (중종 38)	——	홍문관 부교리, 옥과현감
1544년 (중종 39)	——	중종 붕어(11월), 인종 즉위 후 상경
1545년 (인종 1)	——	인종 붕어(7월), 명종 즉위 후 낙향
1548년 (명종 3)	——	순창 점암촌으로 은둔
1549년 (명종 4)	——	「천명도」와 『대학강의』 지음, 부친상
1551년 (명종 6)	——	모친상
1552년 (명종 7)	——	백화정 지음
1557년 (명종 12)	——	「주역관상편」과 「서명사천도」 지음
1559년 (명종 13)	——	이항과 기대승의 '태극음양논쟁' 참여
1560년 (명종 15)	——	51세 별세
1796년 (정조 20)	——	문묘 배향

김인후는 눈물이 많은 선비였다. 군자가 죽고 내몰리는 세상, 백성이 힘겹게 고단한 삶을 끌어가는 현실이 슬펐던 것이다. 또한 분개하고 한탄하였다. 깊은 뜻을 나눈 세자가 너무 빨리 세상을 버리면서 음모와 탐욕을 일삼는 외척 권신의 전횡이 가증스러웠던 것이다. 그러면서 두려워하였다. 하늘의 경고와 분노에도 아랑곳하지 않는 세태가 더 무서운 재앙을 불러들일 것만 같았다. 그러나 기다림과 반가움도 있었다. 학문을 즐기며 어지러운 세상과 타협하지 않으려는 젊은 선비를 보면서 희망을 찾았던 것이다. 이처럼 김인후는 삶의 굴곡과 정감, 앎과 삶, 희망과 기대를 많은 시로 풀어냈다. 그러나 치우치거나 지나침이 없었고 결코 절제를 잃거나 중도를 벗어나지 않았다. 하늘이 내린 착한 덕성을 지키려면 사람의 욕망까지도 착하게 드러내야 한다는 믿음을 생활화하였기 때문이다. 삶 자체가 중화(中和)였던 것이다. 「천명도」를 그리며 '중(中)'과 '화(和)'를 한가운데 큰 글씨로 적었던 것은 바로 그러한 삶과 믿음의 도식화(圖式化)였다. 그러나 논문·논설을 거의 남기지 않았다. 너무 맑게 비어 있어 어지러운 세태에 아무것도 채우려 하지 않았는지 모른다. 그러나 논지는 핵심을 뚫고 있었고, 정밀하였다. 그만큼 '성리학의 조선화' 즉 조선성리학의 성립과정에서 적지 않는 영향을 미쳤다. 훗날 김인후는 문장과 절의와 학문을 아우르는 사표가 된다는 평가를 받았고, 그리하여 문묘에 오르게 되었다.

1. 신하의 길

동궁의 신하가 될 것이다

기묘사화 이후 조정을 장악한 외척 권신은 혁신정치의 성과를 철저히 부정하였다. 현량과는 폐지되었으며 위훈 색출은 없던 일이 되었다. 향약과 『소학』은 불온하게 취급되었다. 이에 그치지 않았다. 사림파의 싹을 자르겠다는 음모가 난무하였다.

중종 16년(1521) 10월에 일어난 신사무옥(辛巳誣獄)은 참혹하였다. 안당의 아들 안처겸(安處謙)이 남곤·심정 등을 죽이고 경명군(景明君)을 왕으로 삼으려는 음모를 꾸몄다는 무고를 계기로 안당과 그 일족은 물론 유배지에 있던 김정·기준·한충 등이 모두 죽임을 당한 것이다.

그런데 하필이면 고변자가 안당의 부친이 천첩(賤妾)에서 얻은 서녀(庶女) 감정(甘丁)의 아들 송사련(宋祀連)이었다. 적서(嫡庶)와 양천(良賤)의 구분이 엄연하다고 하지만 안당과 감정은 남매지간이었으니, 송사련은 안당의 조카이며 안처겸의 사촌인 셈이었다. 그동안 안당은 천출서매(賤出庶妹)인 감정을 친동기로 생각하여 양인인 송린(宋璘)에게 시집보내며 종7품 직장(直長)의 벼슬까지 주선해주었다. 송사련도 수시로 안당의 집에 출입하며 안처겸과 친밀하게 지냈다.

그런데 안씨가에서 송사련을 가깝게 여기고 대우하여도 감정이 속량(贖良)이 되지 않은 이상 어쩔 수 없는 천민이요, 안씨의 종[奴]일 수밖에 없었다. '모(母)가 천민이면 부(父)가 양인이라도 그 소생은 천민이고 그 주인에게 귀속된다'는 노비종모법(奴婢從母法)이란 신분법 때문이었다. 안씨가는 대수롭지 않았는지 모르지만 송사련에게는 매우 심각한 문제였다. 이것이 화근이었다. 이런 때에 조광조 등을 천거하며 사림파에 우호적이었던 안당을 눈의 가시처럼 여겼던 심정·남곤 등이 속량과 관직을 미끼로 던지자 송사련이 덜컥 물었던 것이다. 시대의 난맥상이었다.

사림들은 훈구 외척에 치를 떨었다. '나라를 좀먹고 백성을 병들게 하며 사림을 어육(魚肉) 냈으니 승냥이나 도깨비와 다르지 않다'고 할 정도였다. 민심도 허무주의로 흘렀다. '제 몸의 이익에 도취하여 음모를 도모하는 자는 붉은 수레를 타고, 나라에 충성하면 벌거벗게 된다'는 생각이 퍼졌던 것이다. 이이가 지은 조광조 묘지명(墓誌銘)에 나온다.

이 시기 청년 사림은 난감하였다. 특히 가까운 인척이나 부형이 화를 당하였거나 기묘사림과 인연이 있었다면 더욱 심란했을 것이다. 김인후가 그런 경우였다. 어린 시절 신동으로 소문이 났던 김인후는 조광조의 숙부인 조원기(趙元紀), 기묘사학사(己卯四學士)의 한 사람인 기준, 그리고 조광조와 쌍벽을 이루었던 김안국 등과 쉽게 잊을 수 없는 인연을 맺은 터였다. 여러 일화가 전한다.

전라감사로 부임한 조원기가 신동이 있다는 소문을 듣고 불러서 재주를 떠보려고 "완산(完山)에서 배부르게 먹고 배 밭 풍경을 즐기노라" 하니 김인후가 "풍패(豊沛)에서 배불리 먹고 매정(梅亭)에서 월광(月光)을 즐기네"라고 대구(對句)하였다고 한다. 이때가 여덟 살로 『연려실기술(燃黎室記述)』에 전한다.

중종 13년(1518) 봄에는 기준이 장성을 지나다가 찾아와 보고 "기이하다. 너는 훗날 동궁의 신하가 될 것이다" 하며 한양으로 데려가 공부시키겠다고 약속하고 임금에게 받은 붓 한 필을 정표로 건넸다고 한다. 열 살이 되던 해에는 전라감사 김안국에게 『소학』을 배웠다. 김안국은 '나의 어린 벗[少友]'이라 부르며 보살폈다고 한다.

청년이 되어 이런 일을 회상하면 김인후는 너무나 아쉬웠다. 그러나 빛을 찾았다. 공부를 통하여 시대의 난관을 돌파하며 기묘사림의 정신과 사업을 계승하고자 한 것이다.

「묵죽도」에 전한 마음

김인후는 최산두를 찾았다. 18살 때였다. 그때 최산두는 동복으로 귀양을 와서 물염정(勿染亭)에서 후학을 가르치고 있었다. 무등산·백아산·안양산 등에서 흘러내리는 계곡수가 모여 비경(秘境)을 연출하는 적벽(赤壁)이 보이는 곳이었다.

최산두는 조광조·김구·김식 등과 '낙중군자회(洛中君子會)'를 결성하며 혁신정치를 주도하였으며, '경연에서 『성리대전』을 강론할 28인 중의 한 사람'으로 뽑힐 만큼 성리학에 조예가 깊었다. 조광조·양팽손·기준 등과 함께 '기묘사학사'의 칭호를 얻었고, 유성춘·윤구 등과 '호남삼걸'로 칭송을 받았다. 기묘사화 이후 어려움에 처하였어도 의연하게 지조를 굽히지 않았기 때문이다.

훗날 김인후는 최산두의 가르침을 "의용(儀容)이 명랑하고 빼어나며 사기(士氣)가 크고 넓어 탄복했다"고 회상하였는데, 최산두도 김인후를 '가을 맑은 물 얼음 담은 항아리[秋水氷壺]'라 칭찬하였다.

김인후는 박상에게도 배웠다. 박상이 나주목사를 마지막으로 관직에서 은퇴하고 향리에 돌아왔을 때일 것이다. 그런데 이미 늙고 병들어 제대로 가르칠 수 없음이 아쉬웠던 박상은 이런 시를 주었다.

사림에서 한 사람이 나오는 것을 보기 어려운데	一人林下見來稀
세상사를 벗어난 그대 풍모 어찌 시비가 있을쏜가	物外何曾有是非
가는 비에 옷 젖으니 게으름은 이치가 아니라	細雨濕衣慵不理
돌다리에 비친 밝은 달 아래 취한 채 돌려보내네	石橋明月醉扶歸

찾아온 김인후를 술 한잔 나누고 보내야 하는 안타까움과 함께 조금도 늦춤이 없이 정진하라는 바람을 전하고 있다. 그리고 누군가에게 "기이한 아이는 마지막이 좋지 않은 법인데 이 아이는 그렇지 않을 것이다"라고 말했다고 한다. 대체로 뜻이 크고 바른 사람이 일찍 세상을 버리는 가파른 세상에서 김인후만은 '선종(善終)' 하리라 예견한 것이다.

김인후는 훗날 "힘써 나아가라는 말씀과 움직임과 쉼이 정숙하신 행동에 감동받았으며 가르쳐주지 않아도 바른 마음이 절로 펼쳐 열리는 듯하였다"고 그때의 배움을 새기곤 하였다.

중종 26년(1531) 성운(成運)·서경덕(徐敬德)·백인걸(白仁傑) 등과 함께 사마방목(司馬榜目)에 이름을 올린 김인후는 성균관에 입학하였다. 그런데 대과 준비에 열성을 보이지 않았다. 권신 김안로의 전횡이 극에 달하던 때에 세상을 비관하였음일까? 훗날 이황은 "시와 술에 몸을 맡기고 지나치게 맑고 비어 있는 모습으로 지냈다"고 회상한 적이 있었다.

김인후는 중종 35년(1540)에야 문과에 들었다. 늦은 편이었다. 그래도 순조로웠다. 휴가를 받아 책을 읽는 특전을 얻어 호당(湖堂)에 들어가고, 홍문록(弘文錄)에도 들었다. 문인 관료가 모두 선망하는 길이었다. 김안로가 실각한 후 조정에 나온 김안국을 다시 만날 수 있는 것도 기쁨이었다. 또한 시강원(侍講院)에서 세자의 공부를 이끌 때에는 희망이 없지 않았을 것이다.

세자는 김인후를 무척 신뢰하였다. 새로 간행하여 보급하던 『주자대전』을 선물로 주기도 하고 김인후의 집까지 찾아 담소를 나누기도 하였다. 언젠가 '묵죽도(墨竹圖)'를 그려주며 제시(題詩)를 지으라고 한 적도 있었다. 김인후가 이렇게 적었다.

뿌리와 가지, 마디와 잎새가 이리 정미하니	根枝節葉盡精微
바위를 친구 삼은 정갈한 뜻 여기에 있지 않습니까	石友精神在範圍
비로소 성스런 혼이 조화를 기다리심을 보았나이다	視覺聖神俟造化
온 천지가 어찌 어김이 있겠습니까	一團天地不能違

벼랑에 있는 듯 위태하지만 이미 뿌리를 내렸으니 하늘의 뜻이 떠나지 않고 이 땅의 백성이 어긋나지 않을 것이라는 뜻이었다. 세자가 임금이 되면 치세가 올 것이라 굳게 믿었을 것이다.

역(逆)이지만 기실은 충(忠)이다

조정은 평온하지 못하였고 왕실은 어수선하였다. 세자의 외숙인 윤임(尹任) 세력과 문정왕후가 낳은 경원대군(慶源大君)의 외숙인 윤원형(尹元衡) 세력이 격돌하였던 것이다. 이른바 대윤과 소윤의 갈등이었다. 동궁전(東宮殿)에 불이 나기도 하였다. 실화(失火)를 가장하여 세자를 위협하려는

묵죽도

인종이 세자 때 그렸다. 바위에 뿌리내린 대나무가 외척 권신의 암투로 위태롭고 황당한 자신을 묘사하는 듯하다. (국립광주박물관 소장)

방화였다. 중종 38년(1543) 6월이었다.

김인후는 '화재는 우연이 아니라 사람의 일이 잘못되어 일어난 인재(人災)'임을 주장하는 상소를 올렸다. 이때 "전하께서 학문을 좋아하시고 선(善)을 즐기신 듯하지만 천지간에 미덥지 못하고, 과실을 분명히 살피시는 것 같으면서도 몸과 마음, 겉과 속이 하나같지 않음에서 비롯된 것이 아니겠습니까" 하였다. 임금의 표리부동(表裏不同)과 심신불찰(心身不察)이 재앙의 근원임을 말한 것이다. 따라서 이번 재앙은 '임금이 바르게 제 몸을 닦고 백성의 생활과 교화에 성심을 다하지 못하기 때문에 일어난 하늘의 경고'라고 규정하였다. 이에 그치지 않았다. "오늘날 선비는 억울함을 가슴에 담아두고 그 본심을 드러내 펼치려고 하지 않을 것이고, 정직하고 현명한 인재는 임금 앞에 나서지 않을 것이다"고 하였다. 기묘사화와 같은 어두운 과거를 청산하지 않기 때문에 쓸 만한 사람이 모이지 않고 정치가 제대로 되지 않는다는 사실을 천명한 것이다.

경연에서도 이런 뜻을 전했다. '기묘년의 가해자인 심정·이항(李沆) 등을 사면하면서 조광조·김식·김정·기준 등을 죄안(罪案)에 둘 수는 없으니 신원(伸寃)·복직(復職)하고 『소학』을 보급하고 향약을 장려하자'고 한 것이다. 물론 국왕은 거부하였다. 이언적(李彦迪)까지 나서 "훗날의 사책(史冊)에 사화가 일어난 후 인심이 무너지고 풍속이 어지러워진 작금의 부끄러운 모습이 기록되지 않겠습니까" 하였지만 소용이 없었다.

때가 아직 오지 않았음을 뼈저리게 느낀 김인후는 부모봉양을 내세워 집이 가까운 옥과현감으로 내려왔다. 세자의 치세를 기다리며 환란을 피하고자 하였음인지 모른다. 김인후는 옥과에서 선비를 만나 도의를 강론하는 한편 백성을 편안하게 하는 '편민(便民)'의 서정을 펼쳤다.

그렇게 1년, 중종이 서거하였다. 그토록 바라던 세자가 임금이 된 것이다. 임금을 가깝게 모시는 근시(近侍)의 신하가 부모봉양을 이유로 고을로 가면 본래의 직책을 가지고 가는 '겸대(兼帶)'의 관례에 따라 김인후는 즉각 상경하여 홍문관 부교리로 복귀하였다. 그런데 새 임금은 이미 병이 깊었다. 부왕의 상을 치르는 데 지나치게 정성을 다하고 거친 음식에 몸이 상한 탓이었다.

김인후는 문정왕후가 임금의 약 처방까지 한다는 사실을 알고 불안했다. 또한 임금과 한 궁궐에 있는 것도 미심쩍었다. 그래서 자신이 의원의 처방에 동참하겠다고 하고 또한 임금의 거처를 옮길 것을 주장하였다. 그러나 소용이 없었다.

훗날 이 사실을 안 효종은 "역(逆)이지만 기실은 충(忠)이다"라고 하였다. 비록 계모(繼母)라도 엄연한 모자관계에 있는 문정왕후를 의심하고 배척하였으니 죽을 죄에 해당하지만 임금의 쾌유를 위하여 직언하고 행동하였으니 충절이 된다는 것이었다.

임금은 "조광조·김식 등을 신원하고 관직을 되돌려주며 현량과도 다시 인정하라"는 전교를 내렸다. 세상을 떠나기 하루 전이었다. 그리고 다음날 "경원대군에게 전위한다"는 유시를 내리고 세상을 떠났다. 재위 7개월 보름 만이었다. 바로 13세의 경원대군이 보위에 오르고 문정왕후의 섭정이 시작되었다. 명종 치세는 이렇게 시작되었다.

2. 희망의 노래

시를 읊고 술을 찾는 세월

김인후는 처음에는 전라도도사를 자임하였다. 그러나 공무는 거의 팽개 쳤다. 파직을 자청한 셈이었다. 당시 서른여섯, 한창 경륜을 펴고 싶을 나 이에 과감하게 벼슬을 버린 것이다. 한동안 비분강개함을 이기지 못하여 산 깊은 순창의 점암촌(鮎巖村)으로 숨어들었다. 세상을 잊고 글이나 읽으 며 살고자 함이었다. 그러다 부친이 세상을 떠나고 시묘 중에 모친까지 잃 으면서 더욱 슬퍼하고 낙담하다가 건강마저 크게 해쳤다. '회포가 있으면 시를 읊고 감상에 젖으면 술을 찾는' 나날이었다.

인종의 기일이 되면 마을 앞 난산(卵山)에 들어가 종일토록 통곡하였 다. 정철(鄭澈)이 그 모습을 시로 남겼다.

동방에 출처를 아는 선비가 없다 해도	東方無出處
오직 담재 어른 한 분이 계신다	獨有湛齋翁
해마다 칠월 그 날이 오면	年年七月日
깊은 산중에 들어가 통곡하시네	痛哭萬山中

인종의 돌연한 죽음을 잊을 수 없었던 것이다. 독서 중에 영웅호걸이 쓰러지는 구절만 나와도 울분을 삭이지 못하였다. 『송사(宋史)』의 「악비전

(岳飛傳)」을 보고 난 후였다.

지난해 초나라 역사 읽으며 한숨으로 가슴 채웠는데	楚騷前歲喟憑心
오늘 아침 송나라 역사 읽으니 눈물이 옷섶을 적시네	宋史今朝淚滿襟
다른 세상의 흥망이 나와 무슨 관계가 있어	異代興亡那繫我
절로 감상에 젖어 슬픈 가락 부르니 실로 부질없구나	自然相感謾悲音

양재역벽서사건 때 윤임 일파로 몰려 유배 간 임형수(林亨秀)가 유배지에서 죽었다는 소식을 듣고는 복받치는 설움을 이기지 못하여 시조를 지었다.

엊그제 베인 나무 백 척 장송 아니런가	昨日伐了木 百尺長松非也歟
적은 듯 두었던들 동량이 되리러니	若使少焉在 可作棟樑材
이후에 명당 기울면 어느 나무가 받치리	此後明堂傾矣 于何以支之

'사수(士遂)의 원통한 죽음을 애도하다' 이다. 호걸의 선비 사수 임형수와는 호당에서 함께 공부한 사이였다.

시는 나의 무기

김인후는 조정과 인연을 끊었다. 명종 8년(1553) 9월 홍문관 교리를 제수하자 "소신같이 병든 몸에게 감당하기 어려움을 맡기지 마시고 훌륭한 선비가 나서게 하여 소신으로 하여금 시골에서 편안히 지낼 수 있게 하여 주십시오" 할 뿐이었다.

이후에도 조정의 뜻있는 관료들은 경연을 통하여 "학술과 문장이 뛰어난 인재가 조정에 나서지 않으려 함을 임금이 더욱 깊이 살피고 생각하여야 한다"는 건의를 거듭하였다. 이렇게만 말해도 누구나 '학술은 이황이며 문장은 김인후' 라는 것을 알았다. 물론 임금도 알았다. 그러나 부를 수가 없었다. 실권자 윤원형이 극도로 기피하였던 것이다. 김인후를 불러들이자고 발언한 박민헌(朴民獻)을 경연에 나오지 못하도록 쫓아낼 정도였다. 당시의 모습을 『명종실록』이 전한다.

> 김인후는 재행(才行)이 있고 영진(榮進)하는 것을 마음에 두지 않았다. 독서(讀書)하기를 좋아하였고 글을 잘 지었으며 해진 옷을 입고 거친 음식을 먹으면서도 담담하였다.
> 명종 10년 11월 무술

김인후는 간담(肝膽)이 굳세고 마음씀이 바른 사람의 이야기를 들으면 상쾌하였다. 명종 10년(1555) 11월 조식(曺植)이 단성(丹城) 수령을 사양하면서 신랄한 상소를 올린 바 있었다. 그 유명한 「을묘사직소(乙卯辭職疏)」였다. 이런 구절이 있다.

> 국사(國事)는 이미 그르쳤습니다. 근본이 이미 망했습니다. 하늘의 뜻은 이미 가버리고 인심도 이미 떠났습니다. 자전(慈殿)이 연못에 둘러싸인 요새[塞淵]에 계신들 깊은 궁궐의 한 과부에 지나지 않습니다. 전하는 유충(幼沖)하여 선왕의 외로운 후사(後嗣)에 지나지 않습니다. 하늘의 재앙이 천백 번이나 일어나고 인심이 억만으로 변하는데 어떻게 감당하며 어떻게 수습할 것입니까?

대비를 '과부'라 하고 임금을 '나이 어린 고아'로 지칭한 것이다. 실로 파격이었다. 조식과는 일면식도 없었지만 '간담이 충의롭고 심술(心術)이 명백하니 이로서 족히 이어갈 만하다' 싶은 반가움에 '조일사(曺逸士)의 상소에 부치다'라는 시를 지었다.

터럭 한 가닥만큼 틀어져도	毫釐方寸謬
마침내 다른 갈림길로 간다는 것이 하늘의 이치인데	天理豈他岐
말씀은 삼갈 줄 알아야 하오	發語須知愼
왕의 마음 아직 바뀌지 않은 듯하니	王心恐未移

조식의 자유와 용기에 대한 부러움과 아낌이 고스란히 담겨져 있다. 다만 '행실은 한 가지 헐뜯을 점이 없지만 발언은 신중했으면 하는 바람'을 멀리서나마 전하고 싶었을 것이다.

김인후는 한때 윤원형의 덫에 걸린 뻔한 일도 있었다. 을묘왜변(乙卯倭變) 이듬해인 명종 11년(1556)에 무장(茂長)에 사는 안서순(安瑞順)이 격렬한 상소를 올렸을 때였다. 안서순이 "을사년에 선비가 화를 당하고 여주(女主)에게 나라의 권한이 돌아가서 외척의 나라가 되었다"고 하면서 "사람의 일이 잘못되었으니 천재지변이 계속되고 왜변까지 일어나지 않겠는가"라고 격렬하게 외척세력을 비판한 것이다. 안서순은 바로 죽음을 당했다. 이때 윤원형은 내친 김에 김인후에게 화를 옮기려고 하였다. 안서순이 무장에 산다는 것을 빌미로 "무장은 김인후가 사는 장성과 가까우니 반드시 사주하였을 것이다" 하며 모함하려고 한 것이다. 이런 일이 있어도 김인후는 아랑곳하지 않았다. 혼탁한 세상과 부패한 권신은 이미 상대가 아니었다.

반가움과 아쉬움

김인후는 가끔 태인의 이항(李恒)을 찾았다. 일재(一齋)란 편액(扁額)을 내걸고 '배우는 사람은 성인으로 간다고 생각해야지 스스로 줄을 긋고 조금 이루겠다는 마음을 가지면 뜻을 이루지 못할 뿐만 아니라 성인문도(聖人門徒)의 죄인이 된다'는 각오로 정진을 거듭하던 이항이었다. 그만큼 후진 양성도 철저하여 제자들은 쉬는 틈에도 「태산가」를 불러야 했다.

태산이 높다 하되 하늘 아래 뫼이로다	誰云泰山高 自是天下山
오르고 또 오르면 스스로 오를 수 있으련만	登登復登登 自可到上頭
제 아니 오르고서 뫼만 높다 하더라	人旣不自登 每言泰山高

이항은 김인후가 찾아오면 매우 반가웠다.

쓸쓸하고 고요한 밤 산재에	寥寂山齋夜
벗이 멀리서 왔구나	有友遠方來
그대 도를 전하려 한다면	君若傳吾道
내 잔으로 같이 취해보세나	共醺我一杯

김인후의 화답도 흔쾌하였다.

공경으로 서면 사특함이 사라지고	敬立群邪去
참을 알면 이치가 거기 있더이다	知眞萬理該
책 한 질로 마음 보존하고	存心書一帙

석 잔 술로 기운 기르니 좋지 아니하오　　　　　　　　　養氣酒三盃

　이처럼 도의로써 교유하다 김인후의 첫째 아들과 이항의 딸이 결혼하여 두 사람은 사돈지간이 되었다.
　김인후는 이항을 만나 회포를 풀면서도 마음 한구석의 아쉬움을 숨길 수 없었다. 언제 끝날지 모르는 유배생활을 하는 유희춘(柳希春) 때문이었다. 최산두와 김안국, 같은 스승에게 배웠을 뿐 아니라 성균관 유생 시절 김인후가 깊은 병에 걸리자 집까지 찾아와 처방을 내려주고 간호하여 목숨을 살린 유희춘이었다. 무장현감으로 부임하면서는 굳이 옥과까지 김인후를 찾아와 『효경간오(孝經刊誤)』 한 질을 놓고 간 적도 있었다. 그런 인연이 겹쳐 유배를 떠나는 유희춘을 만나 '그대 아들을 사위 삼겠다'고

남고서원(南皐書院)

이항을 배향하는 서원. 전라북도 정읍시 북면 보정리 관동 소재. 선조 10년에 처음 세웠다. 이항은 40세에 선대의 장토(庄土)가 있는 이곳으로 내려와 손수 농사를 지어 가족을 부양하는 한편 학업에 매진하면서 김천일을 비롯한 오희길·김제민(金齊民)·손홍록(孫弘祿)·신개(申漑)·박세림(朴世琳)·박광옥(朴光玉)·변사정(邊士貞)·황진(黃進)·장윤(張潤) 등 많은 제자를 가르쳤다. 이들 중에는 임진왜란 때 의병이나 관군의 장수로 나가 세상을 떠난 사람이 적지 않았다. 훗날 이식이 '일재는 제자가 많았으나 학문이 전해지지 못하였다'고 한 데에는 이러한 연유가 있었다. (사진 김재영)

약속하고 지켜서 이제 사돈이 된 사이였다. 쓰라린 세월 때문에 함께 공부하지 못하여 더욱 서운하고 그래서 더욱 그리웠을 것이다. 여러 편의 시를 지어 보내 힘이 되고자 했다. 그중 한 편이다.

아름다운 아미암 같은 사람	有美眉庵子
어찌 이리도 생각나게 하는가	胡然使我思
언제 함께 평상에 앉아	何當共一榻
책 펴고 조금씩 갈라 밝힐 수 있을지	開卷析毫釐

아쉬움과 안타까움을 억누르고 서로 공부하자는 다짐으로 위로할 따름이었다. 탐욕과 불의의 시대, 그러한 세월에 더 이상 원망만 하고 있을 수 없다는 각오를 피력한 것이다. 그래서 더욱 희망을 찾고 싶었다. 김인후가 간절한 바람을 담아 후학에게 많은 시를 남긴 것도 이 때문이었다. 어쩌면 위안을 받고 싶었는지도 모른다.

　이항을 만나러 갔다가 언젠가 김천일(金千鎰)을 만났던 모양이다. 고단한 어린 시절을 보냈으련만 시련을 잊고 정진하는 모습에 차라리 고마웠을 게다. 이렇게 격려하였다.

종이 창문에 눈보라 칠 때	紙窓風雪時
멀리 정자 대문 앞의 뜻을 잊지 말게	遠憶程門志
자강하는 마음을 바꾸지 말고	勿替自强心
천지간에 우뚝 밝게 서게나	昭然立天地

　송나라 큰 학자 정이(程伊)를 뵈러 간 제자가 스승이 눈을 감고 있으니

문밖에서 기다렸는데 눈이 석 자나 쌓였다는 고사를 인용하여 배우는 사람은 모름지기 이런 의지로 공부에 몰두하고 큰일을 해 스승에게 보답하라고 가르친 것이다.

기대승(奇大升)은 김인후에게 기쁨이었다. 이웃에 살면서도 늦게 만났지만 오고 가며 찾아주는 기대승이 반가웠다. 아니 신이 났다. 그래서 쉽게 떠나감이 아쉬워서 시를 지었다.

만나서도 매번 정담을 다 나누지 못하고	相逢每未盡情談
떠나보낸 후 멍하니 남쪽으로 눈길을 보내니	別後悠悠目送南
하물며 달 밝은 밤 서리인가 이슬인가 내리면	且況月明霜露夜
다시 그대 생각에 잠 못 이루니 그리움을 어찌 당할까	度更無寐思何堪

어린 시절 신동이라 칭송 들었던 김인후가 말년에 만난 19살 아래 기대승이 얼마나 반갑고 기다려졌으면 이런 시를 남겼을까? 회한과 강개로 보낸 지난 세월의 회한을 기대승에 대한 기대로 날려보내는 것 같다. 기대승의 큰딸은 김인후의 손자며느리가 되었다.

3. 하늘의 뜻에 따라 산다는 것

시대를 넘어서고 우주를 만나다

중년의 울분과 낙담을 벗어난 김인후는 침잠과 관조의 세계에 몰입하였다. 조광조의 제자 양산보(梁山甫)가 조성한 소쇄원(瀟灑園)에 자주 들렀다. 시원하여 여름이 더 좋은 소쇄원을 다감하고 포근하게 「사십팔영(四十八詠)」으로 노래하였는데 첫 번째인 '작은 정자에 기대어' 이다.

소쇄원 좋은 경치	瀟灑園中景
소쇄정에 어울려 있네	渾成瀟灑亭
눈 들면 상쾌한 바람	擡眸輸颯爽
귀 기울이면 구슬 울리는 소리	側耳聽瓏玲

송순이 세운 면앙정(俛仰亭)에도 발길을 옮겼다. 무등산과 어등산, 황룡강과 극락강 등 호남의 산천이 훤히 보이는 면앙정에서 산하의 아름다움을 「십삼영(十三詠)」으로 읊었다. 이 중 추월산(秋月山)을 바라보며 지은 '가을 달빛 아래 푸른 절벽' 이다.

추월산 이름도 좋아	秋月山名好
푸르름이 사방을 깎아 세웠네	蒼蒼削四圍

바람소리(송필용 작)

소쇄원의 바람과 숲을 그렸다. 소쇄원의 숲과 바람이 하나되니 정자가 조그마하고 인간이 숨어 있는 듯하여 김인후의 여러 시와 실로 어울린다. 김인후가 장성 황룡에서 동복의 최산두에게 배우러 오갈 때면 고서와 남면을 거쳤을 것인데, 그렇다면 꼭 소쇄원에 들렀을 것이다. 그리고 이후에도 자주 찾았고, 그래서 소쇄원 주인 양산보의 큰아들 양자징을 가르치다가 사위로 삼았을 것이다.

| 골짜기 구름도 그냥 생기지 않는구나 | 溪雲莫漫起 |
| 밤마다 맑은 빛을 굴리고 있으니 | 夜夜輾淸輝 |

김인후는 자연의 아름다움과 우주의 광활함을 생각하며 인간사의 세속에서 벗어났다. 또 역사와 함께 하는 삶이 무엇인가를 생각하였다. 고금을 꿰뚫으며 관조의 경지로 몰입한 것이다. 장편시 '독락원(獨樂園)' 중의 앞부분이다.

홀로 지내는 정원이 청산 아래 있는데	獨樂園在靑山下
꽃과 대나무가 그윽하나 무성함은 전과 같구나	花竹依然幽而繁
띠풀집 몇 칸이 한가로이 고요하다	數間茅屋閒且靜
세인이 와서 왁자할 수 없는 곳	不許世人來囂喧
글을 보며 옛날과 오늘날의 일을 살펴보며	披書看見古今事
분명하게 마음에 하늘과 땅을 가득 채우니	分明心上盈乾坤
잔잔하게 흐르는 물이 울림을 머금듯	潺潺流水循除鳴
학업이 이와 함께 뿌리를 같이하리라	學業與之同源源

이제 아늑하고 호젓한 정원에서도 홀로 즐겁지만은 않았다. 역사와 자연과 일체가 되는 삶을 꿈꾸었다. 시대의 질곡도 뛰어넘었다. 광활한 우주로 비상하는 기개를 드러냈다. '천마가(天馬歌)'에서는 "혼자서 훨훨 날아 온 세상을 둘러보고 / 한 번에 뛰어넘어 세상 끝까지 달려가리"라고 하다가 "천년만년 시름을 모조리 씻어내리"라고도 하였다. 새로운 시대를 향한 기상, 우주와 인간의 참모습 안에 드러나는 진정한 자아를 찾아 나선 것이다. 그러나 항상 두려움이 있었다.

천명은 사람의 일[人事]에 달려 있다

김인후는 물난리와 가뭄이 번갈아 거듭되고, 때도 없이 우박이 내리고 날벼락이 치는 시절이 두려웠다. '시월의 천둥'의 한 구절이다.

한밤에 비만 내려도 병난 몸은 겁이 나는데	病怯中宵雨
시월에 천둥 치니 마음을 조심하여야지	心警十月雷
성난 듯 벼락 치고 번갯불이 일어난다	怒霆兼電燁
어지럽게 우박 치고 흙바람이 세차구나(후략)	亂雹與風霾

사람의 일이 너무나 잘못된 세상, 백성을 보살피지 않고 막무가내 일락(逸樂)과 부귀만을 일삼는 세월에 대한 하늘의 노여움이 무서웠던 것이다. 어지러움과 혼탁함이 가시지 않으면 더한 재앙이 있지 않을까 하는 생각에 몸 둘 바를 몰랐다.

하늘의 분노와 경고! 사람이 하늘의 뜻을 따르지 않기 때문이었다. 무엇 때문에 세상은 하늘의 뜻을 따르지 않는가?

중종 38년(1543) 김인후는 서울에서 정지운(鄭之雲)의 「천명도(天命圖)」와 『천명도설(天命圖說)』을 열람하고 "만물을 낳은 하늘을 공경하는 것이 사람의 도리인데 형기(形氣)의 사(私)에 갇히면 그리할 수 없으니 하늘에서 받은 본성을 발휘할 수 있으려면 부단히 정진해야 한다"고 적은 적이 있었다.

왜 사람은 하늘에서 받은 본성을 발휘할 수 없게 되는가? 직접 「천명도」를 그리고 해답을 냈다. 명종 4년(1549)이었다.

김인후는 한가운데에 '중(中)'과 '화(和)'를 크게 적고 작은 글씨로 "인의예지의 이(理)를 두루 갖추었지만 혼연(渾然)하여 나눌 수 없다"고 하고, 또 "희노애락구오욕(喜怒哀樂懼惡慾)의 인욕(人慾)은 과(過)·불급(不及)하면 악(惡)이지만, 화(和)에 있으면 선(善)이다"라고 적었다.

하늘의 이치가 인간으로 하여금 어질고 바르고 아름답고 지혜로운 본성을 갖추게 하였으니 천리와 인성이 하나가 되는 혼연한 일체의 경지에서는 인욕이 드러나지 않는데 바로 이 경지가 '중(中)'이라고 한 것이다.

또한 사람이 사물을 만나면서 '기뻐하고 화내고 슬퍼하고 즐거워하며 두려하다가 미워하고 싫어하는 감정'을 드러내게 되는데 그 감정이 지나침과 미치지 못함이 없는 상태에서 착하게 발현되는 경지를 '화'로 이해하였다. 즉 인간은 하늘의 길인 '중'을 본래 갖추고 있는데 인욕을 마음대로 발산하면 잘못이지만 '화'의 경지를 드러내면 착하다고 풀었던 것이다. 그래서 '인욕이라도 천리에 귀속되면 선이 되며 사(私)에 흐르지 않으면 공(公)이 된다'고 하였다.

그러면 인간의 감정은 왜 쉽게 과·불급으로 흐르는가? 바로 사람의 기운에서 오는 사사로움이 공정한 하늘의 이치를 거스르게 되기 때문이었다.

김인후는 생활과 감정을 화에 놓으면 태양이 세상을 고루 비추는 것과 같은 공정한 이치 즉 중에 도달할 수 있다고 믿었다. 예를 들면 '자기 자식이 예쁜 만큼 모든 다른 아이도 행복하게 살 수 있어야 한다는 생각과 삶이 하늘의 뜻이다'와 같았다. 또한 '맛있는 음식을 지나치게 좋아하면 홀로 즐기려는 욕망에 사로잡혀 좋은 음식을 모든 사람이 즐겨야 한다는 공정한 이치를 해치게 된다'는 것이다.

김인후에게 있어서 하늘의 본령인 '중'이며 '공'에 이르는 길은 사람의 생활과 감정에서의 '화'를 통한 '사'의 추방과 '선'의 추구에 있었다.

「천명도」의 한가운데에 '중'과 '화'를 크게 적은 까닭이 여기에 있었다. 천리와 인성이 일체이며 천명은 중화를 통하여 부응할 수 있다는 천인합일(天人合一)의 염원, 하늘의 뜻이 지상에서 구현되어야 한다는 갈망과 신념의 소산이었다.

세상의 불행은 하늘을 공경하지 않기 때문이다

김인후는 인간의 일상과 마음이 항상 위태하고 하늘의 뜻을 좇아가는 도심이 좀처럼 드러나지 않는 것은 공평하고 일관된 자세와 생각이 없기 때문이라고 믿었다. 그래서 제자이며 사위인 양자징(梁子澂)에게 이런 시를 주었다.

세 성인이 서로 전한 바는	三聖相傳授
인심은 위태하고 도심은 은밀하지만	惟言執厥中
오직 가운데를 잡고 오직 하나만 생각하며	危微精一上
끊임없이 정진하여 더욱 노력하게	進進益加功

사람이 비록 쉽게 욕망에 빠져 하늘의 이치를 따르기가 어렵지만 항상 사심을 버리고 정확하게 만물을 바라보고 공정하게 사람을 대하면 성인의 가르침에 다가설 수 있다는 것을 가르치기 위하여 지었다. 요(堯)가 순(舜)에게 그리고 순이 우(禹)에게 전한 '윤집궐중(允執厥中)'과 '유정유일(惟精惟一)'의 핵심이 중용과 공정임을 설파한 것이다.

김인후는 중화와 공정의 구체적 마음가짐은 공경(恭敬)에서 온다고 설파하였다. 바로 '하늘이 만물을 낸 정성(精誠)에 대한 공경'이었다. 그래서 '경(敬)이 일심(一心)을 주재한다'는 시를 지었다.

몸과 마음의 안과 밖 공경으로 쌓아가고	心身內外敬兼該
일의 이치를 알고 행함은 의리로 단속하여	事理知行義總裁
근본을 세우는 일 언제나 경계하고 두려워하며	立本切須常戒懼
기미를 살펴야 하니 어찌 그냥 세월을 보낼 수 있을까	研幾何有費安排

하늘을 향한 무한한 공경은 두려움과 무서움 즉 공구(恐懼)와 일맥상통하는 개념이었다. 하늘의 이치가 사사로운 욕망과 기운에 가리지 않을까, 그래서 하늘이 사람에게 내린 본래 착하고 바른 덕성이 흩어지지 않을까 항상 반성하고 근신해야 한다는 의미가 담겨져 있다.

그래서 김인후는 공부조차도 항상 조심스럽게 읽고 또 읽으며 생각을 가지런하고 자상하게 할 것을 요구하였다. 공부 자체가 하늘에 대한 '공경'과 '공구'의 실행인 때문이었다. 그만큼 문득 깨닫는 돈오(頓悟)를 미덥지 못하게 생각하여 제자들에게는 항상 "공부에는 차서(次序)와 선후(先後)가 있으며 참된 지식은 보통의 길에서 벗어나는 것이 아니다" 또는 "공부는 끝까지 하여야 미묘한 이치를 알 수 있다"고 하였다.

김인후는 찾아오는 제자가 있으면 일상의 윤리와 실천을 가르친 수신서(修身書) 『소학』과 치국평천하의 길을 제시한 왕도학(王道學)의 기본서인 『대학』을 열심히 공부하도록 하였다. 특히 세상에 뜻이 있는 제자들에게는 "『대학』을 읽지 않고 다른 경서를 보는 것은 마치 터전을 닦지 않고 집을 지으려는 것과 같다"고 설파하면서 주자의 『대학주해』를 기본으로 편찬한 『대학강의(大學講義)』를 내주곤 하였다. 물론 자신도 일생 동안 천

번이 넘게 『대학』을 읽었다.

　김인후에게 공부는 형이상(形而上)의 논변이나 무형(無形)의 도에 대한 탐구가 아니었다. '제 몸으로 직접 살피고 증명하였을 때 비로소 그윽함을 깨달을 수 있음'을 공부의 요체로 보았다. 이런 시가 있다.

도는 일상에서 찾아야 하는 것	道在尋常裡
사람들이 이를 구하지 않음이 병이라	人惟病不求
부모를 섬기며 윗사람을 공경하는 일	親親與敬長
요순이라도 다른 길이 있지 않았으니	堯舜豈由他

　일상의 실천을 중시한 것이다. 사람다운 일을 생활 속에서 실천하여야 하늘의 뜻을 땅에서 이룰 수 있음이었다. 옛 성인도 일상에서 출발하여 세상을 구제하였음을 말하고 있다.

4. 하늘은 중화와 이적을 나누지 않았다

갑자기 세상을 버리니 우리 도학(道學)이 불행하다

김인후의 말년은 실로 각고연마 자체였다. 주돈이(周敦頤)의 「태극도설(太極圖說)」과 장재(張載)의 「서명(西銘)」에 침잠하여 「주역관상편(周易觀象編)」과 「서명사천도(西銘事天圖)」를 지었다고 한다. 또한 『곤지기(困知記)』의 저자 나흠순이 "도심(道心)은 체(體)이며 성(性)이기 때문에 은미(隱微)하며, 인심(人心)은 용(用)이며 정(情)이므로 위태(危殆)하다"라고 하며 도심과 인심을 체용 성정의 관계로 이해한 것을 반박하면서, 「도심인심설」을 지었다고 한다. 그러나 세 논문 모두 전하지 않는다.

말년의 김인후는 학술 논쟁에도 적극적이었다. 을사사화로 진도에서 유배생활을 하면서도 학문을 놓지 않았던 노수신(盧守愼)에게 편지를 보낸 적도 있었다. 노수신이 나흠순의 견해를 받아들여 "도심은 적연(寂然)하여 움직이지 않고, 인심은 감응(感應)하여 마침내 통한다"고 하자 반론을 제시하기 위함이었다. 그때 김인후는 '성과 정을 통할하는 마음'은 하나이지 둘이 아니므로 체와 용의 관계도 아니고 더구나 도심은 성, 인심은 정이라고 할 수 없다고 하면서, 다만 마음은 하늘이 내린 본성을 따르고 천명을 좇으면 이를 도심이라 하고, 형기(形氣)를 좇아 인욕에 구애되면 인심이 되기 때문에 "도심과 인심은 별개가 아니며 움직이는 바에 따라 그렇게 부를 따름이다"고 하였다.

또한 명종 13년(1558)을 전후하여 이항과 기대승이 '태극과 음양이 한 물건인가 아닌가'를 두고 벌인 태극음양논쟁(太極陰陽論爭)에도 참견하였다. '태극이 음과 양으로 두 거동을 한다[太極生兩儀]'는 구절을 보면 '태극은 음양과 떨어질 수 없는 한 가지'라고 할 수 있고, '도는 한 번 음이면 한 번은 양이다[道曰一陰一陽]'라는 구절을 보면 '음양의 운동이라고 하는 근원이 도(道) 즉 태극에 있으니 태극과 음양은 한 물건이 될 수 없다'고 할 수 있었다. 이항이 전자를 앞세웠다면 기대승은 후자였다. 두 사람은 김인후와 도의로 맺은 동지이며 후배였다. 마침내 김인후도 가세하여 "태극이 음양을 타고 오른다고 하여 태극과 음양이 한 가지라고 말할 수 없음은 사람이 말을 타고 있다고 하여 사람과 말이 한 가지라고 할 수 없음과 마찬가지이다"고 하면서 태극과 음양은 "도(道)와 기(器)의 구분이 있다"고 하였다.

이러한 세 사람의 논쟁을 전해들은 이황은 "사람의 심지를 펴게 하고 안목을 열리게 한다"고 반가워하면서 "이러한 인물들이 호남에서 서로 의논을 하니 실로 우리 동방에 드문 일"이라고 하였다.

이즈음 김인후는 갑작스레 병을 얻었고 바로 세상을 떠났다. 명종 15년(1560) 정월, 향년 51세였다. 사림은 큰 충격을 받았다. 기대승은 "우리 도가 불행하여 선생께서 갑자기 세상을 버리시니 무릇 후학으로 어느 누가 마음 상하고 슬프지 아니하오리까" 하면서 통곡하였다.

이 소식을 들은 이황도 "중년에 시와 술에 빠져 애석하였는데 말년에 학문에 뜻을 두었다고 하여 글을 얻어 보니 진실로 정밀한 견식에 감탄하였다. 그런데 갑자기 옛사람이 되었다고 하니 슬픔과 쓰라림이 이루 더할 수 없다"고 애도하였다. 또 일찍이 성균관에서 만나 도학을 강론하던 때를 회상하며 "그대와 지난날 성균관에서 지낼 때 말 한마디라도 도에 합

김인후 진상(眞像)

김인후의 진상을 보노라면, 마치 『명종실록』에 실린 그의 졸기를 읽는 것 같다. 실록에는 '용모만 바라보고도 이미 속세의 사람이 아닌 것 같으며 술과 시를 좋아하고 마음이 관대하여 남과 대화를 나눌 때에도 자신의 의사를 표준으로 삼지 않았으나 한번 정립(定立)하면 매우 확고하여 뽑아낼 수 없고 또한 탁월하여 따를 수가 없었다'고 기록되어 있다. (사진 하서기념회)

치하여 서로 흔쾌하였지" 하였다.

백화(百花) 세상을 위하여

김인후의 공부는 치밀하고 논지는 핵심을 찔렀다. 그러나 거의 논설을 남기지 않았다. 지나치게 맑고 비어 있는 기질 때문이었을 것이다. 어쩌면 논설을 남기는 것조차도 구차하다고 생각하였는지 모른다. 대신 많은 시를 남겼다. 여기에 혼탁과 불의에 대한 분개, 무기력한 자신에 대한 분노, 그리고 자연과 우주를 만나면서 사람이 하늘의 뜻을 따르는 세상에 대한 희망을 담았다. 가르침도 시를 통하였다.

김인후의 시는 낙담과 기상, 성찰과 공부, 그리고 반가움과 기다림 등의 감정이 숨김없이 드러나 있다. 그러나 중도를 벗어나는 일은 없었다. 그래서 훗날 박세채(朴世采)는 "맑게 흐르며 서로 부딪치지 않고, 곧지만 다그치지 않으며, 즐거우나 조용하고, 부드러우나 굳센 풍모가 나타나며, 근심이 있어도 원망하거나 지나치게 슬퍼한 뜻이 그다지 드러나지 않았다"고 시평(詩評)을 적었다.

김인후가 세상을 떠난 후 숭모(崇慕)의 흐름은 빠르고 뚜렷하게 나타났다. 명종 19년(1564) 옥과의 유림은 영귀사(詠歸祠)를 세웠고 6년 후에는 순창의 강학터에 화산사(華山祠)가 들어섰다. 선조 23년(1590)에는 제자 변성온(邊成溫)이 중심이 되어 장성에 서원을 건립하였다.

안방준(安邦俊)은 어린 시절의 스승 박광전(朴光前)의 행장을 지으면서 호남의 오현(五賢)으로 이항·김인후·유희춘·기대승·박광전을 꼽고 "하서(河西)의 탁월한 학문·절의·조행(操行)은 다른 선현이 미칠 수 없

백화정

순창에 있다가 부친상으로 맥호동에 돌아온 김인후가 모친상 중에 5대 조모 민씨가 처음 자리 잡은 터에 지었는데 1961년에 문중에서 다시 세웠다. (사진 이철영)

다"고 하였다. 송시열(宋時烈)도 현종 13년(1672)에 지은 「신도비명(神道碑銘)」에서 "도학·절의·문장을 두루 갖추었다"고 하면서 "하늘이 우리 동방을 보우하사 하서 선생을 내셨다"고 하였다. 김인후를 문묘에 배향하게 한 정조는 "선행후지(先行後知)와 직내방외(直內方外)로 향하는 경(敬)과 의(義)의 공(工)은 우리 동방에서 첫째가는 사람이다"라고 존중하였다.

장성 황룡에서 필암서원을 가다가 맥호동에 들어서면 뜰과 앞 난산이 훤히 내다보이는 곳에 백화정(百花亭)이 있다. 처음에는 도학자의 작명이 하필 '백화정'이라니 생소하고 어색하였지만 이내 백성이 웃음꽃을 피우고 선비는 나랏일을 흔쾌하게 말할 수 있는 활짝 핀 세상을 꿈꾸며 이런 이름을 지은 것은 아닐까 하였다. 그런데 정녕 당신은 이곳에서 얼마나 아파하고 그리워하고 한숨 쉬며 지냈을까? 「농가가 슬프다」는 연작시 중에 '보리 베기'가 있다.

푸르게 자라다가 가뭄을 겪고	綠浪初經旱
걷을 때 되니 구름이 누그러지누나	黃雲尙趣秋
줄기가 가늘어 낫 대기도 힘들고	莖微難用銍
알곡이 작으니 배롱에나 채울까	實小豈盈莦
허둥대며 일하는 고달픈 백성	草草看民事
나라 걱정이 아득하지만	悠悠抱國憂
저녁이 되어 홀로 배불러	無能慙獨飽
남루에 기대는 내 모습이 부끄럽다	永夕寄南樓

당시 농민들은 대부분 가을에 추수하여 소작료를 내고 나면 남는 것이

얼마 없었다. 산역(山役)을 하고 나무를 팔아 겨우겨우 끼니를 때우면서도 설을 지내고 나면 식량조차 떨어졌다. 봄나물 뜯어 죽을 끓여 먹으며 여름을 기다리는 것은 보리를 거두기 때문이었다. 그래서 이때를 넘어서기 힘들어 보릿고개[麥嶺]라 하였다. 그런데 봄가뭄을 만나 가냘픈 줄기에 셀 만큼 적은 알곡을 힘겹게 매달고 있으니 낫질이라도 마음놓고 하겠는가? 그래서 보리수확[麥秋]마저 더욱 서러운 일이 되고 말았다.

필암서원은 요사이 단청을 새로 칠하여 단장하고 말끔하게 꾸몄다. 몇 해 전 강당에 낸 방에 들었다가 한구석에 이러한 글귀가 있는 병풍을 보았다.

중화와 이적 사이에도 인간과 사물의 뿌리는 같다	華夷人物本同根
생각이 이에 미치면 도는 수월하게 보존되리라	旣此思之道便存

처음에는 '아아, 무슨 뜻인가. 우리가 중화에 미치지 못함을 이렇게 자위하였을까' 하였다. 아니다! 하늘의 이치는 중화와 이적 사이에 다름이 있을 수 없고 그래서 본성은 하나도 다름이 없다는 것이었다. 그러하니 오로지 갈고 닦으면 하늘의 뜻을 이룰 수 있다는 '사해일치론'이었다. 누군가에게 이별을 하며 준 시가 있다.

맨 처음 명을 받을 때에는	當其賦命初
이것이고 저것이고 모두 다 균등한데	物我均稟受
하물며 가장 영적 존재인 사람이랴	矧伊人最靈
그 사이 어찌 현불초가 있을까	何嘗間賢否

하늘의 이치가 사람에게 부여한 천명은 누구에게나 고루 미치는 것이니, 진심으로 하늘의 뜻을 따르겠다는 자세로 살아가면 모두가 군자가 된다는 가르침을 전한 것이다.

적막하고 아득해도 공부를 그칠 수 없다

유희춘 柳希春

유희춘 연보

1513년 (중종 8) ── 해남 금강골 출생, 자 인중(仁仲), 호 미암(眉巖)
1514년 (중종 9) ── 형 유성춘 문과급제(20세)
1522년 (중종 17) ── 유성춘 사망(28세)
1528년 (중종 23) ── 부친 유계린 별세(51세)
1536년 (중종 31) ── 24세 송덕봉과 혼인, 중학(中學) 입학
1538년 (중종 33) ── 26세 대과급제
1543년 (중종 38) ── 31세 무장현감
1545년 (인종 1) ── 을사사화, 파직
1547년 (명종 2) ── 양재역벽서사건, 유배
1558년 (명종 13) ── 모친 최씨 별세
1559년 (명종 14) ── 「정훈」 지음
1567년 (명종 23) ── 55세 선조 즉위(6월), 복직
1571년 (선조 4) ── 전라도관찰사
1575년 (선조 8) ── 63세 은퇴 귀향
1577년 (선조 10) ── 65세 별세(5월)

엄격한 부친의 훈도를 받고 최산두와 김안국에게 학문을 익힌 유희춘은 열심히 공부하며 조심스럽게 살았다. 어쩌면 외조부 최부와 형 유성춘이 사화로 희생된 가족사의 슬픔에서 벗어나고 싶었는지 모른다. 그러나 피할 수 없었다. 명종 즉위와 함께 정적은 물론 착한 선비까지 제거하려는 외척 권신의 음모에 맞서다가 결국 유배를 갔던 것이다. 그리고 20년 유배생활, 학문 이외 다른 소일거리가 없다고 하여도 서적을 구하기 어렵고 정보를 나누기 힘든 상황에서 학문조차 쉽지 않은 처지였고 너무나 오랜 세월이었다. 그래도 유희춘은 희망을 잃지 않고 더욱 공부하고 가르치며 힘난한 세월을 이겨냈다. 온축된 학문역량을 펼칠 기회가 오리라고는 생각하기 어려웠다. 그러나 다행이었다. 선조의 즉위로 조정에 나올 수 있었던 것이다. 유희춘은 박학다식의 학문으로 세상을 감동시켰다. 경연을 주도하는 한편『주자대전』의 교정, '사서토석' 등을 주관하였으며 무오·기묘사림의 언행을 정리하고 군왕의 길에 필요한 문헌을 편집 간행하였다. 선조 초기 왕도정치와 학문진흥을 뒷받침하려는 문헌사업을 책임졌던 것이다. 그러나 지치고 곤혹스러운 일이 많았다. 시대의 변화와 세월을 이겨내기에는 너무 늙었던 것이다. 그동안 형성된 학맥과 인연을 맺기 어려웠던 측면도 있을 것이다. 새로운 정치를 위하여 세대교체와 조정쇄신을 외치는 신진사림과도 보조를 맞추기 힘들었다. 그래서인지 유희춘에 대해서는 세월조차 소홀하였다. 그러나 '조선시대 일기의 백미'로 평가되는『미암일기』를 통하여 다시 살아나고 있다.

1. 사화의 전승(傳乘)

외조부와 형을 사화로 잃고 아버지에게 배우다

유희춘과 김인후는 중년이 될 때까지 인생행로가 비슷하였다. 최산두와 김안국이라는 같은 스승에게 배우고, 문과에 급제한 후로는 모든 관료가 선망하는 홍문관을 거쳤으며, 세자시강원에서 세자와 인연을 맺었다. 그리고 중종 말년에 부모봉양을 이유로 수령으로 나간 시기도 같았다. 김인후가 옥과현감일 때 유희춘도 무장현감으로 내려간 것이다.

　이렇듯 두 사람은 비슷한 경력을 가지고 서로 깊이 사귀면서 시대에 대한 꿈을 같이하였지만 삶의 조건이나 환경은 크게 달랐다. 김인후의 집안은 흉년이 되면 이웃에 많은 곡식을 풀어줄 만큼 튼실하였다면 유희춘네는 그렇지 못하였다. 유희춘은 늙은 홀어머니를 봉양해야 할 뿐 아니라 일찍 세상을 떠난 형의 가족과 생활이 여의치 못한 누이동생의 살림까지 보살펴야 하는 처지에 있었다.

　이런 때문이었을까? 유희춘은 인종이 승하하고 명종이 즉위한 후에 그대로 조정에 머물다가 돌아오기 어려운 유배 길에 올랐다. 대를 이은 사화의 피해!

　유희춘의 외조부 최부는 유희춘이 태어나기 전 연산군의 철퇴에 쓰러졌고, 형 유성춘은 기묘사화로 유배를 갔다가 풀려 나와 바로 세상을 떠났던 것이다. 특히 형은 '권세가와 토호·부상(富商) 등의 토지소유를 제한하자'는 한전론(限田論)을 강력히 주장하는 등 당시로서는 매우 혁신적 인물이었다.

가족사의 가파른 궤적! 그래서 아버지의 가르침은 더욱 엄격하였을 것이다. 아버지 유계린은 장인 최부와 스승 김굉필을 사화로 한꺼번에 잃고서는 벼슬을 생각하지 않는 처사(處士)였다.

아버지는 가훈(家訓)을 세우고 가르쳤다. 수신(修身)과 제가(齊家)의 길이었다. 제 몸을 닦고 집안을 가지런하게 하여야 세상을 다스리는 치인(治人)에 나설 수 있다는 것이다.

유희춘이 훗날「십훈(十訓)」으로 정리한 아버지의 가훈은 매우 구체적이었으며 일상의 과제를 하나하나 제시하였다. 이를테면 '실욕(室慾)을 경계하라'는 대목에서는 '재물과 여색과 가무와 오락에 빠지면 사람이 되지 못한다'고 하였다. 간단한 듯하지만 쉽지 않은, 그래서 일상을 더욱 굳게 다그치라고 한 것이다. '계사회천(戒仕悔遷)'에서는 '벼슬에 나갔다가 마땅하지 않으면 몸을 거두어 고향으로 오라'는 말로 벼슬에 연연하지 말 것을 당부하면서 '해남은 해적이 처음 들어오는 땅이니 나중에 자립하여 중토(中土) 즉 내륙으로 이사가는 것도 생각하라'고 덧붙였다. 왜구의 침략이 있을 것에 대비하라는 것이었다.

아버지는 자신에게 엄격한 사람이었다. 유희춘이 어머니에게 들은 일화를「정훈(庭訓)」에 적어 전한다.

아버지는 어머니와 한방에서 같이 13일을 자는데 예(禮)로서 멀리하셨다. 이별할 때에 어머니가 눈물을 주룩 흘리면서 '열흘을 넘게 머물렀는데 마음속에 넣어두었던 것을 한마디도 하지 못한 것이 더욱 서럽습니다'라고 하셨다.

순천에서 시묘를 하던 아버지가 무슨 일로 잠시 어머니가 있던 해남에 왔는데 한참 동안 머물렀음에도 어머니를 멀리하였다는 것이다. 아버지 나이 23세, 장인이 단천에서 유배생활을 하고 있을 때였다. 어머니의 서러움이 더한 연유였다. 어찌 보면 냉정할 정도였다. 그러면서도 아버지는 자상하고 따뜻하였다. 가훈의 '제가(齊家)' 항에 이런 구절이 있다.

동생에게 이른 벼를 심는 논[早稻田]을 주고 두 여동생에게도 논밭과 노비 중 좋은 것을 나누어주어야 한다.

당시의 재산상속 관행이 제사를 지내기 위한 봉사조(奉祀條)를 제외한 나머지 재산은 자녀들이 균평하게 나누는 균분상속(均分相續)이기는 하였지만 그래도 아래 동기를 후대하기란 쉽지 않았던 것인데, 부친은 그렇게 하라 이른 것이다. 아버지의 이러한 가르침 때문이었을까. 훗날 유희춘은 어머니를 설득하여 어렵게 사는 여동생에게 보다 좋은 땅과 근실한 노비를 내주었다.

지독한 보복, 어쩔 수 없는 세상이었다

16세에 아버지를 여읜 유희춘은 동복으로 유배되어 후학을 가르치던 최산두를 찾았다. 아버지와는 김굉필 문하에서 동문수학하였고, 형과는 혁신정치의 동료이기도 하였다.

이때 평생의 친구 같은 아내 송씨를 만났다. 덕봉(德峰)이란 호를 가지고 있을 정도로 시와 서에 능통한 여사(女士)였다. 고단하고 외로운 청년

물염정

동복현감을 지낸 송구(宋駒)가 16세기 초에 조성한 정자. 동복으로 유배를 온 최산두가 이곳에서 후진을 양성하였다. 근처에 산과 계곡이 만나 바위가 깎아 내린 듯한 비경을 연출하는 '적벽'이 있는데 최산두가 명명하였다고 한다. 지금은 동복댐으로 수몰되어 가물 때만 이끼 낀 절벽으로 드러날 뿐이다. 그런데 물염정을 세운 송구와 유희춘의 장인인 송준(宋駿)이 본관이 홍주로 같고, 또한 대대로 담양 대곡리에 살았던 것으로 보면 가까운 인척이 된다. 그렇다면 유희춘이 물염정에서 배우면서 송덕봉을 배필로 얻었을 것인데, 여기에는 최산두가 역할을 하지 않았을까? 또한 집안에 전해 오는 이야기에 송순이 중매를 하였다고 하는데, 어찌 되었든 물염정이 없었다면, 유희춘과 송덕봉은 맺어지지 않았으리라. (사진 이철영)

유희춘에게 송덕봉이 위안이며 행운이었음인가? 유희춘은 혼인하자 한양의 중학(中學)에 입학하더니만, 곧바로 문과에 급제하였다.

앞날은 순조로운 듯하였다. 성균관 학유(學諭), 홍문관 부교리(副校理)와 교리(校理)를 거쳤다. 세자시강원에서 세자의 공부를 보필할 때에는 스승 김안국에게 "유희춘과 함께 하면 아무 걱정이 없다"는 칭찬도 들었다.

그러나 곧 암운이 깃들었다. 인종이 너무 빨리 세상을 떠나고 명종이 즉위한 후에 윤원형을 중심으로 이기(李芑)·임백령(林百齡)·정순붕·허자(許磁) 등이 무자비한 보복의 칼을 빼든 것이다. 처음에는 인종의 외척이던 윤임을 '근래 불안한 심술을 보였으며 유관(柳灌)·유인숙(柳仁淑)도 그러한 형적이 있었다'고 모함하였다. 명종에 불만을 품었으니 역적이라는 것이다. 그리고 '중종의 적통이며 인종의 동생인 경원대군이 아니라 다른 왕자 중 조금 나은 왕자를 택하여 대통(大統)을 넘기려 하였다'는 죄를 뒤집어씌웠다. 이른바 '택현설(擇賢說)'이었다. 이때 '조금 나은 왕자'로 봉성군(鳳城君) 완(岏)과 계림군(桂林君) 유(瑠)를 지목하였다. 봉성군은 중종과 희빈 홍씨 사이의 소생으로 '여러 왕자 중에서 뛰어나다'는 평이 있었고, 월산대군의 손자인 계림군은 윤여필의 외손이기도 하여 윤임에게는 조카가 되고 인종과는 이종 사촌 간이었다. 대대적인 살육이 예고되었다.

인종에게 새로운 정치를 기대하였던 신진사림도 대윤 일파로 몰고 갔다. 협박과 회유가 난무하였다. 유희춘에게는 이웃에 사는 대사간이 "윤임 등을 역적으로 다스림이 마땅하다"고 설득하면서 자기편에 들 것을 강요하였다. 유희춘은 거부하였다. 오히려 "선왕께서 빈소에 계시고 시신도 식지 않았는데 만일 옥사를 일으켜 원로대신을 죽인다면 국가의 체면이 어떠할 것이며, 왕위에 오르신 주상의 덕에 큰 누를 끼치는 것이다"라고 일갈하였다.

당시 실권자인 이조판서 임백령도 나섰다. 서로 인연이 없지 않았다. 임백령은 유희춘과 동향이었을 뿐 아니라 모친의 재종제로서 외조부에게 배운 임우리의 조카이기도 했다. 임백령이 조용하게 불러 "윤임 등의 죄를 다스리려는 대비전의 뜻이 엄절(嚴切)하니 순종하면 피어날 것이고 거역하면 부서질 것인데 그대는 홀로 있으니 노모를 생각해야 하지 않는가" 하였다. 협박보다 무서운 회유였다. 그러나 따르지 않았다.

유희춘은 백인걸·김난상(金鸞祥) 등과 함께 윤임 등의 처벌을 반대하면서 "죄목이 분명하지 않고 대비의 밀지(密旨)로 일이 처리되어 투명하지 않다"고 하면서 문정왕후의 처사와 권신의 음모를 폭로하였다. 그러나 소용이 없었다.

윤임·유관·유인숙·계림군 등에게 대역모반죄가 씌워졌다. 당사자들은 모두 능지처사(凌遲處死)되고 16세 이상의 아들은 교형(絞刑)에 처해졌으며 나머지 어린 아들과 부녀는 노비가 되었다. 재산도 전부 몰수되었다. 윤임 등을 비호하거나 인종을 따르던 관료와 선비까지 처벌을 받았다. 이른바 을사사화(乙巳士禍)였다. 대신 가해세력은 종사를 지켰다는 '위사공신(衛社功臣)'이 되었다.

그리고 2년 뒤, 양재역 담벼락에 '여주(女主)가 위에서 정권을 잡고 간신(奸臣) 이기 등이 아래에서 권세를 농간하고 있어 장차 나라가 망할 것을 서서 기다릴 수밖에 없게 되었으니 어찌 한심하지 않은가'라는 내용의 익명서가 나붙었다. '양재역벽서사건'이었다. 윤원형·이기가 즉시 서계(書啓)를 올렸다.

당초에 역모에 가담했던 사람을 법대로 하지 않고 모두 가벼운 쪽으로 하여 파직하거나 부처(付處)에 그쳤기 때문에 여론이 그릇된 것입니다.

'공신(功臣)이 긴요하지 않다'는 말까지 많이 있으니 이것은 화근이 되는 사람이 아직도 남아 있기 때문입니다.　　　　　　　　　명종 2년 9월 병인

지난번 을사사화 때 반대세력을 가볍게 처벌하였기 때문에 이런 익명서가 나붙게 되었다는 것이다. 그러나 음모였다. 바로 이 서계에 스스로 음모임을 폭로하는 내용이 있다. "벽서(壁書)를 보고 서계를 올린 것이 아니라 신들이 의논한 지가 이미 여러 날 되었습니다"라고 한 것이다. 익명서가 올라오기 전에 이미 모종의 조치를 취했다는 것이다.

다시 한 번 광풍이 불었다. 봉성군·송인수(宋麟壽)·이약빙(李若氷) 등이 사사(賜死)되고, 이언적·노수신·임형수·백인걸을 비롯하여 정황(丁煌)·정유침(鄭惟沈)·이담(李湛)·권벌(權橃)·송희규(宋希奎) 등이 변경에 안치되거나 외딴 섬으로 유배를 갔다.

유희춘도 피할 수 없었다. 첫 번째 유배지는 제주도였다. 그러나 도착하자마자 '고향과 가깝다'는 이유로 함경도 종성으로 옮겨졌다. 제주도에서 나올 때 세 척의 배가 출항하였는데 중간에 거센 풍랑을 만나 두 척이 전복 좌초되었고 유희춘이 탄 배만 무사하였다. 제주도에서 나오다가 풍랑을 만나 중국 절강성까지 표류한 외조부 생각이 절로 났을 것이다.

아마 육지로 나와 전라도를 지날 때였을 것이다. 김인후가 '자네 아들을 사위로 삼겠다'는 약속을 하였고, 셋째 딸을 유희춘의 하나뿐인 아들과 결혼시켰다. 요사이로 말하면 정치범이 되어 언제 자유의 몸이 될지 모르는 친구와 사돈을 맺은 셈이다. 지난 성균관 시절 간병하여 목숨을 구한 은혜를 이렇게 해서라도 갚으려 하였던 것일까? 설령 그렇다고 해도 결코 쉬운 일이 아니다.

2. 유배지의 꿈과 공부

공부하고 가르치지 않았으면 부서졌을 것이다

유희춘은 언제 세상을 뜰지 모르는 홀어머니 생각만 하면 걱정이 태산이었다. 아버지를 형장의 이슬로 보내고 약관에 급제한 큰아들은 유배를 가더니만 일찍 세상을 버렸는데 이제 둘째 아들마저 언제 풀릴지 모르는 유배를 보냈으니 그런 어머니 심정이 어떠할까 하였을 것이다. 아픈 마음을 달랠 길이 없었다. '심통(心痛)'이란 시다.

손가락 호호 불며 깨물어주신 어머니 생각하니	慈親囑指幾欽欽
추운 땅 만 리에 엉킨 아들은 쓸쓸하고 쓰라립니다	萬里凝兒空痛心
형벌이 끝나고 세상이 열릴 날이 언제 올까요	祝網終當開四面
덫을 놓아 토끼 잡는 산림으로 돌아갈 날 비나이다	罝麑何日返山林

어머니가 얼마나 그리웠으면 추운 날 얼어붙은 손을 호호 부는 것도 모자라 입 속에 넣어 녹여주던 모습까지 생각하며, 그래서 산토끼라도 덫을 놓아 잡아 공양하고픈 심정을 이리 절절히 읊었을까?

한편 귀양 올 때 만만치 않게 들어간 경비까지 논밭을 팔아 마련한 처지에서 두 여동생과 조카들의 살림도 안타까웠다. 멀고 먼 땅에 소식이 오기가 쉽지 않음을 알면서도 안달이 나고 걱정이 되었다. 그런 심정을 '다섯 달이나 소식이 없네'에 담았다.

다섯 달이나 소식이 없으니	五朔無消息
돌아가는 꿈에 눈물이 주룩주룩	夢歸涕淚流
기러기 오면 누가 발을 묶어 매고	雁來誰繫足
까치가 울면 근심이 한 가지 늘어난다는데	鵲噪謾添愁
임금 사랑이 실로 헛된 짐이 되었지만	愛日誠空負
하늘 끝까지 쉬는 날이 없음을 한탄만 할 것인가	窮天恨未休
어느 해에 임금의 호령을 들어	何年沾澳汗
가을날 어머니 비단옷 입혀드리고 즐거움을 드릴까	戱綵北堂秋

아마 주역을 읽다가 남녘 소식이 없으니 혹여 사약이나 내리는 좋지 않은 일이 있을까 벌컥 걱정하다가 차라리 '임금에 대한 충성, 어머니에 대한 효도'의 날을 생각하며 위안을 삼으려 하는 모습이 눈에 선하다.

김인후의 위로와 격려가 힘이 되었다. 외아들을 사위로 맞아주어 고맙기도 하였을 것이다. 아쉬움과 그리움을 담아 보낸 시가 포근하여 이렇게 화답하였다.

북쪽 변방 아무도 물어오는 사람 없는데	塞北無人問
하서 혼자 나를 생각하며	河西獨我思
삼백 자나 되는 시를 새로 지어 보내	新詩三百字
털끝만큼 어긋나다 크게 그르쳤음을 말해주네	遙寄話毫釐

그래도 시만으로는 소회를 다 풀어낼 수 없었다. 상사(喪事)를 거듭 당

하여 상심한 김인후가 건강이 나빠진 데에 대한 걱정도 없지 않았다.

한번 하늘 닿은 곳에 내쳐진 후로 이미 십 년이 되었습니다. 친구 소식이 바다 멀리 떠 있는 구름같이 와서 괴로워하다가 꿈에 만났습니다. 마음에 담긴 생각을 글로 다할 수 없음입니다. 그런데 연이어 상을 당하고 건강이 좋지 않다 하니 걱정되고 안타까움을 더할 길이 없습니다. 오직 고요히 기운을 조절하고 섭생을 하면 평상대로 회복되리라 생각합니다.

얼마나 만나고 싶었으면 꿈에 나타났을까? 그러나 김인후가 몸을 상했음을 알고서는 그리움마저 숨기면서 가슴 조이는 모습이 잡히는 듯하다. 그러면서 정녕 자신의 처지가 고단함을 감출 수만은 없었다.

어머니가 일흔여섯이나 되어 얼마 남지 않으신 것 같아 항상 끝없는 두려움을 품고 있는데 근래 여동생과 형의 아들이 잇달아 영락한다는 소식을 만 리 밖에서 뒤늦게 들으니 간장이 찢어지는 듯하여 더할 나위 없이 괴롭고 슬플 따름입니다.

자신이 유배 오면서 가족이 어렵게 된 데 대한 자책에 더하여 어머니 걱정까지 털어놓은 것이다. 김인후가 아니면 달리 말할 사람도 없었다.
이러한 적막과 비탄의 세월을 이겨낼 수 있었던 힘은 학문이었다. 유희춘은 『주자대전』과 『주자어류』를 읽고 또 읽으며 교정하고 주해하기 시작하였다. 많은 세월이 걸릴 작업이었다. 또한 사서삼경을 우리말로 읽을 수 있도록 구결(口訣)에 착수하는 한편 『시경』과 『서경』의 본지를 밝히는 『시서경해(詩書經解)』도 완성하였다. 우리나라 학자들이 보다 수월하고 편리하게 경전을 이해하고 공부할 수 있도록 하는 기초 작업이었다.

　유희춘은 평소 송나라의 경전 주해가 황제의 이름[諱]를 그대로 적을 수 없어 피하는 글자[諱]가 생기고 그래서 다른 글자로 대신하다 보니 본지(本志)가 제대로 전달되지 않거나 오해를 불러일으키고 있음을 못내 아쉽게 생각하고 있었다. 이런 기회에 그런 글자가 무엇이며 어떻게 고쳐야 할지를 알리고 싶었다. 바로 『속휘변(續諱辨)』이었다.

　또한 주자의 『자치통감강목』을 즐겨 읽으면서 사실에 착오가 있어 혼선을 빚고 있는 부분이 적지 않음을 알았다. 주자가 생전에 완성하지 못하여 여러 제자가 교정작업을 하였던 것인데 그래도 오류가 있었던 것이다. 유희춘은 차제에 어디에서 차이가 나고 바른 뜻은 무엇인가를 정리하기 시작하여 『강목고이(綱目考異)』로 꾸몄다. 그러면서 초학자가 역사를 쉽게 배울 수 있는 안내서가 있었으면 하는 욕심이 생겨 『역대요록(歷代要錄)』도 엮었다. 연표는 내편(內篇)에 싣고, 외편(外篇)에는 치도(治道)에 관한 중요사항을 간추려놓은 책이었다.

　한편 유희춘은 배우려는 사람들을 착실하게 가르쳤다. 함경도는 서적도 귀하였지만, 가르칠 선생이 없어 학문이 쉽지 않은 고장이었다. 처음에는 송나라 이체(李體)가 펴낸 『속몽구(續蒙求)』를 가르쳤다. 당의 이한(李澣)이 지은 『몽구(蒙求)』를 증보한 책이었다. 고대에서 송나라에 이르는 역대 인물의 사적(事跡)을 요약하여 초보자를 위한 교재로는 안성맞춤이었다. 그러나 우리나라 사적이 없는 것이 아쉬웠다. 그래서 『속몽구』의 오류를 바로잡으면서 우탁·정몽주·길재 등 고려 말 절의파 명현의 사적까지 함께 실어 『속몽구분해(續蒙求分解)』를 편찬하였다.

　한자 학습서인 『신증유합(新增類合)』도 유배지에서 시작한 책이었다. 3천 자의 한자에 음을 달고 뜻을 풀어 적으면서 『천자문』보다 우리나라

모현관(慕賢館)

대덕면 장산리의 연당 위 석조로 지은 건물로 『미암일기』 등 유희춘의 저작물의 일부가 보관되어 있다. 유희춘의 저작물은 엄청났지만 제대로 간수되지 않았다. 최근에 『신증유합』 같은 중요 저술이 일본에서 발견되고 있는데 임진왜란 때 수습하였는지, 아니면 일제 강점기에 거두어 갔는지 우리의 혼이 빠져나가는 것이 아쉬울 따름이다. (사진 이철영)

사람이 쉽게 한자를 배울 수 있는 교재가 되었으면 하였을 것이다. 이 책은 틈나는 대로 가필 수정하여 선조 9년(1576)에 간행되었는데, 우리나라에는 남아 있지 않고 일본에 소장되어 있다고 한다.

다시 세상에 나가지 못한다 해도

유배 10여 년이 되면서 유희춘은 희수(喜壽)를 넘긴 모친을 잃고 뒤이어 김인후까지 저세상으로 떠나보냈다. 비통과 비감에 젖었을 것이다. 그래도 꿈을 잃고 싶지 않았을까? 아니면 자신은 어쩔 수 없어도 조정에 나설 후예와 후학에게 무언가를 남기고 싶었을까? 사족과 관료가 향촌에 있을 때와 관직에 나갔을 때 지켜야 할 규범과 자세를 「정훈」에 묶었다.

먼저 '내편(內篇)'에서는 향촌사회에서의 책임과 의무 사항을 정리하였다. 향촌의 질서와 안정, 그리고 교화를 위한 사족들의 약속인 '향규(鄕規)'를 발전시킨 형태였다. '외편(外篇)'은 관료가 된 사족이 조정에 있을 때와 목민관으로 나갔을 때 지켜야 할 규범을 각각 '입조수지(立朝須知)'와 '치현수지(治縣須知)'에 나누어 살폈다.

조정에 나갔을 때는 어떻게 할 것인가? 유희춘은 자신을 지키고 절제하며 동료와 화평하게 지내지만 엄격하게 사람을 가려 교제하며, 청촉(請囑)은 거절하지만 남의 뜻을 헤아려야 한다고 하였다. 일상의 실천덕목이었다. 나아가 논쟁을 피하고 책을 구하며 개과천선의 필요성을 강조하면서 "사람을 만나 이야기할 때는 3분의 대화에 그치고 마음을 전부 내보이지 않는다" 또한 "자기의 단점을 감싸지 말고 아래 사람에게 묻는 것을 부끄러워하지 않는다"고 하였다. 관료 사이의 경쟁에서 오는 불신, 나아가 오만과 편견에 대한 유희춘 나름의 처방인 것 같아 흥미롭다.

유희춘은 목민관으로서의 원칙과 자세 그리고 책무에 보다 많은 주의를 기울였다. 임금의 백성 사랑을 현장에서 실천하는 수령이 바로 서야 백성이 편할 수 있다고 생각한 것이다. 그래서 무엇보다도 수령의 마음 씀씀이와 몸가짐이 중요하다고 하였다. 수령이 솔선수범하지 않고 위엄이 없으면 민·형사 소송을 공정히 처결하지 못하며, 지방 유생의 공부를 분발시킬 수 없기 때문이었다.

유희춘은 향리의 통제에 각별히 신경을 썼다. 그래서 "이졸(吏卒)의 속임수를 엄히 징계하고, 하인(下人)이 조금 착하고 능숙하다고 말로 칭찬하며 즐거움을 나타내지 않는다"고까지 하였다. 조금은 비인간적인 것 같지만 이렇게 해서라도 토착 세력을 경계하고 말 잘 듣는 아랫사람에게 속지 말자는 뜻을 전하고 있는 것이다.

선비에 대해서는 철저한 우대주의를 표방하였다. 그래서 "벼슬을 하여 귀(貴)하게 되었다고 벼슬 못할 때의 천(賤)함을 잊어서는 아니 된다"고 수령의 교만을 경계하였으며, 붕우의 정의(情誼)는 잃지 말고 "벼슬을 하지 못한 선비를 정성스레 대우하라"고 하였다. 사풍의 진작을 위하여 수령이 겸손할 것을 강조한 것이다. 권세와 벼슬만으로 세상을 바꿀 수 없음을 알아야 한다는 당부처럼 들린다.

'치현수지'에서는 민정에서 가장 중요한 조세징수문제도 다루었는데 "일체 공물은 토지 전결로 납부하도록 한다"는 개혁방안까지 제시하였다. 당시 공납제(貢納制)가 공물을 현물로 징수하였기 때문에 여러 가지 폐단, 이를테면 지방에서 생산되지 않는 공물을 마련하기 위하여 다른 지방에서 사들여 납부하는 과정에서 농가가 비싼 값을 치르고 토호 향리가 중간에서 이익을 가로채는 모순을 해결하자는 것이었다. 공물을 미곡이나 면포, 삼베 등으로 징수하고 나라에서 이를 상인에게 주어 필요한 물품을 구하면 문제가 쉽게 해결될 수 있을 것이기 때문이었다. 이러한 공납제 개혁안은 훗날 이이가 제안한 '수미법(收米法)'과 이원익(李元翼)·김육(金堉) 등이 실시한 대동법(大同法)으로 구체화되었다.

이러한 의미에서 「정훈」은 조선후기 조세제도개편의 효시이자 나아가 조선후기 서정쇄신과 지방행정개혁의 흐름을 타고 출현한 여러 종류의 '목민서(牧民書)'의 선구로 보아도 지나침이 없을 것이다.

3. 학문으로 세상을 감동시키다

물어봐서 모르는 것이 없으니 어찌 이리 기특한가

명종 20년(1565) 봄 문정왕후가 천수를 다하자 임금을 능가할 정도의 부귀와 권세에 도취되었던 외척 권신 윤원형의 생명도 끝났다. 이탁(李鐸)과 박순(朴淳)이 이끄는 사헌부·사간원이 온 힘을 합하여 탄핵하여 쫓아낸 것이다.

세상이 변했다. 을사사화로 죄를 입은 사람을 풀어주고 신원하자는 논의가 일어났다. 그런데 맨 먼저 나선 사람이 바로 을사사화의 장본인이었던 정순붕의 아들 정현(鄭礥)이었다. 윤원형·이기·임백령의 집을 왕래하며 '저들의 음모가 미처 닿지 못한 바를 먼저 생각하여 사람을 얽어매는 일을 꾸민 인물'로 이런 행태를 만류하는 친형 정염(鄭磏)까지 죽이려고 하였다. 『명종실록』에 그 정황이 나와 있다.

> 정현의 형 정염은 착한 사람이다. 그 아비의 악행을 슬퍼하여 밤낮으로 울며 간하자, 정순붕은 일을 그르칠까 두려워 정현과 공모하여 정염을 죽이려 했다. 정염은 일생 동안 거의 산중에서 슬픔을 안고 살다가 죽으니 지금까지 선비들이 슬퍼하고 있다.
>
> 명종 20년 10월 임진

부자간·형제간의 야합과 균열이 이러할 수도 있나 싶으면서 골육마저 해치며 불의를 저지른 정상이 처연할 따름이다. 정염이 평생을 숨어 살며 도교에 침잠하고 의술과 추점(推占)을 익혀 『용호비결(龍虎秘訣)』을 남기고 일찍 세상을 떠난 데에는 이렇듯 기막힌 가족사가 숨겨져 있었다. 그런데 정녕 악행을 저지른 동생 정현은 세상이 바뀔 것 같으니 또다시 재빠르게 변신을 시도한 것이다.

이때 백인걸·송희규·민기문(閔起文)·황박(黃博)·윤충원(尹忠元) 등이 직첩을 되돌려 받았고, 유감(柳堪)과 이원록(李元祿) 등은 유배에서 풀렸다. 그러나 유희춘·노수신·김난상은 풀려나지 못하고 먼 지방에서 조금 가까운 지방으로 옮기는 중도부처(中途付處)로 바뀌었을 뿐이었다. 이렇게 하여 노수신은 진도에서 괴산, 김난상은 남해에서 단양, 유희춘은 종성에서 은진으로 유배지를 옮겼다.

은진에서도 유희춘은 공부로 일관하였다. 조정의 부름으로 올라가는 길에 들른 이항이 유희춘이 묵묵히 책을 읽고 있는 모습을 보고 "그대는 지난날의 인중(仁仲)이 아닐세" 하였다. 학문에 정진하는 모습에 놀라 했던 말일 것이다.

그리고 2년 후 선조가 즉위하자 유희춘은 비로소 유배에서 풀렸다. 고향에도 가지 못하고 바로 조정에 나섰다. 그러나 오랜 공백으로 품계가 낮아 다시 얻은 벼슬이 정5품 홍문관 교리였다.

기대승이 나섰다. "20년 귀양살이 중에도 학문을 폐하지 않고 곤궁과 환난 중에도 변절하지 않은 사람은 순서를 따르지 말고 발탁하여 기용해야 한다"고 건의한 것이다. 선조도 흔쾌히 받아들였고 이후 빠르게 승차하여 선조 2년(1569) 7월에 당상관에 올랐다.

유희춘은 경연을 무대로 활동하였다. 그의 박학(博學)과 암기(暗記)에 선조는 감탄할 따름이었다. "오천 권 경사자집(經史子集)의 문자(文字)를 남김 없이 가슴에 채웠고, 흥망치란(興亡治亂)에 대한 수만 글을 분명하게 알고 있다" 또는 "학문이 어쩌면 이렇게 깊은가. 이 어찌 우연한 일이겠는가" 하거나 "물어봐서 모르는 것이 없으니, 참으로 기특하다" 하였다. 경연에서 서로 해석이 다를 때면 "유희춘이 경적(經籍)을 널리 보아 학술이 정밀하고 자상하니 따르지 않을 수 없다"고도 하였다.

선조는 유희춘에게 「보좌명(黼座銘)」을 짓도록 당부하기도 하였다. 그만큼 신임하였던 것이다.

| 마음을 깨우침에 해가 떠오르는 것 같으니 | 提醒此心 如日之升 |
| 궁리하고 수신하여 중정하고 화평하리 | 窮理修身 中正和平 |

임금이 좌우에 걸어두고 항상 살펴야 하는 잠언(箴言)으로 임금의 궁리수신과 중정화평이 왕도정치의 기본이라는 의미였다.

문헌을 숭상하는 조용한 나라를 위하여

유희춘은 선조 초기 정치쇄신과 학문진흥에 필요한 여러 서적을 간행하는 일을 도맡아 하였다. 먼저 김굉필·정여창·조광조·이언적 등 사현(四賢)의 저술과 언행, 행장을 엮은 『국조유선록(國朝儒先錄)』을 편찬하였다. 무오·기묘·을사사림을 대표하는 사현(四賢)을 선비의 사표로 삼고 바른 정치의 좌표로 세워 다시는 외척 권신이 발호하는 어두운 시절이 반복되지 않도록 하고자 함이었다. 또한 『헌근록(獻芹錄)』을 엮어냈다. 역대 선현이 제시한 임금의 길 즉 '군도론(君道論)'을 가려 뽑은 책이다.

이 시기 유희춘은 사서삼경의 음독(音讀), 구결(口訣)작업도 계속하는 한편 여러 경전을 번역하는 '경서석소(經書釋疏)'의 책임도 떠맡았다. 또한 유배지에서 시작한 『주자대전』의 교정사업을 마무리하여 선조 9년(1576)에 간행하였다. 여러 학자들이 '교정이 잘 되었다[善校]' 면서 앞다투어 구입하였다.

그런데 유희춘은 이러한 중대 사업을 결코 독단으로 처리하지 않았다. 『주자대전』 교정은 이황의 교정본을 많이 참조하였고 간행할 때에는 훗날 임진왜란의 금산전투에 의병장으로 참전하여 순절한 조헌(趙憲)으로 하여금 실무를 맡도록 하였다. 경전구결과 해석작업도 이황의 『사서오경언석(四書五經諺釋)』과 이이의 『대학토석(大學吐釋)』, 기대승의 『사서의변(四書疑辨)』 등을 참조하였을 뿐 아니라 후학의 지원을 정중하게 끌어내며 추진하였다. 양응정(梁應鼎)은 부친 양팽손의 '구결'을 보내주고 정철과 정개청도 한몫을 하였다. 이렇게 하여 선조 9년(1576) 『대학석소(大學釋疏)』, 선조 10년(1577) 『논어석소(論語釋疏)』가 차례로 세상에 나왔던 것이다.

유희춘의 사우관계는 지극 정성이었다. 특히 이황을 '정몽주 다음의 오직 한 사람'으로 존중하였다. 유배지를 종성에서 은진으로 옮긴 후 바로 『속몽구분해』를 보내며 가르침을 구한 적도 있었다. 유희춘의 박학함에 감탄한 이황도 흔쾌해하며 기꺼이 소견을 보내주었음은 물론이다.

유희춘은 기대승도 깍듯하게 대우하였다. 선조 3년(1570) 3월 기대승이 벼슬을 버리고 광주로 낙향하였을 때였다. 그런데 이 사실을 모른 이황이 제자 김취려(金就礪) 편에 기대승에게 쓴 편지를 서울로 보냈는데 유희춘이 전달하게 되었던 모양이다. 김취려가 유희춘에게 부탁하였을 것이다. 유희춘은 기대승의 가난한 살림을 걱정하며 얼마간의 식량과 함께 간절한 마음을 담은 편지를 보냈다.

김취려에게 들으니 퇴계 선생께서 격물무극(格物無極)을 해석함에 있어 흔쾌히 공의 학설을 따르셨다고 하니 덕학(德學)이 날로 새로움에 깊이 숨을 들이쉬었습니다. 공이 말한 바가 바로 희춘의 소견입니다. 구름 사이로 해가 나오는 듯 서로 의논하지 않고도 이와 같으니, 이처럼 흔쾌하고 다행함이 어디 있겠습니까. 퇴계 선생께서 보내오신 답서를 베껴 보내니 깊이 살펴주시기 바랍니다. 공께서 한가로움을 만나 여유를 얻었으니, 여러 서적을 널리 보시면서 진취함을 길게 펼치시기를 바랍니다.

아마도 당대의 이황이 기대승의 견해를 받아들인 것이 무척 부러웠던 모양이다. 그래도 14살 연하에게 보내는 편지치고는 지나치게 공손하였다! 이렇듯 조심스럽고 신실하게 사우관계에 정성을 다했던 것이다.

유희춘은 후진 양성에도 지극 정성을 다하였다. 성균관 대사성이 되어서는 유생을 직접 가르쳤을 뿐 아니라 서로 토론하며 문답을 주고받았다. 유생들은 물어봄에 막힘이 없고 가르침에 거침이 없는 유희춘에 감탄하며 '서중(書中)의 신명(神名)이요, 동방의 주자다'라며 추종하였다.

유희춘은 유생들에게 "이(理)가 승(勝)하면 일이 밝아지고, 기(氣)가 분(忿)하면 어긋나게 된다"고 가르치며, "학생은 마땅히 화목하고 너그럽게 남을 아끼는 마음을 근본으로 삼아야 하며, 기를 내어 남을 공격하는 것을 좋아해서는 안 된다"고 거듭 훈계하였다.

4. 기록과 기억: 세월의 소홀함을 이겨내다

지치고 곤혹스러웠다

유희춘은 유배에서 풀린 후 고향에 가지 못하고 바로 조정에 나와 거의 8년 이상을 빠지지 않고 경연에 나갔으며, 국가의 서적편찬사업을 주관하면서 쉴 틈 없이 보냈다. 다만 선조 4년(1571)에 반년 정도 전라감사로 나가서 성묘를 하며 조금 한가하게 보냈을 따름이었다.

유희춘은 사헌부의 수장으로 있을 때나 승정원에 있을 때에 특히 고단하였다. 그만큼 정국의 현안이 버겁고 힘들었던 것이다. 신진사림과의 관계도 생각보다 원활하지 못하였다. 그럴 만한 이유가 있었다.

이이·정철·김계휘·윤두수 등 신진사림이 '을사년의 공신은 위훈(僞勳)이며 죽은 사람은 모두 선사(善士)이다'라는 '을사위훈론(乙巳僞勳論)'을 제기하였을 때였다. 이렇게 되면 윤원형 등의 공훈은 박탈되고 그때 희생된 윤임·유관·유인숙·계림군 등은 신원되어야 마땅하였다.

그러나 쉽지 않았다. 명종의 정통성에 흠집을 남길 수 있는 사안이었을 뿐만 아니라 명종의 비인 인순왕후(仁順王后)가 살아 있고 궁중과 조정에도 그 세력이 적지 않았던 것이다. 윤원형 등의 외척 권신에 적극 저항하지는 않았지만 아부도 하지 않았던 원로중신도 반대하였다.

의정부와 육조를 장악하던 원로중신은 '위사공신이 들어설 때에 착한 선비가 연좌되어 죽었다' 혹은 '명종의 즉위로 어쩔 수 없이 선비가 희생을 당했다'고 하면서 '착한 선비의 신원 복관은 하되 위사공신의 무효화는 아니 된다'는 선에서 어두운 과거를 해결하고자 하였다. 이준경·홍섬·권철 등이 대표적이었다.

이에 대하여 신진사림은 원로중신을 '명종 치세의 신하는 이제 물러나야 한다'는 암시를 담아 '구신(舊臣)'으로 지목하여 비판하였다. 그러면서 을사사화를 당하여 오래 유배를 살면서도 지조를 굽히지 않고 학문을 연마한 유희춘에게 기대를 걸었다. 마땅히 '을사위훈론'에 적극 동조하리라고 믿었던 것이다.

그러나 유희춘은 처음에는 정치현안에 나서기가 곤혹스러웠던지 그대로 따르지 않았다. 그러다 이이가 방문하여 '명분을 바로 하여야 나라가 다스려진다'는 '논정명위치지본(論正名爲治之本)'을 내세우고 대사간 김취문(金就文)도 거듭 그러한 뜻을 전하면서 동조하였다.

이런 곡절을 거쳐 유희춘이 상소를 지어 올렸는데 '을사사화와 양재역벽서사건 관련자의 직첩을 돌려주고 명종 4년 충주에서 일어난 역모조작 사건에 연루된 사람의 적몰재산을 돌려주자'고 하였을 뿐이었다. 홍문관 부제학으로서 올린 것이었다. 그러면서 "옥당(玉堂)에서 가장 먼저 명사(名士)들을 복관하자는 의논을 냈으니 희춘이 한 것이다"라고 자부하였다. 『미암일기(眉巖日記)』 선조 3년(1570) 4월에 나온다. 그러나 유희춘의 주장은 '을사공훈의 전면무효화'와는 거리가 있었다. 오히려 이준경을 비롯한 원로중신의 주장에 가까웠다.

이때 신진사림은 혹시 유희춘이 원로중신의 편에 서지 않았는가 의구심을 품었는데 사실이었다. 다시 조정에 들어와 누구와도 척을 지려고 하지 않았던 유희춘은 원로중신과도 유화적 관계를 맺고 있었던 것이다. 영의정 이준경도 선조 2년(1569) 7월에 일어난 '김개(金鎧)사건'의 여파로

『미암일기』 원본

보물 제260호. '16세기 후반 사회상을 총체적으로 기록하면서, 문·사·철(文·史·哲)이 유기적으로 결합한, 양과 질 모든 면에서 뛰어난 조선 시대 일기의 백미'라는 평가가 있다. 그동안 세월은 유희춘에 소홀하였지만, 근래 『미암일기』를 통하여 『동의보감』의 저자 허준의 일생이 새롭게 밝혀지고, 사대부의 삶과 부부의 사랑을 쉽게 풀어 쓴 글까지 나오고 있다. 또한 일본에서 발행한 『명청과 이조의 시대』(『조선과 중국 근세 오백 년을 가다』로 번역됨) 중 미와지마 히로시(宮嶋博史)가 집필한 조선시대는 거의 『미암일기』를 중심으로 양반의 정신세계와 학문 및 향촌활동을 풀어내고 있다. 유희춘을 중심으로 외조부 최부와 그 제자 윤효정의 후예인 윤선도와 윤두서, 그리고 윤두서의 증외손이 되는 정약용이 주요인물로 등장한다. (사진 유원적)

원로중신이 수세에 몰려 조정을 떠나자 유희춘에게 "근래 구상(舊相)들이 계속 조정을 떠나고 있다"는 아쉬움을 편지로 토로하기도 하였다. 가깝지 않으면 털어놓을 수 없는 호소가 담겨 있다.『미암일기』같은 해 9월 22일에 나온다.

이 때문이었을까? 이이는 유희춘을 달가워하지 않았다. 유희춘도 모르지 않았을 것이다.

그러나 유희춘은 이이를 높게 평가하였다. 선조 7년(1574) 정월, 이이가 '만언봉사(萬言封事)'를 올렸을 때에는 "시무를 아는 것이 본래 어려운데 만언봉사는 오늘날의 강령과 급무를 전부 담고 있다"고 추켜세우면서 "지금 민생의 고통은 바로 공물과 신역(身役)이 균등하지 못하기 때문이오니 마땅히 이이의 만언소(萬言疏)대로 변통하여 병폐를 바로 잡아야 합니다"라며 적극 지지하였던 것이다. 자신도 일찍부터 '신역 이외의 부세(賦稅)는 전결을 기준으로 받아들이자' 혹은 '첨사(僉使)·만호(萬戶)의 수탈로 수군(水軍)이 도망하는 상황에서 이를 일족이나 인근에 옮겨 족징(族徵)·인징(隣徵)을 자행한다면 결코 바닷가가 평온할 수 없다'고 주장하던 터였지만, 자신은 숨기고 이이를 내세웠던 것이다.

그러나 이이는 끝까지 유희춘에 우호적이지 않았다.『석담일기(石潭日記)』에 "유희춘은 옛 책을 많이 읽고 잘 외웠으나 매양 경연에서 문담(文談)뿐이고 시대의 폐단[時弊]에는 한마디도 언급하지 않았다"거나, "곧은 말을 하는 절조(節操)가 부족하다"는 혹평을 숨기지 않고 적었다. 그래서 두 사람은 힘을 합하지 못하였다.

유희춘의 이이에 대한 존중은 그래도 식지 않았던 것 같다. 선조 9년(1576) 가을 임금의 부름으로 잠시 서울에 들렀을 때에 늙고 병들어 더 이상 '사서토석(四書吐釋)'과 '경전석소(經傳釋疏)'의 임무를 감당할 수 없게 되었음을 아뢰면서 이이를 적임자로 적극 추천하였던 것이다. 이이의 학문을 그만큼 높이 평가한 때문이리라. 이때 이이는 동서분당의 와중에서 향리에 머물던 중이었다.

유희춘과 이이가 경연을 주도하던 때의 광경이 『선조실록』에 이렇게 나와 있다.

주상이 바야흐로 유학에 뜻을 두어 경연관이 된 유희춘과 이이가 아뢰는 말을 채택하여 받아들이는 것이 많았다. 그러나 유희춘이 박식하지만 두루뭉실한 '박이범(博而泛)'이라면 이이는 과감하지만 소홀한 '과이소(果而疎)'였다. 그래서 이이는 흉금을 털어놓고 친절하게 말하지 않아 임금의 뜻을 인도하지 못하였다.

선조 7년 1월 계묘

과거사에 대한 입장, 시국을 보는 시각이 세대와 경험의 차이와 얽혀져 드러난 임금 앞의 미묘한 풍경! 자상하지만 논쟁이 될 만한 일은 가급적 삼가는 유희춘과 임금이 듣지 않으면 더 말을 아낀 이이, 두 사람을 보면서 약관의 선조는 무슨 생각을 하였을까?

우리 함께 떠날 때가 되었구려

유희춘은 환갑이 넘으면서 기력이 떨어졌다. 조정의 갈등에도 마음이 편하지 않았다. 남쪽으로 돌아가 편하게 살고 싶다는 뜻을 거듭 밝혔다. 부인의 간청도 있었다. 송덕봉과는 부부이기 전에 친한 벗과 같았다. 아니 오랜 유배기간 노모를 모시고 집안을 이끌며 마천령을 넘곤 하였던 부인을 거역할 수 없었을 것이다. 언젠가 송덕봉이 마천령을 넘으며 지은 시가 『대동기문(大東奇聞)』에 전한다.

가고 가서 마천령에 이르니	行行遂至摩天嶺
동해 바다 끝이 없더니 종성이 나오더라	東海無涯鍾面平
여인네가 만 리를 어인 일로 왔는가	萬里婦人何事到
삼종(三從)의 의리는 중하고 내 몸은 가벼운 것을	三從義重一身輕

제 부모와 지아비를 섬기고 그리고 아들을 섬겨야 하는 각오를 다지는 송씨의 기개를 엿보는 듯하다. 선조 8년(1574) 9월 중양절(重陽節)에 친지와 가족을 초청하여 잔치를 열었을 때였다. 서로 술과 시를 주고받았다. 먼저 유희춘이 읊었다.

대궐에서 임금이 부르시던 날	紫極承恩日
누런 꽃을 술에 띄워놓았네	黃花泛酒時
이제 대여섯 친척과 함께 모여	一堂親五六
태평세월을 지내자고 기약하네	同樂太平期

송덕봉이 화답하였다.

지난날 남과 북으로 갈리었을 때	昔日分南北
어찌 이런 날이 있을 줄 알았겠소	那知有此時
맑은 가을 좋은 시절에 만나	清秋佳節會
천 리라도 함께하자 기대합니다	千里若相期

연계정

유희춘이 말년을 보낸 정자. 담양군 대덕면 장산리 소재. 유희춘의 선대는 조부가 동래부의 감포만호(甘浦萬戶)를 지냈을 뿐 벼슬이 없었다. 오랫 동안 광양에 살다가 순천을 거쳐 부친이 해남으로 이사를 왔다. 유희춘은 해남 금강골에서 태어났는데, 마을 산 바위가 초승달 같고 미인의 눈썹 같은 아미암이 있다고 하여 호를 미암으로 삼았다. 연계정은 한말에 다시 중수되었는데, 『미암집』을 다시 꾸민 기정진의 손자로서 호남의 위정척사운동을 이끌었던 기우만(奇宇萬)이 그 내력을 밝히고 있다. (사진 이철영)

이들의 정의가 어떠하였는가를 볼 수 있다. 그들은 모진 세월이 끝났음을 천행으로 알고 말년의 행복을 오래 간직하고 싶었다.

선조 8년(1575) 초 유희춘은 신진사림에게 혹독한 비판을 당하였다. 인순왕후의 상을 치르던 와중이었다. 그때까지 곡을 마치고 나면, 현관(玄冠)을 쓰고 소의(素衣)를 입으며 오대(烏帶)를 차는 것이 관례였다. '국조오례의(國朝五禮儀)'에 따른 것이다. 그런데 서경덕의 고제(高弟)로 사헌부 지평으로 출사한 민순(閔純)이 '졸곡(卒哭) 후에 의(衣)·관(冠)·대(帶)를 모두 흰색으로 하고 일을 보아야 한다'는 '졸곡후백의관시사(卒哭後白衣冠視事)'를 제안하였다. 이것이 고례(古禮)라는 것이다. 신진사림은 물론이고 좌의정 박순과 우의정 노수신도 이 의견을 지지하였다. 그러나 영의정 권철(權轍)과 영부사(領府事) 홍섬(洪暹) 등은 '국조오례의'를 준수하자는 견해를 밝혔다. 이때 유희춘은 후자를 따랐다. 실로 견디기 힘든 비판이 쏟아졌음은 물론이었다.

이때의 상처가 너무 깊었던 것일까? 그해 가을 유희춘은 급격히 쇠약해졌다. 박순 등이 '그대로 머물게 하여야 한다'고 하였지만 선조는 늙고 병들어 귀향하고자 하는 간청을 마냥 뿌리칠 수 없어 고향에서 '사서토석' 등을 마무리한다는 조건을 붙이고 허락하였다. 서울의 살림을 완전히 정리하고 고향으로 내려갔다. 선조 8년(1575) 10월이었다.

그동안 임금에게 받은 작업에 지쳤음인가, 아니면 전해에 서울을 오고간 여독을 이기지 못함이었는가. 선조 10년(1577) 봄, 임금의 부름을 받고 올라갔다가 세상을 떠났다. 향년 65세, 이듬해 송덕봉도 뒤를 따랐다.

유희춘은 하루하루 일상을 소중하게 생각하였다. 그래서 빠짐없이 일기에 기록하였다. 무슨 편지를 받거나 어떤 소식을 들으면 놓치지 않았다.

집안 살림살이는 물론 자신에게 흠이 되는 일도 빠뜨리지 않았다. 병들어 누웠을 때에도 그치지 않았다.

『미암일기』는 자상하고 근실한 생활의 소산이었다. 유배가 끝나고 조정에 나온 선조 1년(1567) 10월부터 세상을 떠나기 바로 직전인 선조 10년(1577) 5월까지 10년 동안의 일기가 남아 있다. 아마 그 전에 유배지에서 쓴 일기는 없어졌을 것이다. 『미암일기』는 양이 방대할 뿐만 아니라 내용도 다양하여 조선중기 선비의 생활과 향촌사회의 모습을 소상히 전해주고 있다. 또한 조정의 대소사도 빠지지 않고 기록하였다.

그런데 세상은 정녕 유희춘에게 소홀하였다. 제자 허봉(許篈)이 지은 행장도 남아 있지 않으며 연보조차 꾸며지지 못하였다. 『미암집』도 처음에는 종성에서 지은 시문만을 모았다가 한말의 거유(巨儒) 기정진(奇正鎭)이 『미암일기』와 『경연일기』 등을 가다듬고 집안에 남아 있던 시문을 더하여 다시 꾸몄으니 그사이 많은 글이 없어졌을 것이다. 요즈음 일본에서 그의 저작물이 발견되고 있을 정도이다.

평생 공부하지 못하고 떠나니 한스러울 뿐이다

기대승 奇大升

기대승 연보

1527년 (중종 22) ─── 광주 생룡동 출생, 자 명언(明彦), 호 고봉(高峯)
1543년 (중종 38) ─── 정지운 「천명도」 처음 그림[天命舊圖]
1549년 (명종 4) ─── 23세 사마시 장원, 이황과의 첫 만남
1551년 (명종 6) ─── 25세 알성문과 낙방
1553년 (명종 8) ─── 정지운 「천명도」 수정[天命新圖]
1556년 (명종 11) ─── 이황 『주자서절요』 편찬
1557년 (명종 12) ─── 31세 『주자문록』 간행
1558년 (명종 13) ─── 32세 문과급제, 이황과의 첫 만남
1559년 (명종 14) ─── 33세 「사단칠정설」 짓고 이황과 편지왕래 시작
1563년 (명종 18) ─── 37세 이량의 탄핵으로 귀향, 겨울 복직
1567년 (선조 1) ─── 41세 조광조·이언적 등의 신원 주장 관철
1569년 (선조 2) ─── 이황의 마지막 귀향(3월), 김개사건(7월)
1570년 (선조 3) ─── 44세 귀향(2월), 낙암 조성
1572년 (선조 5) ─── 46세 상경(4월), 귀향 중 별세(11월)

기대승은 약관에 『주자대전』을 읽고 간추려 『주자문록』으로 편집하고, 또한 정읍의 원로 이항과 거침없이 '태극음양논쟁'을 하는 등 새 학풍의 조성에 일찍부터 두각을 나타냈다. 우리나라 학술의 역사에 큰 자취를 남긴 이황과의 '사단칠정논변'도 기대승의 편지에서 시작되었다. 그런데 오고 가는 편지는 두 사람만의 것이 아니었다. 편지를 베끼며 돌려보는 학자가 많았던 것이다. 두 사람의 왕복서한은 외척 권신의 전횡과 탐욕에 질려 있던 사림계에 청량제와도 같았다. 독자들은 이기(理氣)·심성(心性)·기질론(氣質論)의 행간을 엿보았고, 거기에서 바른 세상, 새 정치를 향한 고동을 들었다. 이런 의미에서 두 사람의 편지는 학술을 넘어 새로운 시대를 향한 공동선언과 같았다. 명종 치세 외척의 한 축이었던 이량이 기대승을 '신진의 영수'로 몰아 탄핵한 데에는 기대승이 사림계의 소통과 결속과정에서 선도 역할을 하고 있음을 알고 이황과 조식까지 표적으로 삼아 사림계를 분쇄하겠다는 음모가 깔려 있었다. 그러나 결과는 이량의 몰락이었다. 선조 즉위 후 사림 탄압의 어두운 과거청산을 주장한 기대승은 원로중신과 정면에서 대립하면서 사림이 정국을 주도하는 기반을 닦았다. 그러나 정녕 자신은 교육진흥과 인재양성에 일의적 가치를 중시하는 원칙론·근본론을 지나치게 내세움으로써 서정쇄신과 제도개혁에 필요한 변통론·경장론을 주장하는 신진사람과 갈등을 빚고 말았다. 기대승은 아는 것을 숨기지 못하고 모르는 것을 감추지 못하는 어쩔 수 없는 천생 학자였던 것이다.

1. 모르는 것을 감추지 않았고 의문은 풀지 않을 수 없었다

고담준론으로 신진의 영수가 되다

명종 치세 전반기는 실로 보복과 살육으로 점철하였다. 문정왕후가 섭정하고 윤원형이 전권을 행사하던 때였다. 을사사화 때 살아남은 반대세력까지 일망타진하겠다는 '양재역벽서사건' 후에도 참화는 계속되었다.

명종 3년(1548) 2월에는 '안명세(安名世)사건'이 있었다. 위사공신의 정당성을 역사에 담고자 한 『무정보감(武定寶鑑)』을 편찬하는 과정에서 사관 안명세가 "을사년의 참화는 권신의 음모에 의한 것이다"라고 기록한 것이 밝혀지면서 일어났다. 일종의 '사화(史禍)'였다. 이때 윤결(尹潔)·임복(林復) 등의 젊은 사림이 죽임을 당하거나 유배를 갔다.

명종 4년(1549)에는 양재역벽서사건 때 목숨을 잃은 이약빙의 아들 이홍윤(李洪胤)이 역모를 꾸몄다는 고변이 있었다. 이홍윤은 윤임의 사위였는데 어처구니없게도 고변자가 이복형 이홍남(李洪男)이었다. 이 때문에 청주에 살던 이약빙의 문인과 친척 등 삼백 명이 극형을 당하고 모든 재산을 몰수당하였다. 이듬해에는 충청감사 이해(李瀣)가 적몰재산을 돌려주었다는 죄목으로 옥에 갇혔다가 죽었다. 바로 이황의 친형이었다.

이렇듯 음모와 배신이 난무하던 시기, 외척 권신은 왕실을 능가하는 부귀를 누렸다. 명종 8년(1553) 임금이 성년이 되어 친정하면서는 또 한 사람의 외척 권신이 등장하였다. 명종비 인순왕후(仁順王后)의 외숙 이량(李樑)이었다. 이량은 명종 13년(1558)경이 되면 윤원형에는 미치지 못하지만 어느 정도 건세할 정도는 되었다. 국구(國舅) 심강(沈鋼)도 처남인 이량을 지원하였다. 대비의 외척과 중전의 외척이 농락하는 세상이었다.

명종 18년(1563) 9월 순회세자(順懷世子)의 죽음은 정국에 파문을 일으켰다. 영의정으로 하늘을 찌를 듯한 권세를 구가하며 세자빈을 뜻대로 간택하였던 윤원형이 다소 위축되었다. 더구나 영의정이 겸직하는 세자사(世子師)의 책무를 제대로 수행하지 못한 허물까지 드러났다.

대신 이조판서가 된 이량은 기고만장하였다. 윤원형이 주춤하는 사이 자파 인사를 조정 곳곳에 포진시킨 것이다. 그러다가 사단이 벌어졌다. 기대승을 비롯하여 허엽(許曄)·박소립(朴素立)·윤두수(尹斗壽)·윤근수(尹根壽) 등 신진사림이 반대한 것이다. 그만둘 이량이 아니었다. 자기 수족인 이감(李戡)을 시켜 "청담(淸談)을 내세워 정치를 비방하고 기묘년의 습관을 일삼으니 그 조짐을 막아야 한다"고 신진사림을 탄핵하게 하였다. 이렇게 하면 사림을 극도로 싫어하는 문정왕후와 윤원형도 어쩔 수 없으리라 생각한 것이다. 실제로 그렇게 되었다. 신진사림은 모두 관작을 빼앗기고 도성 밖으로 쫓겨났다.

이때 이량은 특별히 기대승을 지목하여 "고담준론(高談峻論)으로 신진들을 끌어들여 영수가 되었다"고 극렬하게 공격하였다. 과거에 합격한 지 겨우 5년, 37세의 기대승을 '신진의 영수'로 지목한 것이다. 모함하기 위하여 지어낸 말만은 아니었다.

젊은 스승이 나타나다

기대승이 젊은 나이에 공부 방면에서 이룩한 성취는 가히 놀라울 정도였다. 어린 시절부터 엄격한 부친 아래에서 "공부가 절로 재미있다"고 하며 정진한 때문이었다. 부친은 항상 "너희들은 지금 배부르고 따뜻하게 살면서도 어찌 공부를 하지 않는가"라고 독려하며 "배움에는 근실하여야 하고 반드시 외워야 하는데 또한 읽고 생각하고, 생각하며 짓기를 근실하게 하여야 한다"고 가르쳤다고 한다.

10대 후반에 전라감사 송인수(宋麟壽)에게 『소학』을 제대로 배우고, 순창 강천산 아래 정즐(鄭鷺)을 찾아가 한유(韓愈)·유종원(柳宗元) 등의 시부(詩賦)를 철저히 익힌 것도 큰 도움이 되었다.

그리고 사마시에는 너끈하게 장원을 하였지만 대과에 실패한 것도 차분하게 공부할 수 있는 기회가 되었다. 대과 때의 시관이 윤원형이었는데 기대승의 시권(試券)이 고등이었지만 고의로 떨어뜨렸다고 한다. 그리고 부친상을 겪었는데 이 기간에 특히 주자에 깊이 빠져들었다.

이 과정에서 『주자대전』에서 중요한 논설과 편지·차자(箚子)·기문(記文) 등을 모아 『주자문록(朱子文錄)』으로 엮었다. 주자의 우주론·심성론만이 아니라 교화와 구휼을 중심으로 한 경세론(經世論)까지를 아우르는 '요약본 주자대전'이나 마찬가지였다. 명종 12년(1557), 31살이었다. 이황이 '주자의 생각과 공부 방법을 알려면 평소 끊임없이 의심하며 토론하는 내용을 알아야 한다'면서 중요한 편지를 뽑아 묶은 『주자서절요(朱子書節要)』가 나온 이듬해였다.

주자의 방대한 문헌을 처음부터 소화하기 어려웠던 많은 학자들이 열광하며 기대승을 찾았다. 최고의 가사문학을 남긴 정철이나 임진왜란 때

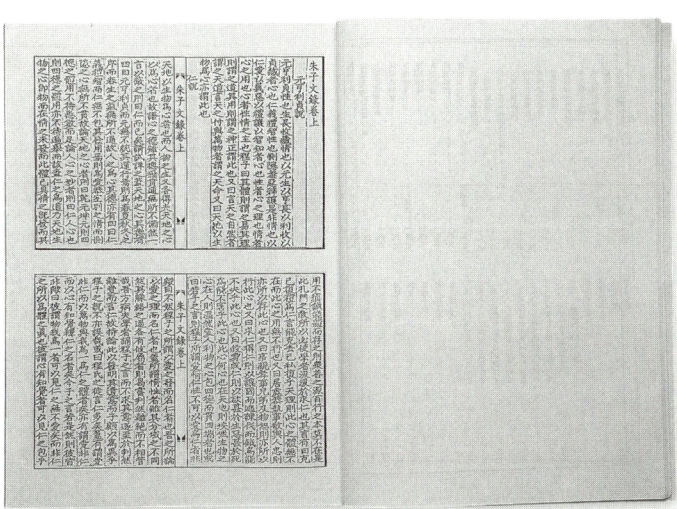

주자문록

기대승이 방대한 주자의 문헌을 쉽게 접하기 어려운 학자를 위하여 서간·잡저(雜著)·기(記)·부(賦)·주차(奏箚)·서문(序文)·발문(跋文) 중에서 중요하다고 생각되는 164편의 글을 가려 뽑은 '간추린 주자대전'. 훗날 임진왜란 때 비운의 의병장이 된 김덕령의 종조부인 김윤제(金允悌)가 발간 비용을 협찬하여 나주 관아에서 간행하였다. 그동안 국내에서는 찾지 못하였는데 윤시순(尹絲淳) 교수가 일본 내각문고(內閣文庫)에서 찾아냈고 고봉학술원에서 영인본을 입수하여 보급하며 학계에 알려졌다. 『주자문록』이 일본에 간 것은 아마 정유재란 당시 기대승의 후손들이 참혹한 피해를 당할 때였을 것이다. (사진 최승훈)

의병을 이끌다가 진주성에서 산화한 최경회(崔慶會)도 왔다. 나이 차이가 십 년이 못 되었음에도 배운 것이다.

젊은 스승의 출현이었다! 이에 머물지 않았다. 여러 원로학자를 찾았다. 아는 것을 숨기지 못하고 모르는 것이 있으면 묻지 않을 수 없었으며 의문이 나면 풀어야만 하였던 것이다. 그때의 모습을 정철의 아들 정홍명(鄭弘溟)이 지은 「행장」은 이렇게 전하고 있다.

일찍 학문에 뜻을 세우고 외진 시골에서 스승이 없이도 스스로 분발하여 경서에 침잠하여 깊고 미세하고 오묘한 뜻을 찾았으면서도 항상 그만두지 못하고 분주하였다.

기대승이 처음 찾아간 원로학자는 정읍의 이항이었다. 명종 4년(1549) 사마시를 보러 한양을 가다가 들른 후에 오고 가며 자주 찾았다. 27살의 차이가 나는 두 사람은 서로 학문과 세상을 주고받다가 마침내 '태극과 음양은 한 물건인가, 다른 물건인가', 그리고 '리(理)와 기(氣)는 서로의 위상이 어떠한가'를 두고 토론을 벌였다.

이항은 '태극과 음양은 한 가지'이며 '리와 기는 그 위상이 일원(一元)이다'라고 하고, 기대승은 '태극은 음양의 원리'이며 '리는 기의 근거로서의 위상이다'라고 반박하였다. 이항은 기대승의 기상이 반가웠다. 그러다가 어떤 때는 "그대는 스스로 도를 안다고 하여 자신을 버리지 않고 또한 남을 따르지 못하니 이것이 내가 우려하는 바이다"라고 충고도 하였다. 그만큼 기대승은 굽힘도 거침도 없었던 것이다.

명종 13년(1558) 8월엔 문과를 앞두고 고양(高陽)의 선영(先塋)을 참배하러 갔다가 근처에 살던 정지운(鄭之雲)을 찾았다. 그때 정지운의 「천명

정지운 묘소

경기도 고양시 일산2구 자연습지 입구에 있다. 기대승의 선대도 이 근처에서 살았기 때문에 기대승은 고봉(高峯)으로 호를 삼았다. 기대승의 부친 기진은 어릴 때부터 같이 공부하였던 동생 기준이 기묘사화로 유배를 갔다가 신사무옥 때에 살해되자 처가의 별업(別業)이 있던 광주 생룡동으로 내려왔다. 아마 세상을 피하려는 생각이 있었을 것이다. 그리고 5년 후에 기대승이 태어났다. 부친은 직접 농사를 지으면서 가훈을 세워 철저히 자식을 가르쳤다. (사진 고양시청)

도」에서 '사단은 리가 발한 것이고 칠정은 기가 발한 것이다[四端理之發 七情氣之發]'라는 구절을 보았다. 처음에는 '사단은 리에서 발한 것이고 칠정은 기에서 발한 것이다[四端發於理 七情發於氣]'라고 하였는데 이황의 지시로 이렇게 바꾸었다는 것이다. 아마 기대승은 '사단이나 칠정은 모두 정(情)으로 성(性)의 발현이라고 하면 되는데 왜 출처를 구분하는 것일까?'하였을 것이다.

그러다 마침 그해 가을 서울에 올라온 이황을 배알하게 되었다. 첫 만남이었다. 기대승은 감격하였다. 이황도 즐거워 훗날 "지난 무오년(1558) 서울에 갔을 때 낭패하였는데 다행히 우리 명언(明彦)을 보았다"고 회상하였다. 우리 기대승, 친근하다.

퇴계와의 편지, 새로운 시대를 위한 선언이었다

이황을 만난 기대승이 아마 '주자는 사단이나 칠정은 모두 성이 사물에 감응하면서 드러나는 정이라고 하였는데, 사단은 리의 발현이며 칠정은 기의 발현이라고 하신 연유가 무엇입니까?'라고 물었을 것이다.

이듬해 기대승은 '천리가 발현되는 정이 사단이며, 인욕에 얽매인 정이 칠정이다' 혹은 '천명이 부여한 본성이 온전한 선으로 발현한 정이 사단이며 경우에 따라 선할 수도 있고 악할 수 있는 정이 칠정이다'라는 견해를 「사단칠정설(四端七情說)」에 정리하였다. 그러면서 사단과 칠정이 갈리는 기준을 '천리와 천명을 따르는가 인욕과 형기(形氣)를 좇는가'로 규정하였다. 이러한 견해를 이황에게 알렸다. 유명한 '사단칠정논변(四端七情論辨)'이 시작된 것이다.

이황도 기대승의 논리에 수긍하였다. 그리고 '사단은 리가 발하여 기가 그것에 따르는 것이고, 칠정은 기가 발하여 리가 그것에 타는 것이다[四端理發而氣隨之 七情氣發而理乘之]'라고 수정하였다. 이른바 '이기호발설(理氣互發說)'이었다.

그러나 이황은 '사단은 리가 주(主)가 되므로 리를 기준으로 말한 것이고, 칠정은 기가 주가 되므로 기를 기준으로 말한 것이다'라는 논점은 결코 버리지 않았다. 성선(性善)의 증거인 사단이 정이라고 함을 너무 잘 알고 있었을 이황이 무엇 때문에 이토록 리에 집착하고 기를 천시하였을까?

이황은 리의 주재성·자발성·적극성을 강조함으로써 사람은 결코 하늘의 뜻을 거스를 수 없다는 명제를 세우고자 함이었다. 또한 '사람은 하늘의 명령을 따를 수밖에 없다' 혹은 '성선이 인간의 운명이다'라는 '운명적 도덕론'을 설파한 것이다. 시대의 혼돈과 선비의 방황에 종지부를 찍고자 하는 원망(願望)의 발로였으며 또한 탐욕과 부패가 하늘을 배반하는 것임을 모르는 세상과 권력에 대한 비판의 소산이었다.

결국 기대승도 '정의 발현이란 혹 리가 움직이고 기가 갖추어지기도 하고 혹 기가 감응하여 리가 타고 오르기도 한다[情之發也 或理動而氣俱 或氣感而理乘]'라고 하였다. 리가 먼저 발동하면 사단이 되고 기가 먼저 감응하면 칠정이 된다는 뜻이었다. '이기호발설'에 다가선 것이다.

두 사람의 편지는 두 사람만의 것이 아니었다. 많은 학자들이 오고 가는 편지를 전달하며 베끼고 돌려 보았다. 그리고 '두 사람의 견해는 무엇이 같으며 무엇이 다른가, 그리고 왜 다른가'를 토론하였다. 이러한 과정에서 우주와 자연, 인간을 바라보는 인식의 틀이 확장되기 시작하였다. 명종 19년(1564) 이이가 29살 때에 「논심성정(論心性情)」을 지었던 동기도 왕복서간에 있었다. 이렇게 적었다.

퇴계는 사단은 리에서 발하고 칠정은 기에서 발한다고 하였고, 명언은 사단과 칠정은 두 개의 정이 아니고 칠정 가운데 리에서 발한 것이 사단일 뿐이라고 하였는데 명언의 논리가 나의 의견과 일치한다. 대개 성은 인의예지신(仁義禮智信)이라고 하고 정은 희노애락애오욕(喜怒哀樂愛惡慾)을 말하는데 정 가운데 인욕이 섞이지 않고 천리에서 나온 순수한 정이 사단인 것이다.

그런데 두 사람의 편지왕복은 학술 차원에 머무는 것이 아니었다. 왜 천리와 인욕, 리와 기, 사단과 칠정을 말하는가? 왜 인간은 어질고 바르며 가지런하고 밝은 본래의 본성을 잃게 되는가? 이런 문답을 주고받으면서 현실을 넘어선 이상의 삶, 정치를 넘어선 학문의 길을 보여주었고, 나아가 '세상의 어둠을 벗어나기 위해서는 인간의 품성과 의지가 어떠하여야 하는가'를 넌지시 드러냈던 것이다. 어느덧 많은 사림은 세상을 바르게 하는 기본이 어디에 있으며 우리의 공부는 어떠하여야 하는가를 함께 고민하면서 새로운 시대는 온다는 희망을 서로 나누었다.

물론 혹평하는 학자도 있었다. 조식은 "세상을 속이고 명목을 도둑질하는 것[欺世盜名目]이며 이름을 올리려는 마음[賣名心]이 아닌가" 하였다. 형이상(形而上)의 논리논변이 아니라 형이하(形而下)의 실천궁행(實踐躬行)을 본위로 삼았던 조식으로서 할 수 있는 비판이었다. 그러나 이렇게 말하는 순간 그 자신도 어느덧 이 논쟁에 합세한 셈이 되었다.

이황과 기대승의 편지는 시세를 비관하며 권신의 전횡에 숨막혔던 사림에게 '학술과 공론의 장'을 제공하는 청량제 역할을 하였다. 이렇게 하여 새로운 학풍, 나아가 새로운 세상에 대한 열망이 서서히 달아오르기 시작하였다. 그래서 감히 '두 사람의 편지는 학문의 힘이 새 정치에 투영되는 바른 시대가 온다는 희망의 공동선언이었다!'고 말할 수 있지 않을까?

임금과 재상이 바로 서는 나라

젊은 시절 『주자대전』을 간추리고 원로사림을 찾아 기탄 없이 묻고 자기 견해를 밝혔던 기대승이 조정에 들어갔을 때에는 이미 혼자가 아니었다. 이황·이항과 같은 원로학자를 배경으로 재야의 사림과 연결을 맺으면서 재야의 창구 역할을 수행할 수 있는 위치에 있었던 것이다. 재야의 여론이 조정에 미치는 것에 경계의 눈초리를 늦추지 않았던 외척 권신이 기대승을 주목한 까닭이 여기에 있었다. 그래서 이량이 품계도 높지 않고 조정에 세력도 약한 기대승을 '신진의 영수'로 지목하고 탄핵하였던 것이다.

그런데 이량은 기대승을 비롯한 몇 사람의 신진관료만을 겨냥한 것이 아니었다. 탄핵 소동이 일어난 날 『명종실록』에 이런 기사가 있다.

> 이량은 사림들이 용납하지 못하는 것을 알고 밤낮으로 같은 무리를 모아 놓고 쓰러뜨릴 계책을 궁리하던 끝에 사림의 뿌리는 이황과 조식에게 있으니 그 뿌리를 모조리 제거한 뒤에야 마음대로 할 수 있으리라 생각하고 우선 몇 사람을 시험 삼아 해치우고 앞으로 더한 흉포(凶暴)를 자행할 셈이었다.
>
> 명종 18년 8월 계해

이량은 기대승 등을 제거한 다음 기회를 엿보아 이황과 조식이 이끄는 사림계 전체를 분쇄할 음모를 꾸몄던 것이다. 많은 학자가 이황·조식을 찾아 공부하고 세상을 물으면서 서로 결속을 다지는 상황을 더 이상 방치하다가는 자신들의 권력기반이 언제 위태롭게 될지 모른다고 판단하였던 것이다.

기대승 등 신진관료 몇 사람을 우선 쫓아내는 데 성공한 이량은 기고만장하였다. 그러나 이것이 화근이었다. 이 사건이 있고 얼마 후에 "신하들이 임금이 있는 줄 모르고 이량만 있는 줄 안다"고 하는 대사간 기대항(奇大恒)의 탄핵을 받고 몰락하였던 것이다. 기대항은 기묘사림의 선봉으로 활약하다가 '송사련무고사건'으로 죽음을 당한 기준의 아들로 기대승의 사촌 형이었다. 세 살 때 부친을 잃고 방황하다가 조정에 들어와 이량과 밀접하게 지냈지만, 국구 심강이 지나치게 세력을 키우고 있는 이량에게 거부감을 느끼고 있음을 알고 탄핵한 것이다. 심강의 아들 즉 인순왕후의 동생인 심의겸(沈義謙)이 중간에 큰 역할을 하였다. 한때의 동지가 동지를, 매형이 처남을, 조카가 외숙을 몰아내는 상황이 연출된 것이다. 이렇게 하여 권신 외척의 한 축이 무너졌다.

이량이 귀양을 가자 그동안 사태를 관망하던 윤원형과 그와 한편인 중전의 작은 할아버지 심통원(沈通源)이 기대승·허엽·박소립 등의 복직을 서둘렀다. 이때 『명종실록』 기사는 "윤원형과 심통원이 나라를 어지럽히고 있다"고 하면서 춘추시대 노나라가 혼란에 빠졌던 고사(古事)를 실어 놓았는데 대강 이러하다.

> 춘추시대 노(魯)에서 장공(莊公)이 죽은 후에 그 아들 자반(子般)이 즉위하였는데 장공의 아우인 경보(慶父)가 나서 자반을 죽이고 장공의 서자(庶子)를 왕으로 세우더니만 또다시 죽이니 제(齊)의 대부 중손추(仲孫湫)가 '경보를 제거하지 않으면 노나라의 난이 그치지 않을 것이다'라고 하였다.
>
> 명종 18년 9월 경인

윤원형·심통원을 노나라를 혼란에 빠뜨린 경보에 견주면서 기대승 등의 복직에 나선 본심이 일단 회유하다가 저항하면 언제든지 제거하겠다는 노회한 전술에서 나온 것임을 폭로한 것이다.

기대승은 윤원형에 대해서도 침묵하지 않았다. 틈나는 대로 '천하의 안위(安危)는 재상에게 달려 있음'과 '언로가 열리면 국가가 평안하고 언로가 막히면 국가가 위태해짐'을 천명하였다. 외척재상의 전횡과 여론 봉쇄를 비판한 것이다. 또한 국왕이 사사로운 인연과 감정에 치우치면 "인심을 복종시키고 왕도를 실행하는 대의를 포기하는 것이다"라고 주장하였다. 사실상 임금의 외삼촌인 윤원형의 퇴진을 겨냥한 발언이었다.

2. 새로운 정치를 위하여

임금의 마음은 하늘에 닿아 있어야 한다

선조의 즉위! 지난 세월 권신의 전횡으로 잘못된 관행을 바로잡을 수 있는 기회가 도래한 것이다. 선비의 기풍을 일신하고 민생경제를 향상시킬 수 있는 좋은 계기였다. 새로운 정치에 대한 열망, 공론정치의 여론이 크게 일어났다. 경연도 활성화되었다.

선조 즉위 초 경연은 기대승의 독무대나 다름없었다. 하늘의 이치와 인간의 마음, 임금의 책임과 신하의 의무, 그리고 성인과 현자가 어떻게 백성을 평안하게 하였는가, 그 궤적을 거침없이 토로하였다.

> 천도(天道)는 성(誠)이며 실(實)입니다. 하늘이 만물을 내는 자체가 정성이며 진실이기 때문입니다. 이것이 인(仁)입니다.
> 선조 즉위년 10월 갑진

인(仁)을 화두로 삼은 순간 기대승은 어느새 "복희(伏羲)는 처음으로 팔괘를 확정하였고, 신농(神農)은 의약을 찾아냈으며, 황제(黃帝)는 제도를 창시하고, 요순(堯舜)은 인문(人文)을 갖추었습니다. 요는 순에게 윤집기중(允執其中)을 전하였고 순은 우(禹)에게 유정유일(惟精惟一)을 말하였습니다. 이것을 공자가 한마디로 인(仁)이라고 하였던 것인데 맹자는 인의예지(仁義禮智)로 나누어 보았습니다"라고 하였다. 인류 문명의 진화와 인간의 본성과 사명에 대한 쉼 없고 틈새 없는 설명, 아니 임금 앞에서의 강의였다. 요새 글로 그 뜻을 풀어내면 대강 이렇게 될 것이다.

인간은 처음 땅에 살면서 무엇보다도 계절의 바뀜과 해와 달, 비바람과 천둥 번개가 어디에서 오는가를 살폈을 것입니다. 이것을 복희가 건(乾)·태(兌)·이(離)·진(震)·손(巽)·감(坎)·간(艮)·곤(坤), 팔괘(八卦)로 풀었습니다. 그러다가 훗날 64괘가 되었습니다. 인간의 삶이 보다 복잡해지면서 그 변화를 정확하게 인식하려고 한 것입니다. 이로써 비로소 인간과 세상을 역(易) 즉 변화의 관점에서 인식하게 된 것인데, 그러한 훗날 역경(易經)이란 경전이 나오게 되었습니다.

사람들은 화살[矢]에 맞고 창[殳]에 찔려 죽는 것이 가장 무서웠습니다. 처음에는 하늘을 향하여 울부짖는 푸닥거리[巫]를 하며 고통을 벗어나려고 하다가 오래 묵혀 발효가 된 술[酒]을 찾아 치유하였다고 합니다. 병을 낫게 하는 의(醫)를 의(毉)로 적은 이유입니다. 신농씨가 처음으로 푸닥거리로 고통을 씻어주었는데 공(工)처럼 생긴 도구를 흔들면서 춤을 추었다고 합니다. 그래서 공은 하늘[·]과 땅[—]을 잇는 사람[丨] 즉 천지인(天地人) 삼재(三才)가 모인다는 의미를 갖게 된 것입니다. 인간의 정신적이며 육체적인 사고와 행동이 공 아닌 바가 없습니다. 사람이 도구를 만들어 짐승을 잡고 살 수 있게 된 것도 모두 공의 소산입니다. 그래서 사람이 늘어나게 된 것입니다.

이때 사람은 무리를 이루어 살았습니다. 그 땅을 처음에는 '혹(或)'이라고 하였는데, 무기인 창[戈]과 음식을 담는 그릇[口]을 모아두는 모습을 형상화한 것입니다. 그런데 처음에는 울타리[囗]가 없었습니다. 그래서 싸움이 있었는데 치우(蚩尤)를 무찔러 승자가 된 황제가 마침내 울타리를 쳤습니다. 나라[國]를 창시한 것입니다. 인간이 만든 제도가 국가입니다. 사람은 하늘의 움직임[天運]에 좇아 때[人時]를 맞추어 농사도 짓고 가축도 키웠습니다. 또한 산천의 형세에 맞추어 살았습니다. 문자도 사용하였습니다. 바로 문명의 출현 즉 인문이 아니겠습니까? 이를 제대로 이끌었던 성인이 바로 요와 순입니다.

그런데 요와 순은 항상 근심이 많았습니다. 인간사에 다툼이 끊이지 않았기 때문입니다. 더구나 농사를 지으면서 저마다 보다 많은 알곡을 차지하려 함에 따라 더욱 심해졌습니다. 사(私)가 개인의 욕망을 뜻하게 되는 것은 벼[禾]를 심어 차지하게 되는 알곡[ㅇ]과 합해지며 생겼기 때문입니다. 이때 요와 순 같은 성인이 내릴 수 있는 처방이 무엇이겠습니까? 알곡을 나누지 않았을까요? 공(公)이라는 문자가 알곡을 나누는[八] 데에서 만들어졌던 것은 우연이 아닙니다. 그러나 이것은 쉽지 않은 일입니다. 그래서 요는 순에게 임금을 물려주면서, '윤집기중' 즉 '중(中)을 취하는 데 진실하게 하라'고 하였고, 순은 우를 후계로 정하면서 '유정유일' 즉 '온 정성으로 하나를 생각하라'고 한 것입니다. 중(中)이 그릇[口]을 하늘을 향하는 장대[│]에 걸어두는 형상에서 나온 문자이며 일(一)은 평평한 대지를 첫째로 삼는다는 뜻임을 생각하면 요와 순이 전하는 계시(啓示)가 무엇인지 더욱 분명히 다가옵니다. 바로 하늘의 뜻을 지상에서 구현하라는 것에 다름이 없습니다.

그러나 사람은 항상 욕심을 주체하지 못하는 경향이 있습니다. 그래서 훗날 '천리(天理)는 공(公)이며 인욕(人欲)은 사(私)다'라는 명제가 성립하였습니다만, 욕심을 비우는 마음을 공자는 한마디로 인으로 풀었던 것이고 맹자는 이를 인의예지로 나누어 보았습니다. 바로 하늘이 낸 사람을 살리기 위해서는 하늘이 사람에게 내린 착한 본성을 잃지 말아야 한다는 뜻을 간절히 담아낸 불멸의 깨달음이라고 하겠습니다.

기대승의 강론은 성인의 궤적을 아는 것으로 그치고자 함이 아니었다. 백성을 살리는 군왕의 길 즉 '군주(君主)의 일심(一心)은 인(仁)에 머물러야 한다'는 사실을 밝히려는 것이었다. 또한 하늘의 뜻을 잃지 않아야 어질고 의롭고 아름답고 밝은 덕을 베풀 수 있다는 것이었다.

그러나 임금도 '혈기(血氣)와 물욕(物慾)'이 없을 수 없는 인간이었다. 그러니 임금이 만약 무한한 권세로 욕심을 채우면 어떻게 되는가? 그래서 임금에게 '기질(氣質)을 변화시키는 덕을 밝히는 공부', '본원을 함양하기 위한 근본공부'를 열심히 하여 인욕을 버리고 천리를 품어야 한다고 거듭 건의하였던 것이다.

임금과 신하는 정의(情義)가 소통하여야 한다

임금의 공부와 덕성만으로 세상이 평온하고 백성이 안돈할 수는 없었다. 온 나라 만백성의 헤아릴 수 없는 일을 임금 홀로 처리할 수 없기 때문이다.

기대승은 '순은 고요(皐陶)·직(稷)·설(契), 탕은 이윤(伊尹), 문왕은 태공망(太公望)·산의생(散宜生)을 얻었다'는 사적을 예로 들면서 임금은 현자(賢者)를 얻어야 하고 그들과 함께 다스려야 한다는 원칙을 제시하였다. 또한 신하와 모든 정사를 의논하여야 한다고 하였다.

군신공치(君臣共治)·동의정사(同議政事)! 그동안 인정(仁政)과 공천하

(公天下)를 위하여 조광조와 이언적 등이 강력하게 주장하던 정치운영론이었다.

그러나 쉽지 않은 일이다. 아주 높은 지존(至尊)의 임금과 그 아래 보잘 것없는 지미(至微)한 존재인 신하 사이에 엄청난 벽이 있기 때문이다. 그래서 기대승은 "임금과 신하 사이에 신뢰가 있어야 하고 정의(情義)가 소통하여야 한다"고 하면서 당나라 한림학사 육지(陸贄)의 말을 빌려 임금이 잘못하면 어떻게 되는가를 설명하였다.

> 임금이 남을 이기기 좋아하면 꾸민 말을 달갑게 여기고, 잘못을 듣기를 꺼려하고 바른 말을 싫어하면 임금의 뜻을 떠보며 아부하는 무리가 임금을 싸고 돌 것입니다. 또한 임금이 신하의 말을 듣고 빨리 판단하여 대답을 주면 신하가 의견을 내놓기 어렵기 마련이며, 신하의 말을 소상하게 살펴 듣지 않으면 나라 걱정이라고는 조금도 없는 벼슬아치들이 속이려 들고 주위 눈치나 살피는 고망(顧望)의 무리가 편하다고 여깁니다. 그리고 임금이 위엄만 내세우면 온정이 없고, 뜻에 맞지 않는다고 괴팍스럽게 하면 임금 자신이 반성을 모르게 될 뿐만 아니라 규칙을 가볍게 여기게 되니 두려움 많고 벼슬이 언제 떨어질까 겁먹고 있는 무리는 아무런 허물이 없게 되고 말 것입니다.
>
> 「논사록(論思錄)」 선조 원년 1월 16일

임금의 겸양과 신중, 임금의 평온과 인내 그리고 관용이 신하와의 소통에 가장 중요한 덕목임을 말하고 있었다. 그렇지 못하면 '아첨을 일삼고 주위 눈치나 살피며 벼슬을 섬기는 신하'들이 활개치고 또한 '일신에 안주하여 어려운 일은 임금에게 떠맡기는 안일한 신하'들이 세상을 만난다는 것이었다.

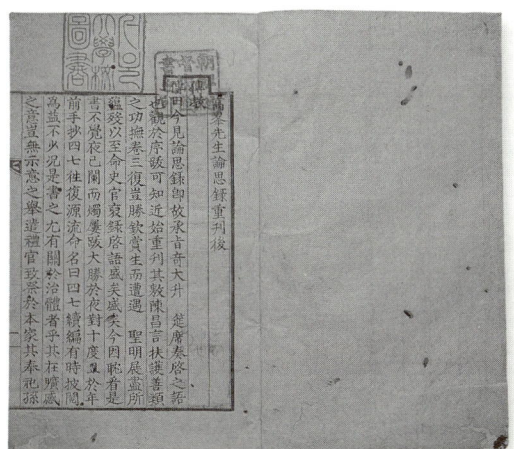
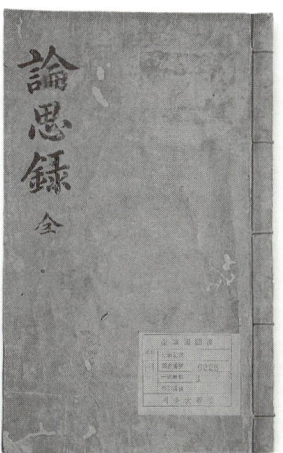

논사록

기대승이 죽자 선조는 경연에서 그가 한 강론과 논설 일체를 등사하도록 하였다. 허균의 형 허봉(許篈)이 담당하였다. 허균은 『성소복부고(惺所覆瓿藁)』에서 '기대승이 호남 선비의 풍성(風聲)과 기습(氣習)이 점차 쇠퇴하여 수십 년이 지나면 과거에 드는 사람이 적어질 것이다'라고 했다고 적었는데 아마 그 형에게 들었을 것이다. (서울대학교 규장각 소장)

그러면 신하는 어떠한 자질이 있어야 하는가? 임금에게 숨김없이 바른 말을 할 수 있어야 하며, 나아가 임금에게 주어진 어려운 일을 기꺼이 나서 맡고자 하며, 자신을 맑고 깨끗하게 다스려야 한다고 하였다. 무한히 존귀한 임금의 권위에도 기죽지 않고 백성을 살리는 실로 어려운 일에 앞장설 수 있어야 한다는 것이다. 이런 신하와 임금이 정의(情義)를 통하여야 비로소 세상을 다스릴 수 있다는 것이다.

그래도 조정에 잘못이 있을 수 있었다. 신하의 잘못이 없지 않을 터이며 임금 또한 모르고 지나칠 수 있으니 언론과 대간의 기능과 역할이 여기에 있다고 하였다.

그러나 새로운 정치는 쉽지 않았다. 물론 조광조와 이언적이 신원·증직(贈職)되고 오랜 유배생활에도 변절하지 않았던 백인걸·김난상·유희춘·노수신 등이 순차를 뛰어넘어 발탁되는 등의 성과는 있었다. 기대승이 앞장서 건의한 사안들이었다. 그래도 이런 정도로는 충분하지 않았다. 기대승은 못내 불안하였다.

과거청산 없이 새로운 정치나 학풍의 쇄신은 불가능하다

기대승은 이황·조식·성운·이항 등 원로사림이 조정에 나서야 한다고 생각하였다. 선조가 허심탄회하게 국정을 논의할 적격자가 이들 원로사림이라고 생각한 것이다. 그러나 원로사림은 사림 탄압의 어두운 과거가 깨끗하게 청산되지 않는 상황에서 좀처럼 조정에 나서려고 하지 않았다. 기대승이 거듭 "천하의 일은 시비가 없을 수 없는데 시비가 분명한 뒤에야 인심이 복종하고 정사가 순조롭다"고 한 것도 이 때문이었다.

과거청산과 원로사림의 초빙! 기대승이 생각하는 새로운 정치의 제일 급무였다. 특히 이황의 진출에 온 마음을 썼다.

이황이 나서야 '애써 배우려고 하지 않고 학문을 한다고 하면서도 감흥도 느끼지 않고 도약하려는 의욕도 없는 풍조가 고쳐질 것'으로 확신하였다. 또한 당시 신진사림의 학문과 정치역량이 '먼저 나온 선진(先進)은 조락(凋落)함을 면치 못하고 있고 나중에 나온 후진(後進)은 아직 젊어 미치지 못한다'고 진단한 기대승은 이황만이 선진과 후진의 사표가 될 수 있다는 기대를 한시라도 놓치지 않았다. 그래서 선조에게 "이미 나이가 일흔 살이고 질병이 많은데 시비(是非)가 분명하지 않은 것을 보고 조정에 나와 남의 뒤를 따라다니는 것을 부끄럽게 생각하지 않겠습니까?"라고 하면서 걸맞은 대우와 여건 조성을 거듭 건의하였다. 이황에게도 자신의 희망과 노력을 전하면서 출사하기를 거듭 간청하였다.

이러한 상황에서 선조 즉위년 명종의 행장을 짓고 곧 귀향했던 이황이 다시 조정에 나왔다. 신진사림의 기대는 컸다. 이황이 조정에서 새로운 정치의 구심점이 되고 학풍 쇄신에 큰 역할을 할 수 있을 것으로 믿었던 것이다. 마침 우의정 민기(閔箕)가 세상을 떠났으니 이황이 후임이 될 수 있을 것이라는 여론을 일으키기도 하였다.

그러나 아니었다. 이황은 우의정이 되지 못하였다. 대신 중종 치세 때 권신 김안로에 대항하며 한때 유배를 가는 등 시련을 겪었지만 명종 치세는 순탄하게 보낸 홍섬(洪暹)이 올랐다. 결국 이황은 『성학십도(聖學十圖)』를 올리고 낙향하지 않을 수 없었다. 신진사림은 실망하며 원로중신에 대하여 배반감을 느꼈다. 일순간 긴장감이 돌았다.

기대승이 포문을 열었다. 먼저 당대의 신하들이 도리를 다하지 못하고 정사 또한 순조롭지 못한 이유가 외척 권신의 오랜 전횡으로 인한 폐습을 청산하지 못한 때문이라고 하면서 원로중신의 책임을 물었다. 감히 말하였다.

외척 권신이 동궁 때부터 인종을 신뢰하고 따랐던 착한 선비들을 대윤의 무리로 몰아 죽이고 귀양 보내는 시절에, '조금 나은 신하'라고 하면 외척 권신의 잘못을 말했어야 하는데 그렇지 못한 채 그대로 오래 조정에 머물면서 구차하게 부귀를 지켰습니다. 「논사록」 선조 2년 6월 9일

'명종 치세의 조금 나은 신하'를 '외척 권신에게 저항하지 않으면서 부귀를 지켰으니 구차하다'고 공격한 것이다.

이에 그치지 않았다. 명종 치세를 "수령의 부정부패는 너무 심하여 맹자의 말대로 죽이려 해도 너무 많아 다 죽일 수 없을 정도였으며 조정에도 탐욕스럽고 더러운 사람들로 가득 찼다"고 주장하였다. 외척 권신에 저항하지 않았던 관료집단 전체를 부정한 것이다. 마치 명종 치세와 단절하고 청산하자는 선언과 같았다.

이런 과정에서 파란이 일었다. 기대승이 "외척의 전횡이 오래되어 사기가 꺾이고 탐욕과 부정의 폐습이 생겨났다"고 하였을 때였다. 이에 윤근수가 "윤원형이 국권을 잡고 있을 당시 신하 중에 어느 누구도 그의 죄를 말한 사람이 없었으니 살기를 탐하고 죽음을 두려워함이 극심하였다"고 하면서 "우리나라는 국토가 한쪽 변방에 치우쳐 있어 품성이 후하지 못한데, 중국 사람들은 쇠약하고 혼란한 세상을 당할 때마다 일컬을 만한 선비가 많이 나왔다"고 맞장구를 친 것이다. 선조까지 "윤원형 시대에는 바르게 말하는 사람이 하나도 없었으니 우리나라 사람은 본래 중국만 못하다"고 가세하였다.

기대승은 곧바로 "하늘에서 부여받은 품성은 본디 후박(厚薄)의 차이가 없는 것인데 우리나라가 중국보다 반드시 못하다고 말하는 것은 어폐(語弊)가 있다"고 하면서 우리나라 사람의 본성이 열등한 것으로 단정할 수는 없다는 점을 새삼 강조하였다. 선조도 '발언이 지나쳤음'을 인정하여 물의를 수습하려고 하였지만 '명종 치세에 저항하지 않았으니 열등하다'는 식으로 취급된 원로중신은 격앙하였다. 선조 2년(1569) 윤 6월이었다.

원로중신과의 충돌: '구신'은 떠나라

원로중신은 신진사림이 이황에 의지하여 조정을 장악하려고 한다고 믿었다. 이조판서 김개가 나섰다. "기묘년에 화를 당한 사람이 한두 사람이 아닌데 어찌 전부 착하다고 하겠습니까? 그때 연소인(年少人)들이 조정을 비방하는 등의 착하지 못한 일을 저질렀습니다"라고 한 것이다. 나아가 "그때 조광조가 사의(私議)를 앞세워 인재를 끌어들이기도 하고 물리치기도 하여 인심의 불화를 초래하였습니다"라고 하였다. 기묘사화가 젊고 경박한 사람들이 초래한 측면이 있는데 조광조가 사사로운 의논을 내세워 붕당을 지었기 때문에 화가 커졌다는 취지의 발언이었다. 신진사림이 지금처럼 과격하면 참화가 다시 일어날 수 있으며, 재야의 원로사림이 조정과 연계하여 붕당을 이루게 해서는 좋지 않다는 의도가 깔린 발언이었다.

기대승은 처음에는 '노인의 망발'이려니 하였다. 그러나 은밀한 내막이 있음을 알아차렸다. '근래의 신진이 삼공(三公)을 비난하며 의정부의 정사를 훼방하고 사사롭게 모여 붕당을 결성하고 있다'는 것을 기묘년의 일을 빗대어 임금에게 알려 그 의중을 떠보려는 낌새를 알아차린 것이다.

또한 이탁·박순·기대승·윤두수·윤근수·정철·이후백(李後白) 등을 '소기묘(小己卯)'로 지목하고 이미 고향으로 내려간 이황을 붕당의 배후로 끌어들이려는 의도가 있음을 확인하였다. 어쩌면 '이황의 낙향은 정승이 되지 못한 불평 때문'이라는 의구심을 일으킬 수 있다는 짐작도 있었다. 자칫하면 사화로 비화할 조짐이 있었다.

기대승이 나섰다. 선조 2년(1569) 7월 2일이었다. 먼저 사의와 붕당을 내세우는 것은 형체가 없는 중상모략임을 임금에게 아뢰었다.

사사롭게 모여 붕당을 결성하고 삼공을 비난하여 정부의 정사를 훼방한다는 식의 형체가 없는 말은 소인이 군자를 해칠 때 만드는 것임은 역사책에 있습니다. 이미 조광조를 신원하여 기묘년의 시비를 밝힌 마당에 이를 뒤집어 사림에게 화를 옮기고자 하는 것이 아니겠습니까?

그리고 과거사 규명과 청산 노력을 반대하는 세력이 무엇을 노리는가를 밝혔다.

지금 조정에서 지난 세월에 어떠한 불행이 없었다는 듯 여기며 녹봉이나 받고 일생을 편하게 보내면서 임금과 백성 생각은 조금도 하지 않는 심상(尋常)한 무리들은 과거의 시비를 바로잡자고 주장하는 젊은 사람을 '과격하다' 혹은 '비중(非中)이다'라고 하고 있습니다만 그렇지 않습니다. 양시양비(兩非兩是)가 '중(中)'이겠습니까? 과거의 잘못을 말하는 것을 '비중'이라고 한다면 과거의 잘못을 말하지 않으면 중이겠습니까? 또한 근래 맑은 사람과 간사한 사람을 가려내서 착한 사람을 후대하고 착하지 못한 사람을 박대하려는 조처를 '불평(不平)'이라고 하는데, 군자와 소인을 구별하지 않는 것이야말로 '대불평(大不平)'이 아니겠습니까?

실로 싸늘할 만큼 날카로운 반격이었다. 과거의 시비를 가리고 군자와 소인을 구별하자는 주장을 '중도에 어긋나며 공평하지 못하다'고 비난하는 사람들은 모두 일신의 안일에 빠져 녹봉이나 바라면서 충군애민(忠君愛民)의 의지도 열의도 없는 일상의 속류이며 소인이라는 것이다. 그러면서 과거사 규명과 청산, 그리고 군자 부양의 진정한 의의가 어디에 있는가를 천명하였다.

선을 드높이고 악을 가로막는 것이 바로 '중'이며 과거의 잘못을 말하여 개과천선하는 것이 바로 '중'입니다. 군자를 후대하고 소인에게 박절하게 하는 것이 바로 '평'입니다.

선을 드러내고 악을 저지하는 것이 중도(中道)이며 군자를 대우하고 소인을 낮추는 것이 공평이다! 실로 준열하고 명쾌한 주장이었다. 그리고 조정에서 추방할 사람을 가려내는 기준을 이렇게 제시하였다.

지난 시절 조정에 있던 사람을 모두 버릴 수는 없지만 대간(大奸)들의 심복이었는가, 친인척이 되는가, 아니면 그들과 떨어져서 밖에서 돌았는가를 살펴 내치고 현자를 친하게 하시어 군자의 기세를 당당하게 하시면 잡담이나 하는 보통 사람도 할 말이 없을 것입니다.

대대적인 숙정(肅正)을 발의한 것이다! 결국 김개는 '혹군(惑君)의 죄'를 뒤집어쓰고 도성 밖으로 쫓겨났고 원로중신도 차례로 조정을 떠났다.

사림정치의 개화였다. 기대승이 앞장선 일이었다. 이렇게 되었으니 조정에서 기대승의 위상이나 영향력이 커졌어야 할 것 같은데 그렇지 않았다. 이유가 있었다.

사람을 키우는 일이 우선이다

기대승은 새로운 정치를 위해서는 인재양성과 교육진흥이 기본임을 역설하였다. 기대승이 생각하는 인재의 기준은 문예(文藝)가 아니라 행의(行宜)와 지절(志節), 강명(剛明)과 정직(正直)이었다. 그래서 문예를 시험하는 과거보다 마음과 행동을 살필 수 있는 천거제를 좋은 제도라고 보았다. 일종의 현량과였다.

특히 향교나 성균관에서 생도 교육을 담당하는 훈도와 교수는 '여러 해 몰락하였지만 학문을 일삼고 곤궁과 환란에 처해서도 지조를 변하지 않은 사람'을 선발하자고 하였다. 과거에 합격한 인재는 너무 젊어 나이 많은 유생을 제대로 가르칠 수 없을 뿐 아니라, 가르치는 일보다는 다른 관직을 얻어 나가기를 원해서 내실이 없고 성의를 다하지 않기 때문이었다.

한편 기대승은 신진사림이 제기한 각종 변통론(變通論)이나 경장론(更張論)에 미덥지 못한 반응을 보이곤 하였다. 변통론은 손쉬운 처방일 뿐이며 이런 주장이 끊이지 않는 것은 '근본을 다스리려고 생각하는 사람은 적고 당장 눈앞의 일만을 편하게 하려는 사람이 많기 때문'이라는 것이었다. 또한 "젊은 사람들이 쉽게 일을 만들면 나이든 사람은 어렵겠다고 여기면서도 여론에 거스를까 하여 역시 할 수 있다고 한다"면서 선배 중진의 눈치 보기, 부화뇌동을 탓하기도 하였다.

선조 원년(1568) 12월 '이조의 서리(書吏)를 재정을 집행하는 여러 아문에 파견하자'는 방안이 제기되었을 때였다. 호조참판 유경심(柳景深)이 경력과 실력을 갖춘 이조의 서리를 파견하면 중간 횡령을 방지하고 효율적 재정운영이 가능하지 않을까 해서 내놓은 방안이었다.

기대승이 바로 반대하였다. 우선 각 관서의 관원을 제대로 가려 써야 하는 것이며 각 아문에 근무하려고 하지 않는 이조의 서리를 보낸다고 해도 일을 잘 하지 못할 것이라는 이유였다. 그리고 "혼매(昏昧)하고 용렬(庸劣)한 관원을 도태시키고 훌륭한 관원을 뽑는 일을 우선해야 한다"라며 무능한 관리를 먼저 쫓아낼 것을 제안하였다. 결국 호조참판의 제안은 없던 일이 되고 말았다.

기대승은 '교화가 우선이며 법제는 나중의 일이다'는 입장을 고수하였다. 그래서 누군가 새 법령을 제기하면 "법령을 새로 만들어 폐단을 고치려고 하는데 혹여 다른 흠집이 생겨 후일 폐단이 되지 않겠는가" 하며 물리치곤 하였다. 공자의 말을 빌어 "작은 이익을 보고 속성(速成)하려고 하면 대사는 이루어지지 않는다"고도 하였다. 집수리를 예로 들어 '조상이 살아온 집을 고치려거든 먼저 좋은 장인(匠人)을 구해놓고 쓸 만한 재목(材木)을 갖춘 다음 때를 기다려 하는 것'이라며 인재가 먼저라는 원칙을 설파하였다. 법제만으로는 흐트러진 인심과 허물어진 풍속을 바로 세울 수 없으며 아무리 좋은 제도라도 인재가 없으면 소용이 없다는 것이었다. 제도와 시무가 아니라 명분과 의식, 그리고 인재가 중요하다는 원칙론이었다.

기대승은 자연히 서정개혁에 비중을 두었던 박순·이이 등과 마찰을 빚었다. 이이로부터는 '시무를 등한시하고 개혁을 모른다'는 비판을 당한 적도 있었다. 원로중신과 치열하게 대결하였던 기대승이 어느덧 새로운 정치의 방향을 두고 신진사림과 소원해진 것이다.

기대승은 궁중의 재정운영을 비판하기도 하였다. 내수사가 민간과 소송하는 일이 벌어졌을 때에는 "임금은 재물을 백성에 풀어놓고 백성과 함께 가지는 여민공지(與民共之)의 자세를 가져야 비로소 백성을 고르게 살릴 수 있는 균민지정(均民之政)을 펼 수 있는 것이고 이것이 바로 인정인 것입니다"라고 하면서 군왕의 지공무사(至公無私)를 해치는 일을 그쳐야 한다고 주장하였다.

그리고 얼마 후, 선조가 왕위에 오르기 전 잠저(潛邸)에서 『십구사략(十九史略)』을 배운 의원(醫員) 양인수(楊仁壽)를 관직으로 포상하려고 하자 기대승은 "이것은 사심(私心)에 지나지 않는다"고 비판하면서 '처음에는 맑으나 나중에는 어두워지는 선명후암(先明後暗)의 조짐'이라고 단언하였다. 이에 선조가 "그대의 말은 내가 유시무종(有始無終) 즉 시종여일하지 않으면 결국 선이었지만 악으로 흐른다는 것인가"라고 되물었다. 무언가 개운치 않았다.

기대승은 조정에 싫증이 났다. 공부하며 가르친다는 생각이 간절하게 일어났다. 이황의 권유도 있었다.

3. 최후의 광경

숲과 강을 백성에게 개방하자

선조 3년(1570) 2월 고향에 내려온 기대승은 '낙암(樂庵)'을 지었다. 이황의 편지 중에서 '가난하여도 마땅히 더욱 즐거울 수 있다'는 구절이 좋아 암자의 이름을 그렇게 붙였다.

이곳에서 공부하고 가르치기를 거의 2년, 어쩔 수 없이 다시 서울로 올라갔다. 명나라에서 태조 이성계를 친원파 이인임(李仁任)의 아들로 잘못 알고 기록한 사실을 시정하기 위한 주문을 지으라는 분부가 내린 것이다. '종계변무주문(宗系辨誣奏文)'이었다.

오랜만에 경연에 나갔다. 선조 5년(1572) 5월 초하루였다. 이때 선조가 사섬시(司贍寺)와 군자감(軍資監)의 재정이 고갈되었음을 한탄하자 박순이 '조운(漕運)을 제대로 하려면 천 석을 실을 수 있을 만큼 큰 선박을 건조해야 한다'고 제안하였다.

기대승이 나섰다. "인주(人主)는 다스릴 수 있는 지위와 권세를 가지고 있으니 진실로 하고자 한다면 어떤 일이든 못하겠습니까. 한갓 개탄만 하고 근본을 구하지 못하고서 치적을 이룬 것을 신은 보지 못하였습니다"라고 하였다. 그러면서 정자(程子)의 말을 인용하며 '신정(新政)은 뜻을 세우는 입지(立志)가 제일 먼저요, 소임을 지우는 책임(責任)과 어진 이를 구하는 구현(求賢)은 다음'이라고 하였다. 선조가 대꾸하였다.

월봉서원(月峯書院)

기대승을 배향하는 월봉서원은 선조 11년(1578) 신룡동 고마산 남쪽의 낙암터에 세워졌다. 그러다 임진왜란 후에 산월동 망월봉 동천(桐川) 위로 옮겨졌는데 대원군 시기에 정조가 기대승을 '빙심설월(氷心雪月)'이라고 극찬하며 물자를 내려 지은 빙월당(氷月堂)만 남기고 모두 철거되었다. 1941년에 복원을 추진하면서 빙월당부터 지금 서원이 있는 너부실[廣谷]로 옮기고 한참 후인 1978년부터 1981년까지 사당과 장판각·내외삼문을 차례로 완공하였다. (사진 고병하)

좋은 말이다. 하지만 형세가 이미 기울어졌으니 하늘이 낸 뛰어난 재주가 아니고서는 어떻게 해볼 수가 없다. 만일 뜻만 크고 재주가 없다면 한갓 소활(疎闊)할 뿐이다. _{선조 5년 5월 을유}

임금으로부터 '뜻만 클 뿐 어설프고 물정에 어둡다'는 힐책을 당한 것이다. 기대승은 "주상의 하교는 매우 미안합니다" 하며 물러나면서 "천 석을 실은 배가 나갈 수 없음을 모두 알고 있으면서도 박순이 건의하였다는 이유로 여러 의견이 분분합니다만 옳지 않다면 속히 고쳐야 합니다"라는 말을 잊지 않았다. 박순이 난처하였음은 물론이었다.

기대승과 박순 두 사람은 고향집이 가까웠을 뿐 아니라 뜻이 통하여 무척 친했다. 명종 17년(1561) '임백령시호(林百齡諡號)사건'으로 파직을 당한 박순이 고향에 왔을 때는 자주 어울렸다. 그러다 이듬해 박순이 한산군수로 부임하여 떠나게 되자 기대승은 아쉬운 마음과 간절한 당부를 시에 담아 전하였다.

공관에 술이 없지는 않을 텐데	公館非無酒
잔설 내리는데 가지고 가는구나	殘雪行自持
한 번 부른다고 임지로 가는 그대에게	一麾君出守
몇 마디라도 다그치지 않을 수 없네	數語我相規
농사짓고 가축 기르는 일은 깃발 세워 다그치고	稼牧須旌淑
나무 베고 고기 잡는 일은 마음대로 둠이 마땅하네	樵漁任邃宜
언젠가 관복 벗을 날이 오면	他年解投紱
그때 정사를 잘 마감하였는가 알아맞힘세	幽卜政堪期

수령으로 나가면서 술을 빚어 가는 박순. 공무에는 물론 관가의 술을 쓰겠지만 사사롭게는 가용주(家用酒)을 빚어 마시는 공과 사를 구분하는 생활! 당연하고 쉬운 일 같지만 누구나 할 수 있는 일은 아니다. 그래서 기대승은 좋아하였다.

그런데 이상하다? 제 땅 농사짓고 제집 소 기르는 일은 농가에 맡기고, 산림과 하천에서의 벌채·사냥·어업은 규제하거나 허락을 받도록 해야 마땅할 것 같은데 농사와 축산은 깃발 세워 다그치고 나무하고 고기 잡는 일은 마음대로 놓아두도록 당부한 것이다.

그러나 당시 권세가와 토호가 온 백성이 고루 이익을 얻어야 할 산림과 천택(川澤)에 온통 울타리를 치고 이익을 독차지하는 상황이었음을 알고 나면 얼마나 깊은 뜻이 담겨 있는가를 금방 알아차릴 수 있다. 그래서 기대승은 농민들이 마음대로 산림과 천택에 들어가 나무하고 고기를 잡도록 하자고 한 것이다. 요사이 말로 하면 공동이용권의 확립을 주장한 셈이다. 그리고 농업과 축산을 독려하라는 것은 다름이 아니었다. 농사는 때가 있는데 소와 말이 있는 집이 적은 상황에서 마을의 장정이 모두 나와 서로 일을 돕고 또한 마을의 소나 말을 같이 이용하면 얼마나 좋겠는가 하였던 것이다. 그래서 '농자천하지대본(農者天下之大本)' 같은 깃발을 세워 협업을 독려하고 나아가 소와 말을 키우는 집을 잘 살피고 지원하라는 것이었다. 이러한 뜻을 헤아릴 박순이라 생각하여 이런 시로 전송하였을 것이고, 박순 역시 흔쾌하였을 것이다.

이렇듯 서로를 이해하고 감싸며 세상이 어떻게 되어야 하는가를 고뇌하였던 두 사람이 정책의 방향을 두고 소원해졌던 것이다. 그러나 앙금을 남길 기대승은 아니었다. 조운선 문제로 난감해진 박순이 우의정이 되어 북경을 가게 되자 보낸 시에서 그 심사를 엿볼 수 있다.

중국의 산하를 넘고 건너게 되었으니	禹跡山河堪跋涉
황가의 문물을 두루 살펴보고	皇家文物與周旋
깨우치고 돌아와 가르쳐 보탬이 되어	歸來啓沃多裨補
우리 백성의 아픔과 힘듦을 덜어주게나	坐見黎元疾苦蠲

국사(國事)는 이미 그르쳤다

기대승은 조정에 더 머물 필요가 없음을 탄식하였다. 이식(李植)이 지은 「시장(諡狀)」에 나온다.

> 국사는 이미 그르쳤다. 더 이상 조정에 나아가 쓰일 뜻이 없다. 이제 재덕을 감추어 나타내지 않고 조용히 수양하려는 생각뿐이다[卷懷靜修]. 그리하여 이제까지 하지 못한 것을 구하겠다. 가르치며 글을 쓰는 일[訓誨著述]을 하면 후세에 다행이겠다.

그리고 남행길에 올랐다. 한강을 건너는데 관리로서 시종여일(始終如一)할 수 있는 마음가짐을 물어오는 사람이 있었다. 「행장」에 나온다.

> 조짐[幾]·시세[勢]·죽음[死] 세 자면 족히 그렇게 할 수 있다. 무릇 출처(出處)는 마땅히 먼저 조짐을 살펴 의리에 어긋나지 않는가를 보아야 하며, 다음으로 때를 알고 형편을 살펴 구차한 근심을 없게 하면 되고, 마지막에는 지조로 죽어 착한 도를 이루겠다는 수사선도(守死善道)로 기약하여야 한다.

조짐을 살피고 시세를 보아 죽음으로 착한 도를 이루겠다는 각오로 조정생활을 보냈다는 것이다. 그런데 낙암이 기다리고 있다는 생각이 지나쳤을까? 정녕 죽음이 찾아왔다. 천안에서 갑자기 병을 얻은 것이다. 태인까지 서둘러 왔으나 기력이 떨어져 광주까지 갈 수 없었다. 임금이 보낸 의약(醫藥)도 소용이 없었다. 큰아들이 장가들었던 고부(古阜)의 김점(金坫) 집으로 옮겼다. 사돈에게 이렇게 말하였다.「시장」에 있다.

어려서부터 문한(文翰)에 힘을 쏟고 성현의 학문에 뜻을 두어 중년이 되어 얻은 것이 있었지만 다만 공부가 독실하지 못하여 뜻대로 하지 못하였습니다. 해놓은 일이 옛사람에 미치지 못하니 이것이 흡족하지 못할 뿐입니다.

기대승은 죽음을 앞둔 그 순간까지 공부하겠다는 의욕이 시들 줄 몰랐다. 그리고 하룻밤을 지내고 아들에게 "성격이 경박하니 뜻과 생각을 기르면 걱정이 없겠다"는 유언을 남겼다. 향년 46세. 과거와의 단절과 청산을 향한 분투, 새로운 정치에 대한 열망과 원칙론으로 인한 소외와 배타로 얻은 아픔 때문이었을까? 너무 일찍 세상을 떠났다. 『선조실록』에 줄기가 실려 있다.

기대승은 뜻이 높고 일에 과감하였으며 선악의 호오(好惡)를 분명히 하였고, 널리 배우되 옛것을 좋아했으며, 문장도 뛰어나서 가히 보배로운 그릇이요, 세상에 드문 인재라 하겠다. 그러나 너무 강직하고 과대하여 말을 쉽게 하고 기로(耆老)들을 악평하여 구신과 대신들에게 큰 미움을 사서 훌륭한 기개를 펴지 못하였다.

선조 5년 11월 경인

기대승이 세상을 떠나자 박순은 '하늘이 낸 영명하고 준수한 그대여' 하며 오열하였다.

태고의 옛 사적을 꿰뚫었고	羲軒追古遠
공맹의 도를 근원까지 찾아가 진실을 밝히더니	鄒魯派源眞
홀로 세상을 안타까워하다가 이렇게 떠나는가	孤雛傷時溺
위태롭게 세속을 뒤집어쓰다가 어딜 갔는가	危蹤因俗嗔

박순은 역사와 도학을 두루 꿰뚫는 공부를 하던 기대승이 이토록 빠른 죽음으로 떠나가게 된 것은 바른 세상을 위해 한 치의 양보 없이 꼿꼿이 맞선 데에서 오는 시름 때문이었음을 알고 있었던 것이다.

논쟁과 청의(晴誼)

기대승은 교만하게 보일 만큼 일세를 군림하며 살았다. 호오가 분명하고 강직하였으며 거침이 없고 숨김이 없었다. 지나치게 솔직하고 담백하였던 것이다. 당대의 원로사림을 임금에게 아뢸 때도 그랬다.

조식에 대해서 "기질이 꼿꼿하여 천 길 절벽이 우뚝 서 있는 것 같아 무딘 자를 일깨우고 나약한 자를 일으켜 세울 만하다"고 높이면서도 "학문은 법도를 따르지 않는 병통이 있다"고 지적하였다. 조식의 자유와 의지를 말하면서 주자학을 그대로 따르지 않는 학문 경향을 들춘 것이다.

젊은 시절 처음 만나 세상을 떠난 해에도 찾았던 이항을 두고는 "학문을 알고는 공부에 뜻을 두었으니 용기가 옛날 사람과 다르지 않다"고 그

기상을 높이 사면서도 "당초 무예를 일삼으며 멋대로 행동하다가 만년에야 학문을 알았기 때문에 해박하고 정통하지 못하다"는 말을 빼지 않았다. 젊은 시절 기묘사화에 대한 울분으로 잠시 협객처럼 지내다가 뒤늦게 정진하였기에 학문의 정교함이 뒤떨어질 수밖에 없었음을 지적한 것이다.

국왕 앞에서 숨김이 없어야 진정한 충이라고 할 수 있지만 지나치게 솔직하고 거침이 없어 논란거리가 없을 수 없었다.

이황에게도 그랬다. 이황은 온유하고 평온하였지만 기대승은 단호하였다. 우여곡절이 없지 않았다. 누군가 기대승에게 "이렇듯 어지럽게 편지가 오고 가다가 사기(辭氣) 때문에 의미(意味)와 기상(氣像)이 상처 받는 일이 있지 않을까"라는 우려를 전하기도 하였다. 이황의 마음이 편하지 못한 적도 있었다. 조식의 혹평에 당혹스럽기도 하였을 것이다. 그래서 기대승에게 "변힐(辨詰)을 그만두고 깊이 생각하고 스스로 얻어가는 심사자득(深思自得)을 급무로 삼아야 한다"고 충고하며 "혹여 자신을 세우며 이기려고 하는 입기구승(立己求勝)은 아닌가"라고 질책까지 한 적이 있었다.

그래도 기대승은 흔쾌해하였다. 비록 학설에서는 끝내 이황을 따르지 않았지만 정의(情誼)는 더욱 돈독하게 가져갔다. 그러면서 이황을 '일세의 현인'으로 추앙하여 마지않았다. 이황도 기대승에 대한 기대를 끝까지 가지고 갔음은 물론이다. 선조 2년(1569) 3월 선조가 낙향하는 이황에게 그 뒤를 대신할 유자가 누구인가를 물었을 때에도 기대승을 '문자(文字)를 많이 보았고 이학(理學)에도 조예가 가장 높은 통유(通儒)'라고 천거하였을 정도였다.

이황이 한강을 건널 때였다. 기대승은 동호(東湖)까지 배웅을 나가 봉별시(奉別詩)를 올렸다.

칠송정(七松亭)

기대승은 광주시 임곡동 광곡 마을 뒷산에 묻혔는데 이후 후손이 들어와 살았다. 함평 이임(李任)의 딸과 결혼하여 얻은 3남 1녀 중 딸은 김인후의 손자 김남중(金南重)에게 시집을 갔다. 김인후의 손부인 셈이다. 이들 후손은 정유재란으로 혹독한 참화를 당하였는데, 둘째와 셋째 아들 부부가 왜적에게 피살을 당하고 딸 부부도 여기에서 죽었다. 그래서 후손들이 기대승과 후손 6인의 충효열(忠孝烈)을 기리기 위해 소나무 일곱 그루를 심었다고 하여 '칠송정'을 세웠다.
(사진 이철영)

한강물 넘실넘실 밤낮으로 흐릅니다	江漢滔滔日夜流
선생님 가시는데 멈췄으면 합니다	先生此去若爲留
모래밭가 닻줄 끄는데 어정거려 머물고 있으려니	沙邊拽纜遲徊處
떠나심에 애간장 태우는 시름 만 섬도 더 되리다	不盡離腸萬斛愁

강물이라도 멈춰 선생님 가시는 배를 떠나지 못하게 하였으면 하는 바람을 담아낸 것이다. 이황도 떠나가는 안타까움을 읊었다.

배 모서리에 나란히 앉아 흐르지 못하게 하는가	列坐方舟盡勝流
돌아가는 마음을 하루 내내 머물라 붙잡으니	歸心終日爲牽留
바라건대 한강 물을 벼루에 채우게나	願將漢水添行硯
헤어짐에 가없는 시름을 베껴내어 보려네	寫出臨分無限愁

이렇듯 시를 주고받고도 못내 아쉬워 기대승은 강을 건너 봉은사 근처까지 따라나섰다.

그리고 선조 4년(1571) 3월 이황의 장례(葬禮)가 있던 때, 멀리서나마 인사를 하려고 하였음인가 여러 제자와 무등산 규봉에 올랐다. 그날 창평 식영정(息影亭)에서 하루를 보냈다. 여기서 고경명(高敬命)을 만났다. 고경명은 부친 고맹영(高孟英)과 장인 김백균(金百鈞)이 이량의 당이었다는 이유로 벼슬을 하지 못하는 처지였다. 정치 행로에 있어서는 반대편이었던 셈이다. 기대승이 시를 건넸다.

| 세속 떠난 정을 다하지 못하지만 | 物外情難盡 |
| 인간사 혹은 어긋남이 있으니 | 人間事或乖 |

잔과 소반을 주인과 손님이 같이 쓰며	杯盤賓主共
고금의 일을 서로 나누다가	談笑古今偕
술 맛에 기울어 즐거움이 되고	酒味傾還喜
노랫소리 들으니 노래가 절로 나온다	歌聲聽卽歌
성산의 이 밤에 만났으니	星山此夜會
백 년의 회포는 쓸어버리세	消遣百年懷

쟁반과 잔을 함께 사용하였다는 구절이 친근하다. 서로 어긋나고 헝클어진 감회가 있었을 것이지만 이제 잊고 살자는 뜻으로 들린다. 이렇듯 기대승은 지난 굴곡의 세월이 만들어낸 앙금을 떨어내며 짧은 평생을 갈무리하고 있었던 것이다.

새로운 정치가 참으로 어렵구나

박순 朴淳

박순 연보

1523년 (중종 18) ── 나주 출생, 자 화숙(和叔), 호 사암(思菴)
1540년 (중종 35) ── 18세 진사, 서경덕에게 배움
1547년 (명종 2) ── 25세 부친상
1553년 (명종 8) ── 31세 문과 장원급제
1556년 (명종 11) ── 34세 수은어사가 되어 부마의 밀수품 압수
1561년 (명종 16) ── 39세 '임백령시호'로 문외출송(門外出送)
1563년 (명종 18) ── 순회세자 죽음(9월), 이량 귀양(12월)
1565년 (명종 20) ── 43세 대사간으로서 윤원형 축출 주도
1569년 (선조 2) ── 47세 이조판서
1572년 (선조 5) ── 50세 우의정
1573년 (선조 6) ── 51세 좌의정
1575년 (선조 8) ── '노비재판사건'으로 허엽과 완전히 갈림, 동서분당
1576년 (선조 9) ── 영중추부사로 물러남(11월)
1579년 (선조 12) ── 57세 영의정 부임
1584년 (선조 17) ── 이이 사망(1월)
1585년 (선조 18) ── 63세 영의정 사직
1589년 (선조 21) ── 67세 사망(7월), 정여립사건(10월)

선조 치세 전반 십수 년을 재상으로 지낸 박순은 윤원형 세도를 무너뜨린 장본인이었다. 외척 권신에 반대하는 사림의 여론을 조정에서 차분하고 조직적으로 실행에 옮긴 것이다. 불의와 타협하지 않는 맑고 깨끗한 처신으로 조야(朝野) 간에 신망을 쌓았기 때문에 가능한 일이었다. 이후 정국의 중심으로 부상한 박순은 원로사림을 초빙, 예우하고 신진사림의 진출과 활동을 지원하면서 공론을 바탕으로 정국을 운영하고자 하였다. 또한 사림의 이상과 학문을 현실정치에 접목하고자 하였다. 박순에게 '사림재상'의 칭호가 붙게 된 연유다. 그러나 붕당의 발생과 격화 과정에서 '서인의 영수'로 활약한 사실이 지나치게 부각된 나머지 비판과 견제, 관용과 균형의 정치를 위하여 보여준 노력과 역량은 이제껏 간과되고 있는 실정이다. 또한 너무 오랫동안 정치현장에 있으면서 학술을 내세우지 않았기 때문에 서경덕의 고제로 성리학에 일가를 이루었다는 사실, 나아가 자연과 감정을 진솔하게 표현하는 고문부흥운동의 선구였음은 거의 알려져 있지 않다. 그러나 무엇보다도 박순을 통하여 주목하여야 할 사실은 시대를 위하여 멈추고 기다리는 휴지(休止)와 대기(待機)의 자세, 그리고 자신을 낮추고 남을 높이는 사려와 겸양의 품성이 얼마나 소중한가를 확인할 수 있다는 것이리라.

1. 외척 권신을 몰아내다

맑음으로 더러움을 씻어내다

명종 3년(1548) 3월에 이조판서가 된 윤원형은 "낮은 벼슬만이 아니라 재상이 될 만한 사람도 부족하게 되었으니 육경(六卿)에 결원이 생겨도 물망에 올리기 어렵다"고 하였다. 그만큼 무자비하게 반대파를 죽이고 쫓아낸 것이다. 그리고 관직에 가격을 매겨 놓고 사고팔았다. 또한 외척 권신은 산림(山林)과 어전(漁箭)·해택(海澤)도 독차지하였다. 온 국토가 사냥터였고 백성은 사냥감이었다. 중국 가는 사행(使行)은 장삿길과 같았다. 사환이나 심복을 사절단에 끼워 넣고 많은 은(銀)을 가지고 가서 사치품을 사들여 큰 이익을 챙겼던 것이다. 국부의 유출이었다. 염치는 사라지고 사치가 기승을 부리는 풍습! 왕실도 예외가 아니었다. 내수사는 고리대로 재산을 불리고 농민의 토지를 빼앗았다.

왕실의 권위가 추락하고 외척 권신이 국권을 농락하던 군약신강(君弱臣强)의 나라! 걸핏하면 "네가 임금이 된 것은 모두 우리 오라비와 나의 공인데 지금 편안히 앉아 복을 누리면서 나에게 반역할 수 있다는 것이냐" 하면서 명종을 핍박하던 문정왕후가 배후에 있었다.

명종 20년(1565) 4월 문정왕후가 세상을 떠나자 정국은 요동을 쳤다. 그래도 '재물이 나라보다 많고 호사가 왕궁을 능가한' 윤원형이 그렇게 쉽게 무너질 줄은 몰랐다. 그러나 너무 쉽게 나락으로 떨어졌다.

윤원형을 이긴 것은 권세와 재물이 아니었다. 오히려 하늘의 뜻에 따라 바른 세상을 이루겠다는 생각으로 좋은 저택과 호사스런 의식을 가볍게 여겼던 맑고 깨끗함이었다. 마치 거울이 사물을 그대로 비추듯 맑고 깨끗함이 윤원형의 온갖 더러움을 남김없이 드러내자 더 이상 지탱할 수 없었던 것이다. 전국에 걸쳐 뿌리를 내린 사림파의 승리였다.

그렇다고 20년 외척세도, 아니 반세기 넘게 계속된 사림 탄압의 주역이 재야 사림의 힘만으로 사라질 수는 없었다. 맑고 곧음으로 혼탁과 굴절을 마감하자는 뜻을 가진 동지가 조정에서 앞장섰기에 가능한 일이었다. 문정왕후가 세상을 떠나기 석 달 전 "세도를 만회하는 것이 내 책임이니 이제 죽을 자리에 왔다"고 한 대사간 박순이 장본인이었다.

박순의 탄핵은 실로 준열하였다. 윤원형이 얼마나 탐욕스럽게 재물을 모으고 사치스럽게 살았으며, 세상과 사람에게 인색하고 각박하였는가를 낱낱이 폭로하였을 뿐만 아니라 "전하를 고립시킨 채 국권을 농락하고 권세를 휘둘렀으니 죽어도 씻을 수 없다"고 하였다. '군약신강'의 죄를 물었던 것이다.

이렇듯 중대한 일을 박순은 실로 차분하고 침착하게 처리하였다. 먼저 대사헌 이탁(李鐸)을 찾아가 사헌부와 사간원의 힘을 합하였다. 이탁은 물론 다른 관료도 기꺼이 뜻을 같이하였다. 박순의 맑고 곧은 품성과 처신에 대한 믿음이 있었던 것이다.

휴지(休止)의 미학

박순은 멈춤을 아는 사람이었다. 어린 시절 훈장이 "내가 어찌 감히 이 아이의 스승이 될 수 있겠는가" 할 정도로 자질을 갖추고, 약관 18살에 진사가 되었지만 바로 대과를 준비하지 않았다. 대신 부친 박우(朴祐)가 개성 유수를 지내면서 교유한 서경덕을 스승으로 삼고 공부에 몰두하였다. 이후 스승과 부친을 잃고 삼년상을 치른 후에도 산에 들어가 한참을 세상에 나오지 않았다. 사림 탄압의 광풍을 비껴가고자 함이었을 것이다.

문정왕후의 수렴청정(垂簾聽政)이 끝나고 명종의 친정이 시작된 명종 8년(1553)에야 대과에 장원급제한 박순은 이후 호당에 들어가고 홍문록에도 선발되는 등 정예 관료의 길을 가면서도 공무가 끝나면 집에서 조용히 지낼 뿐 바깥출입을 삼갔다. 이량이 같은 해 과거에 든 동방(同榜)임을 구실로 국구인 심강을 앞세워 여러 번 연회에 초청하였어도 거들떠보지도 않았다.

이렇듯 자신을 엄하게 닦아세우던 박순은 의외로 빨리 이름을 알렸다. 중국 사행길에 들여오는 밀수품을 적발하는 수은어사(搜銀御使)가 되어 의주에 갔을 때 많은 흑단자(黑緞子)와 향료가 문정왕후 소생인 의혜공주(懿惠公主)의 물건인 줄 알고도 가차없이 몰수해버렸던 것이다. 대부분의 어사가 왕실과 권신의 위세에 눌려 직무를 포기하던 상황에서 일차 맑고 곧은 이름을 조정에 새긴 것이다. 조정에 나온 지 3년만이었다.

박순은 임백령에게 시호(諡號)를 내릴 때 다시 한 번 이름을 널리 알렸다. 사화의 장본인에게 내리는 시호인지라 어떻게 지을 것인가도 난감한 데다 권력자에게 아부한다는 눈총을 받을 것 같아 뜻이 있는 많은 관료가 꺼려할 수밖에 없었다. 박순이 나섰다. 홍문관 교리로서 한사코 피할 수만도 없었겠지만 임백령이 형 임억령을 따라 박순의 중부(仲父) 박상을 임지인 임피(臨陂)까지 찾아가 배운 인연을 생각해서였을 것이다.

박순은 '이미 과오가 있으나 고칠 수 있다[旣過能改]'는 '소(昭)'와 '모

박순의 초상화

참으로 차분하고 후덕한 정감이 드러난다. 박순이 논쟁하지 않고 겸양을 내세우며 살게 된 것은 혹여 6세에 생모 당악 김씨(棠岳 金氏)를 잃고 서모가 사는 광주 집에서 자랐기 때문일까? 아니면 모친상을 당하여 기묘사화 때 화를 입지는 않았지만 동료의 희생에 괴로워하며 술로 시름을 달래는 날이 많았던 부친을 보고 자랐기 때문일까? 부친은 한때 사간원·사헌부·홍문관 등에서 청요직을 거쳤지만 권신 김안로 일파와 불화하면서 외직을 떠돌며 울분이 많았다고 한다. 그러다 김안로가 실세하자 개성유수와 성균관 대사성 등 요직을 지냈고, 인종 즉위 후에는 한성부윤을 역임하기도 하였다. (송호영당 소장)

습과 거동이 공손하고 아름답다[容儀恭美]'는 '공(恭)'을 써서 '소공'이란 시호를 지어 올렸다. 을사사화가 일어나자 임억령이 '잘 있거라 한강수야 편히 흘러 물결일랑 일으키지 마라'는 시조를 보내 신중자애를 당부하자 '조금은 후회하는 기색'을 보이더니만, 그 후 중국에 사신으로 갔다가 오는 길에 죽으면서 한탄하였다는 이야기를 담으려고 하였을까? 어찌 되었건 충(忠) 혹은 문(文)이 들어가는 시호보다 격을 낮춘 것이었다. 임백령을 폄하하는 뜻이 담겨져 있었다.

윤원형은 분개하였다. '지금도 을사년 일을 역모를 평정한 공훈이라고 보지 않는 사람들이 있구나' 하였다. 그러나 쉽게 죄를 줄 수도 없어 우선 '시호에 충이 없음은 그 뜻이 불측(不測)하다'고 물의를 일으켰다. 다시 짓게 하려는 압박이었다. 주위에도 그렇게 권유하는 사람이 있었다. 그러나 박순은 태연하게 거절하였다.

윤원형은 다른 사람을 시켜 시호를 개정하지 않을 수 없었다. 그리고 새로 지은 '충헌(忠獻)'이란 시호를 올리면서 '소공'까지 함께 올렸다. 명종은 "소공은 누가 지었는가?" 묻고 "중형으로 다스려라" 하였다. 죄를 씌우려는 속셈이 맞아떨어진 것이다.

이에 그치지 않았다. 윤원형은 이번 사건의 배후에 이량이 있다고 몰고 가면서 을사사화를 안타깝게 생각하는 관료나 사림까지 제거할 음모를 꾸몄다. 자칫하면 사화로 번질 수 있는 상황이었다. 그러나 이량 역시 만만치 않았다. 당시 평안감사로 나가 있었음에도 급히 심강과 인순왕후에게 구원을 요청하여 윤원형의 책동에 제동을 걸었던 것이다.

이렇게 해서 한바탕 정국을 긴박하게 몰고 갔던 임백령시호사건은 박순이 관직을 박탈당하고 도성 밖으로 쫓겨나는 것으로 마무리되었다. 대비의 외척과 중전의 외척이 다퉈가며 국정을 농락하던 그런 조정이었다.

그런 와중에서 박순은 곧고 맑은 이름을 높였다.

시호사건이 있은 지 일 년 후 박순의 명망은 다시 높아졌다. 이번에는 이량 때문이었다. 내직(內職)에 끌어들이려는 이량의 뜻을 단연코 거절하고 한산군수를 자임한 것이다. 그때 일을 『명종실록』은 이렇게 전한다.

박순은 일찍이 '다행히 대절(大節)을 잃지 않고 선인(先人)을 지하에서 만나 뵐 수 있다면 족하겠다'는 한문공(韓文公)의 말과 '부귀는 얻기 쉬우나 명절(名節)은 보전하기 어렵다'는 한위공(韓魏公)의 말을 읊조리며 자신을 갈고 닦았는데, 이 때문에 절개가 이와 같았다. 　명종 17년 2월 경신

한산에서도 박순은 '깨끗하고 간명하게' 서정을 처리하고 일과가 끝나면 송정(松亭)이란 정자로 나가 독서하며 후진을 가르쳤다. '휴지(休止)'였다. 내일을 위하여 때를 기다린 것이다.

2. 사림재상의 출현

기다림의 정치

외척 권신이 권좌를 떠나자 세상이 많이 변하였다. 책을 끼고 다니는 유자들은 기(氣)를 폈으며 백성들은 길에서 춤을 추고 좋아하였다. 도덕의 함양과 정치의 쇄신 그리고 민생안정에 대한 염원이 크게 일어났다. 이황·성운·이항·조식 등과 같은 원로사림이 조정의 부름을 받았고 정철·이이·이산해·김효원(金孝元)·유성룡(柳成龍) 등 신진들이 조정에 진출하였다.

조정은 내수사의 고리대를 금지하고, 산림·천택을 왕실 종친·외척에게 떼어주지 못하게 하였다. 국가재정을 좀먹고 민생경제를 병들게 하는 일을 줄여보고자 하는 노력이었다.

그러나 변화는 한계가 있었다. 을사사화나 기묘사화 같은 어두운 과거사의 진상을 밝혀야 함에도 그렇게 할 수 없었던 것이다. 더구나 세자를 잃고 후사가 없던 명종은 자주 병석에 누웠다. 후사를 세우는 문제가 초미의 사안이 될 수밖에 없었다.

인순왕후는 중종과 창빈 안씨 사이에 태어난 덕흥군(德興君)의 셋째 아들 하성군(河城君)을 자주 궁궐로 불러들여 명종을 간병하게 하였다. 후사로 삼고자 함이었다. 하성군이 바로 명종의 뒤를 이은 선조였다.

이렇듯 상황이 급히 돌아가는 데도 박순은 조용하게 지냈다. 윤원형을 축출한 명망이 있었지만 좀처럼 나서려고 하지 않았다. 대신 명종 말년과 선조 즉위 초에 조정에 나온 성운이나 이황 등이 오래 조정에 머물기를 바라면서 많은 정성을 쏟았다. 여러 일화가 전한다.

을사사화 이후 벼슬을 버리고 보은에 은둔한 성운이 명종의 부름으로 나왔을 때에는 이미 일흔이 넘고 서울에 아무런 생활기반도 없었다. 더구나 이제까지 벼슬을 하지 않아 품계가 낮았기 때문에 조정에서는 겨우 '7품에 해당하는 녹봉'만을 지급할 따름이었다. 이때 박순이 나서 "연로한 숙덕(宿德)을 물품으로 예우할 수는 없지만 별도의 늠료(廩料)를 내림이 마땅하다"고 사뢰었다. 명종도 "삼공(三公)에 준하여 주찬(酒饌)을 하사하라"고 하였다. 그렇다고 조정에 머무를 성운은 아니었다. 바로 서울을 떠났다.

이황에게는 보다 각별한 정성을 쏟았다. 명종이 승하하기 직전에 올라와 명종의 행장을 짓고 내려갔던 이황이 선조 원년(1569) 7월에 다시 나섰을 때였다. 이황에게 홍문관 제학이 제수되었다. 그런데 대제학은 박순이었다.

박순은 "나이 많은 석유(碩儒)가 차관(次官) 자리에 있고 후진이며 초학(初學)인 신이 그 위에 있는 것은 맞지 않는 일이니 서로 바꿔주시기 바랍니다"라고 건의하였다. 그냥 있을 이황이 아니었다. "품계는 연령의 높고 낮음이나 학문이 앞서고 뒤서고의 문제와는 별개다"라며 극구 사절하였던 것이다. 선조가 두 사람을 함께 만나 이황에게 박순의 뜻을 따를 것을 강권함으로써, 이황은 홍문관·예문관의 대제학을 겸직하게 되고 박순은 제학으로 내려앉았다. 당시 세상이 '기꺼이 사양하는 모습이 실로 아름답다'고 칭송하였다.

많은 사람들은 이황이 새로운 정치의 구심점이 되어 오래 조정에 머물기를 바랐지만 사정은 그렇지 못하였다. 박순은 이황을 봉선사까지 따라

가며 '고향으로 가시는 퇴계 선생에게' 라는 시로 배웅하였다. 그래도 아쉬움을 달랠 길이 없었다.

고향 생각이 구슬처럼 아니 끊어지시는지요	鄕心未斷若連環
이 아침 말 타고 한양을 나가십니까	一騎今朝出漢關
영남의 매화가 추위에 묶여 봄이 와도 피지 않으면	寒勒嶺梅春未放
꽃은 두었다가 노선 돌아오실 날을 기다리겠습니다	留花應待老仙還

이황이 화답하였다.

임금께서 구슬까지 내리시며 돌아가라 하시고	許退寧同賜玦環
여러 벗이 감싸며 서울 땅을 벗어나게 하여주니	諸賢護送出京關
이런 은혜를 입는 것이 스스로 성인에 부끄럽다네	自慙四聖垂恩眷
하는 일 없이 구구하게 일곱 번이나 왕래하였네	空作區區七住還

이황도 박순을 소중하게 생각하였다. 도산으로 돌아가서도 "박순과 상대하면 빛나기가 한줄기 맑은 얼음 같아 정신이 갑자기 상쾌해지는 것 같다"고 하였다고 한다.

선류(善類)의 종장(宗匠)이 되다

박순의 사려와 겸양은 학술의 정치, 사림의 시대를 향한 기다림이었다. 그러나 조정은 여전히 시대의 변화를 애써 외면한 원로중신이 장악하고 있었다. 그만큼 신진사림의 요구는 번번이 외면당하였고 지난 세월의 잘못된 관행은 그대로 계속되었다. 특히 인사제도가 그랬다.

박순과 보조를 맞춰 윤원형의 퇴진에 나섰던 이탁이 이조판서가 되었을 때 낭천제(郞薦制)를 도입한 적이 있었다. 각 아문의 인사를 할 때 전랑(銓郞)의 서명과 추천을 거치도록 하자는 것이었다. 5·6품에 지나지 않는 신진관료에게 전랑권을 보장함으로써 인사의 공정성을 기하고자 한 것이다. 외척이나 재상과의 친분이나 촉탁을 방지할 목적으로 신진사림이 강력하게 요구하던 방안이었다. 그러나 이탁이 물러나자 곧바로 없던 일이 되고 말았다.

또한 신진사림은 원로중신을 '청산해야 할 구시대의 신하'라는 의미에서 '구신'으로 지목하며 공세를 폈지만 아직은 한계가 있었다. 신진사림의 품계가 대부분 당하관 이하였기 때문에 행정기관을 실질적으로 책임지는 위치에 오르지 못하였던 것이다. 홍문관·사헌부·사간원 등을 무대로 공론을 일으키는 수준이었다.

한편 오랜 유배생활을 거치면서도 지조를 잃지 않고 학문을 놓지 않았던 유희춘·노수신·김난상 등이 있었지만 조정에서 너무 오래 떨어져 있었기 때문에 동조세력이 없었을 뿐 아니라 신진사림과는 세대차도 있어 조율이 쉽지 않았다.

이러한 상황에서 박순이 신진사림의 구심으로 부상하였다. 선조 2년(1569) 7월 '김개사건'으로 이조판서가 공석이 되었을 때였다. 후임으로 박순이 물망에 올랐다. 품계도 높았고 경력도 충분하였던 것이다. 그러나 신진사림 사이에서도 의논이 엇갈렸다.

정철은 '구신을 강하게 탄핵하여 완전 퇴진시키는 일이 우선'이라는 '선(先)투쟁론'의 입장이었고, 이이는 '청류(淸流)를 모으면 조용히 물의

(物議)를 누를 수 있다'는 이유로 '선부임론'을 주장하였다. 박순은 처음에는 '구신 틈에 끼어 있기 어렵다'는 이유로 사양하였으나 결국 부임하지 않을 수 없었다. 이즈음 이이는 『석담일기』에 이렇게 적었다.

박순은 청개(淸介)하고 지조(志操)가 있는데 조정에 들어와 나라를 걱정하는 마음뿐이더니, 오로지 명사(名士)를 끌어들이는 일을 자신의 임무로 삼았는데 이때에 이르러 선류(善類)의 종주(宗主)가 되었다. 선조 2년 7월

선류의 종주! 박순은 낭천제를 다시 도입하고 일체의 청탁을 근절하는 한편 사림의 조정 진출을 적극 지원하였다. 그리고 선조 5년(1572) 7월에 우의정에 올랐다. 사림재상의 출현이었다.

박순의 깨끗한 이름은 중국까지 알려졌다. 명나라 신종(神宗)의 등극을 축하하는 사절이 되어 갔을 때 밀무역을 철저히 단속하였을 뿐 아니라 사행단의 언행을 각별하게 단속하였던 것이다.

또한 국가의 위신도 높였다. 황제에게 주문을 바치려고 하는데 '황제만이 정문으로 출입할 수 있고, 외국 사신은 물론 국왕의 주문이라도 협문(夾門)을 통과하여야 한다'는 관례 때문에 정문으로 들어갈 수 없게 되었을 때였다. 박순이 "배신(陪臣)이 출입하는 것은 그리할 수 있지만 주문은 지존(至尊)을 받든 것인데 이것은 이치에 맞지 않는다"고 항의하여 정문 통과를 관철시켰다. 사치품 사재기에 여념이 없던 이전의 사절단과 다르다고 여겼기 때문일까? 아니면 공손하지만 단호해서였을까? 이후 중국의 예부(禮部)는 조선국왕의 주문은 정문을 통과하도록 관례를 수립하였다. 박순이 한 일이었다.

3. 임금 모시기가 이렇게 힘들 수가 없다

이제는 붕당인가

박순이 중국에서 돌아와서 좌의정이 되었을 때는 붕당의 조짐이 확연해졌다. 이조전랑(吏曹銓郎)을 둘러싼 심의겸과 김효원의 알력이 발단이었다. 정5품 정랑(正郎)과 정6품 좌랑(佐郎)은 비록 품계는 낮았지만 홍문관·사헌부·사간원 등의 관리를 추천하는 권한이 있었기 때문에 청요직 인사에서 중요한 역할을 하는 직책이었다. 또한 후임자를 스스로 지명하는 자대권(自代權)이 보장되어 그만큼 소신을 펼 수 있었고 독자성을 인정받았다. 따라서 신진관료라면 누구나 선망하는 자리였고 그렇지 않으면 정예의 길에서 탈락한 것으로 여겨졌기 때문에 꼭 거쳐야만 하는 자리이기도 하였다.

명종 20년(1565)에 장원급제한 김효원도 당연히 물망에 올랐다. 그러나 뜻을 이루지 못하였다. 심의겸이 '교유를 삼가지 못하였다'는 이유를 내세워 거듭 반대하였던 것이다. 심의겸이 의정부 사인(舍人)이었을 때 영의정 윤원형에 공무를 알리러 갔다가 목도하였다는 것이다. 사실이었다.

김효원은 윤원형의 사위인 이조민(李肇敏)과 한때 절친하였고, 장인 정승계(鄭承季)와 윤원형의 첩 난정(蘭貞)이 적서(嫡庶) 간이기는 하지만 사촌이라 자신과도 척분(戚分)이 없지 않아 얼마간 머문 적이 있었던 것이다. 이황과 조식의 문하를 출입하면서 청명(淸名)을 알리던 김효원으로서는 치명적이었다.

그러나 이런 곡절이 있었음에도 선조 7년(1574) 7월, 김효원은 이조좌랑이 되었다. 장원급제자로서는 한참 늦은 셈이었다. 그리고 한 달 후 정랑으로 승차하게 되었는데 이번에는 장원급제하여 물망에 오른 심충겸(沈忠謙)을 김효원이 거부하였다. '전랑이 척신의 사유물이 될 수 없다'는 것이 이유였다. 심충겸은 바로 심의겸의 동생이었다. 물의가 크게 일어났다.

이때 명종 후반에 조정에 나온 선배사림은 대체로 심의겸을 지지하였고, 선조 즉위 이후에 조정에 나온 후배사림은 김효원을 지지하였다. 선배사림 중에서는 허엽이 후배사림과 뜻을 같이하였다. 후배사림은 대개 화담학파·퇴계학파·남명학파 등과 연관을 맺고 있었지만 선배사림은 원로사림과의 학문적 연결고리가 약한 편이었다.

선조 8년(1575) 정월 인순왕후가 세상을 떠났다. 심의겸의 왕실 내 최대 버팀목이 사라진 것이다. 조정에 긴장감이 돌았다. 그러던 차 5월 허엽이 이이를 "젊은 사람이 부박(浮薄)한 이론만을 내세운다"고 혹평하고, 이이가 허엽을 '나라를 그르칠 인물'이라고 격렬하게 공격하는 일이 벌어졌다. 경연에서 서경덕의 학문을 평가하다가 서로 감정이 격해졌던 것이다. 두 사람은 일 년 전에도 향약정책을 둘러싸고 충돌한 적이 있었다. 그때 허엽은 '당장 향약을 실시하자'고 하고 이이는 '서정쇄신을 통하여 민생을 안정시키는 일이 급선무이므로 향약 실시는 시기상조이다'라고 반대하면서 서로 비난하였었다.

이이와 허엽의 알력은 심의겸과 김효원의 대립과 얽히면서 이이와 심의겸, 허엽과 김효원의 대항 전선으로 발전하였다. 설상가상으로 알력을 증폭시키는 사건이 발생하였으니, 그해 여름 노비재판사건이었다. 재령에서 살인 사건이 발생하였는데 노복(奴僕)에게 혐의가 씌워졌다. 그런데 증거가 불충분하여 의금부로 사건이 이송되었다. 좌의정 박순이 위관이 되어 심리를 하였는데 혐의가 없다고 판결하여 석방하였다. 심리가 잘못 되었다는 여론이 일어났다. 허엽이 앞장을 섰다. 박순과 허엽이 갈리는 순간이었다.

박순은 곤혹스러웠다. 한 스승 아래 같이 학문을 하던 사이가 아니었는가? 두 사람이 서경덕의 고제로 변함없이 스승의 학문을 지켰음을 전하는 기사가 『명종실록』에 있다.

> 허엽은 서경덕을 스승으로 모셔 학문과 조행(操行)에 볼 만한 점이 있었다. 서경덕의 제자들은 그가 죽자 모두 등을 돌리고 떠났는데 오직 허엽과 박순 두 사람이 변치 않았다. 지금까지도 화담의 제자를 말할 때에는 두 사람을 으뜸으로 삼는다.
> 명종 17년 1월 경술

김효원을 비롯한 후배사림은 허엽을 지지하였고 심의겸을 비롯한 선배사림은 박순을 구원하였다. 그러면서 확연히 갈렸다. 후배사림은 김효원이 동쪽 건천동(남산 아래 명동 근처)에 살았다고 하여 동인이라고 하고, 선배사림은 심의겸의 집이 서쪽 정릉(덕수궁 근처)에 있었기 때문에 서인을 표방하였다.

이러한 상황에서 이이가 심의겸과 김효원을 외직으로 보내어 갈등을 봉합하려고 하였지만 오히려 양측으로부터 양비론으로 공격받으면서 입지가 좁아져 낙향하고, 박순도 이듬해 겨울에 영중추부사(領中樞府事)로 물러앉았다.

국왕이 문제였다

박순은 선조 12년(1579) 2월 영의정에 올랐다. 전년 11월 서인의 중진인 윤두수·근수 형제와 그 조카 윤현(尹晛)이 진도에서 뇌물을 받았다고 하는 '삼윤수뢰(三尹收賂)'의 여파로 서인의 기세가 다소 꺾이던 상황이었다.

한동안 박순은 재주와 의기를 갖춘 인재라면 기꺼이 추천하였다. 후일 임진왜란이 일어나자 탄금대 전투를 이끌었던 김여물(金汝岉)이나 진주성을 지키다가 순절한 최경회 같은 인재가 그들이다. 또한 정개청을 "무재(武才)가 있고 병법에 해박하여 팔도도원수의 자질이 있다"며 천거하였다.

그러나 다른 일은 쉽지 않았다. 선조 14년(1581) 5월 이조판서 이산해가 김효원을 사간으로 삼고자 이름을 올렸을 때였다. 박순도 흔쾌히 받아들였다. 그러나 선조는 반대하였다. 박순은 "재주와 기개를 그대로 묵힐 수 없을 뿐더러 이렇게 하면 붕당의 갈등을 씻어내는 데 도움이 됩니다"하고, "동(東)·서(西)의 설은 항간의 잡담이니 조정에서는 거론하지 말아야 합니다. 어찌 이것 때문에 쓸 만한 사람을 버릴 수 있겠습니까"라고 재고를 청하였다. 그러나 선조로부터 "김효원을 기용하지 않는다 해도 쓸 만한 인재가 없겠는가?"라는 단호한 답변만을 들었을 뿐이다.

이 시기 박순은 조정에 나온 이이가 적극 주장한 서정쇄신방안이 시행될 수 있도록 온갖 노력을 경주하였다. 먼저 공물의 품목과 수량을 기록하는 공안(貢案)을 전면적으로 개편하려고 서둘렀다. 지방마다 공물이 과중하여 야기되는 민폐가 심각하였기 때문이다. 나아가 군현(郡縣)을 통폐합하고 감사 구임제(久任制)를 적극 추진하였다. 각 군현의 인구와 면적이 크게 차이가 나는 상황에서 작은 군현이 감당하기 어려운 사정을 해결하고, 민정에 대한 감사의 감독권을 강화하고자 한 것이다. 그동안 여러 차례 문제가 제기되었음에도 방치하여 한시가 급한 현안들이었다.

그러나 개혁은 거의 불가능하였다. 박순이 '구습을 혁파하고 폐정을 바로잡자'고 건의할 때마다 선조는 '조종의 법은 가볍게 고칠 수 없다'고 하며 지극히 미온적인 태도를 보였을 뿐 아니라 어떤 때는 '말을 자르고 얼굴빛을 바꾸기조차 하였다.'

같은 해 10월 이이가 국정개혁과 서정쇄신을 총괄하는 기구로 '경제사(經濟司)'를 설치하자고 건의하였을 때였다. 혹여 이이가 "오늘에 분연히 진작하지 못하면 장차 쓰러져서 구제할 수 없는 지경에 이를 것입니다" 또한 "나라를 세운 지가 거의 2백 년이 되어 원기가 쇠진한 노인이 다시 일어날 수 없는 것과 같은 중엽의 쇠퇴기가 되었습니다"라고 한 발언에 기분이 상한 것일까? 선조는 "모든 공사(公事)를 육부(六部)로 나누어 관장하는 데는 까닭이 있을 것인데 경제사를 설치하면 나중에 반드시 큰 일이 생길 것이다"라고 할 뿐 냉담하게 말을 잘랐다.

박순이 "이이가 경제사를 설치하는 사유를 자세히 갖추어 아뢰지 않았기 때문에 시행하기 어렵다고 여기시는데 다시 불러 물으셔야 마땅합니다"라고 진언하였지만 소용없었다. 오히려 "경제사를 설치하자는 것은 물정에 어둡고 어설픈 일이다. 그리고 어떤 사람에게 맡긴단 말인가?"하며 차갑게 대꾸할 따름이었다.

박순은 선조의 이런 모습을 지켜보면서 차츰 의욕을 잃어갔다. "임금이 마음을 닫고 있어 되돌릴 수가 없으니 우리는 국록(國祿)을 없애고 있을 따름이다. 어찌하여야 하는가" 한탄하며 사직을 요청하곤 하였지만 선조는 한사코 "절조는 소나무와 대나무같이 곧고, 정신은 물에 비친 달처럼 맑다"며 놓아주지 않았다.

재상의 한숨은 깊고 길었다

선조는 박순에게 무엇을 기대하였을까? 혹시 붕당의 갈등을 조정하고 국정을 총괄하는 '일인지하 만인지상(一人之下 萬人之上)'이 아니라 '서인의 영수'가 되어 동인을 견제해주기를 바란 것은 아니었을까? 박순이 조정에서 할 수 있는 일은 별로 없었다. 그러면서 점차 붕당의 대립 와중으로 깊숙이 휩쓸려갔다.

박순은 동인이 공세의 표적으로 삼았던 심의겸·정철을 끝까지 비호하였을 뿐 아니라 이이·성혼과는 그야말로 막역한 사이였다. 그래서 동인은 서인에 공세를 취할 때면 "심의겸의 죄를 논하면 이이가 나서서 구원하고, 이이의 과실을 지적하면 박순과 성혼이 나서서 보호하려고 한다"는 구절을 빠뜨리지 않았다.

선조 16년(1583) 여름은 동인과 서인의 각축에서 분기점이 되었다. 그동안 꾸준히 세력을 키운 동인은 심의겸·정철 등을 거의 무력화시킬 만한 성과를 올리고 공세의 표적을 박순·이이·성혼으로 옮기던 참이었다.

이때 병조판서 이이가 '군정(軍政)은 중대한 일인데 아뢰지도 않고 마음대로 행하고 또 임금의 부름을 받고 궐내에 왔으면서도 승정원에 들러 임금의 전교를 받지 않은 일'이 벌어졌다. 이해 6월이었다. 이이에게 권력을 마음대로 하였다는 '천단권병(擅斷權柄)'과 교만하게도 임금을 무시하였다는 '교축만상(驕蹙慢上)'의 공세가 집중되었다. 특히 허봉·송응개(宋應漑)·박근원(朴謹元) 등이 선봉이 되어 "박순·이이·성혼 세 사람이 심의겸과 교결(交結)하여 당을 짓고 국정을 농단하고 있다"고 하였다. 서인으로서는 일대 위기가 아닐 수 없었다.

그러나 전화위복이었다. 선조가 "참된 군자라면 당이 있음을 걱정하지 말고 그 당이 작을까 걱정해야 한다"고 하면서 세 사람을 변방으로 유배를 보낸 것이다. 이른바 '계미삼찬(癸未三竄)'이었다. 서인의 손을 들어준 것이다. 많은 동인이 지방으로 물러나거나 한직으로 옮겼다. 서인의 득세였다.

영의정 박순의 활동 반경이 그만큼 넓어졌음은 물론이다. 박순은 이이를 이조판서로 옮기고 성혼을 이조참의로 불러들이며 정국을 주도하였다. 정철도 다시 끌어들였다. 심의겸의 영향력도 다소 회복되었다.

그러나 이것도 잠시였다. 이듬해(1584) 정월 이이가 세상을 떠나면서 동인이 반격하기 시작한 것이다. 동인이 다시 세력을 폈다. 그렇게 일 년여, 마침내 선조는 심의겸을 파직하고 서인을 일시 퇴진시켜 국면을 진정시켰다. 선조 18년(1585) 9월이었다. 이때 선조는 이이와 성혼도 그에게 농락을 당하였음을 지적하였다. 박순에게도 굴레를 씌웠다. 영의정에서 물러나지 않을 수 없었다.

박순은 경기도 영평(永平), 지금의 포천 백운산 아래로 들어갔다. 선조

금수정

포천시 창수면 오가리 영평천 절벽에 있다. 박순이 말년의 회한을 달랬는데, 이덕형이 자주 찾아 왔다고 한다. 조정의 사정을 알리려고 왔을 것이다. 후에 양사언이 1608년에 이곳에 정자를 지었다. 6.25때 불에 타 소실되었는데 최근에 복원하였다. (사진 포천시청)

가 여러 차례 불렀지만 다시 나오지 않았다. 언젠가 궁중의 술을 내리자 후대에 감사하며 이렇게 적었다.

은혜 보답할 길 없고 일이 뜻대로 되지 않아	答恩無路寸心違
늙은 몸 거두어 시골집에 돌아왔나이다	收拾殘骸返野扉
종남산이 한 점 되어 볼수록 멀어지니	一點終南看更遠
서풍에 눈물 흘려 칡넝쿨 옷을 적십니다	西風吹淚碧蘿衣

종남산(終南山)이란 중국 장안의 남쪽에 있는 산인데, 아마도 서울의 남산을 가리킨 것이리라. 임금이 그립지만 가까이 갈 수 없는 아쉬움을 숨기지 않고 있다.

박순은 깊은 산중을 배회하다가 때로는 낚시질도 하고 촌로와 한 잔 술을 걸치며 살았다. 금강산도 다녀왔다. 지나간 세월이 주마등처럼 스쳐 갔다. '영평잡영(永平雜詠)' 중의 한 수이다.

항상 산림은 친구가 있다고 하던데	常謂山林亦有朋
오래 벼슬살이한 것이 스스로 부끄럽네	自慚簪組久相仍
지금 와서 홀로 단풍나무 아래 누워 있으니	今來獨臥楓林下
골짜기 가득 흐르는 계곡수도 스님만을 상대하네	滿谷溪聲只對僧

오래 벼슬하여 친구가 없는 쓸쓸함을 이렇게 노래한 것일까? 이렇게 4년을 살다가 세상을 떠났다. 향년 67세, 선조 22년(1589) 7월이었다. 그해 가을 '정여립(鄭汝立)사건'이 일어나 온 나라가 피비린내로 진동하였다.

4. 오해와 변명

임금과 친구 사이에서

선조는 이이와 성혼을 지지하였다. '계미삼찬'을 단행하면서 "나도 이이·성혼의 당에 들고 싶다"고 하였을 정도였다. 그러나 두 사람을 항상 좋아했던 것은 아니었다.

선조 9년(1576) 봄 이이가 낙향하려고 할 때였다. 선조는 이이에 대해 "지나치게 교만하고 과격하니 성숙한 때를 기다려 기용해도 무방하다. 더구나 나를 섬기려 하지 않는데 어떻게 그 뜻을 뺏을 수 있는가"라고 하며 불만을 숨기지 않았다. 또한 성혼이 어쩌다 조정에 나와 쇄신을 주장하면 "이이나 다름없다"고 미더워하지 않았다.

선조는 이이가 조정을 떠나고 성혼이 벼슬을 주어도 나서지 않으려고 하자 '저들이 지금은 때가 아니라거나 시사(時事)가 잘못되었다고 생각하기 때문일 것'이라고 의심하였는지도 모른다. 그러면서 두 사람에게 서운한 감정을 숨기지 않았다.

이런 때 박순은 당혹스러웠다. "이이의 의논은 평화(平和)에 있지 교격(矯激)에 있지 않습니다. 그가 내려가는 것은 오로지 질병 때문으로 한가하게 독서하려는 것일 따름입니다"라고 변명하곤 하였다. 또한 성혼을 '재주와 덕행이 모두 넉넉한' 인재로 거듭 천거하였다.

박순은 특히 이이의 식견과 통찰력을 소중하게 생각하였다. 그래서 이이가 고향으로 가면 아쉬웠다. '고향 옛집으로 보내며'에 그 심정이 잘 나타나 있다.

그대 보내는 아득한 한스러움 묘연하여 끝이 없네	悠悠此恨杳無垠
일찍이 그대 뜻이 숨어 사는 데에 있지 않았는데	夙志知非在隱淪
그래도 적막한 수양산을 넘어가면	寂寞首陽山外路
살구꽃 향기 풀 가득한 집은 이미 봄을 맞이하리	杏花芳草數家春

조정을 떠나는 동료에 대한 애틋함, 그러나 따스한 봄기운에 건강을 회복하라는 당부였다.

물론 이이와 성혼도 박순을 지지하였다. 박순이 어려움을 토로하며 사직하려고 하면 "공이 지금 이 자리에 없으면 일을 더욱 그르치게 될 것이니, 다만 그르치지 않은 것만으로도 직책으로 삼아야 할 것이다"라며 위로하곤 하였다. 그럼에도 간혹 불만이 없지 않았다.

선조 11년(1578) 겨울 '삼윤수뢰사건'이 일어나고 이듬해 여름 백인걸의 상소가 '붕당의 갈등을 조정하는 듯하지만 실은 동인에게 편당의 책임을 뒤집어씌우고 있다'고 하여 물의를 일으켰을 때였다. 두 사건 모두 서인에게 불리한 정황을 연출하던 참이었다. 특히 이이는 '백인걸의 상소를 대필하였다'고 하여 곤경에 처해 있었다.

이때 영의정은 박순, 좌의정은 노수신이었다. 이들이 별다른 조치를 취하지 않아 서운하였던 것일까? 이이는 "영상 박순이나 좌상 노수신이 일을 하지 못하고 다만 세상의 물결을 따를 뿐이다"라고 하였다. 성혼은 더욱 서운하였는지, "박순이 뭇사람을 따라 아첨하는 태도를 취하는가?"라고 비난하였다. 『석담일기』 1580년(선조 13) 윤4월에 나온다. 동인이 세력을 키워가는데 박순이 수수방관하는 것 같아 못내 서운하였던 것이다. 박순도 모르진 않았을 것이다.

그러나 박순은 한결같이 이이와 성혼을 성원하였다. 선조 14년(1581) 조정에 나온 이이가 개혁론을 적극 추진할 수 있도록 온 힘을 다하여 후원한 당사자도 바로 박순이었다. 그리고 '계미삼찬' 후 이이와 성혼이 이조판서, 이조참의가 되었던 것도 박순이 노력한 덕분이었다. 그래서 세간에서는 '세 사람은 용모가 달라도 마음은 하나이다'라고 하였다.

학술을 내세우지 않고 학설로 갈라서지 않았다

박순은 윤원형을 탄핵하여 축출한 이후 조정의 중심으로 부상하였음에도 평생 큰 학자에 대한 존중과 우대는 조금도 어긋남이 없었다. 처음에는 이황과 성운 등의 원로사림에 온 정성을 쏟았고, 다음에는 변통인가 원칙인가를 두고 기대승과 소원한 사이가 되었지만 그의 학문과 논리를 끝까지 존중하였다. 그리고 기대승이 세상을 떠난 후에는 이이와 성혼을 높였다. 어쩌면 학파와의 연계가 부족한 서인의 입장을 반영한 측면도 없지 않았겠지만 진정으로 그들의 학문을 평가한 때문이었다.

그렇다고 박순의 학문이 부족하거나 문장이 뒤떨어져서는 결코 아니었다. 어쩌면 그 반대였다. 학문으로 일세를 내려다본 기대승조차 "박순이 글의 뜻과 이치를 나누어 밝히고 바르게 살핌은 내가 미칠 바가 아니다"라고 하였을 정도였다.

그러나 박순은 좀처럼 학술을 내세우지 않았다. 논쟁은 더욱 하려 들지 않았다. 선조 8년(1575) 여름 서경덕을 정몽주의 서원에 추향(追享)할 때였다.

　선조가 "서경덕이 지은 책을 보았는데 대체로 기수(氣數)만을 논하고 수신(修身)은 언급하지 않았으니 그의 학문이 수학(數學)이 아니냐? 끝내 공부가 의심스럽다"고 하는 등 달갑게 여기지 않았다. 이이가 맞장구를 쳤다. "서경덕은 스스로 얻은 이치가 미묘한 경지에 올랐다"고 독창적 깨달음을 높이는 듯하다가 "그 학문이 장횡거(張橫渠)에서 나왔다고 하는데 성현의 뜻과 꼭 들어맞는지는 알 수 없다"고 폄하하였다.

　박순도 한마디 않을 수 없었다. "학자가 공력(功力)을 들이는 방법은 이미 거론하지 않은 것이 없었지만 이기(理氣)의 설만은 아직 다 설명되지 못한 바가 있었으므로 분변(分辨)하지 않을 수 없어 공부가 그러하였다"고 변호하였다. 서경덕이 수기치인(修己治人)을 위주로 한 도덕론·경세론에 앞서 자연·우주철학을 중심에 두었던 연유를 설명한 것이었다. 그리고 입을 다물었다. 임금 앞에서 학술논쟁을 하고 싶지 않았을 것이다.

　박순은 좀처럼 학설을 내세우지 않았는데, 오직 이이와 짧은 편지로 토론한 적이 있었다. 이것도 박순이 원한 것이 아니었다. 이이가 '온 천하가 하나의 기[通天下一氣]이며, 태허가 바로 기[太虛卽氣]이다'라고 한 서경덕의 학설이 오류라는 것을 편지로 알려왔기 때문에 어쩔 수 없어 나선 것이다.

　그때 이이는, 서경덕이 '리'와 '기'를 혼동하고 있으며 '리가 곳곳에 통하며 기는 모든 국면에 있다'는 '이통기국(理通氣局)'을 모르고 있다고 하면서 "북송의 학자들의 학설만을 알았지 주자가 설명한 리를 알지 못하였기 때문에 그러한 것이다"라고 지적하였다. 실로 거침없었다.

　일찍이 주자는 '천지가 있기 이전에 필경 리가 있었기에 천지가 있었다' 혹은 '리가 있고 난 후에 기가 생기는 것이다'라고 한 적이 있었다. 리는 기에 앞서 존재하며 기를 움직이는 소이연(所以然)으로서의 '유위(有爲)'의 실체라는 것이다. 서경덕을 비판한 근거도 여기에 있었다. 이이는 주자의 견해에 충실한 나머지 우주와 천지가 출현하기 이전을 선천(先天)으로 상정하고 그 본질을 태기(太氣)라고 규정한 서경덕의 견해를 좀처럼 수긍하고 싶지 않았고, 그래서 임금 앞에서도 "서경덕의 공부는 학자들이 진실로 본받을 바가 아니다"라고 하였던 것이다.

박순은 답장을 쓰지 없을 수 없었다. 먼저 공자가 '도(道)란 한 번 음이면 한 번은 양[一陰一陽]이다'라고 한 것은 '천지가 이미 생기고 난 이후' 즉 후천(後天)의 변화의 본질을 설명한 것이지 '천지가 생기기 이전'의 선천을 설명한 것은 아니라고 하였다. 그래서 장횡거가 선천의 현상과 본질을 태허·태극이라고 설파하였던 것이고, 서경덕은 '태극 이전의 태기' 혹은 '천지가 있기 이전의 오직 하나의 기' 즉 '선천일기(先天一氣)'를 발명하여 '선천과 후천을 망라하여 온 천하에 오직 하나의 기가 있었다'고 하는 '통천하일기(通天下一氣)'라는 이론을 세우게 되었음을 설명하였다. 그러면서 "장횡거는 공자가 미처 발명하지 못한 바를 밝혔고, 선생은 그 미진한 바를 남김 없이 논설하였으니 가히 고명하다"고 단언하였다. 서경덕의 위상을 공자와 장횡거를 이어간 우주·자연철학의 정통으로 높인 것이다. 그리고 보다 자세하게 설명하였다.

천지가 생기기 이전의 태기는 실로 담일허정(澹一虛靜)하고 무궁무외(無窮無外)한데 그 가운데 태극이 있다가 마침내 동작하여 양(陽)이 되고 정지하여 음(陰)이 되어 비로소 하늘과 땅이 나뉘자 만물이 형체를 갖추고 사시(四時)가 운행하게 되었으니 천지가 이미 생긴 이후에야 일음일양(一陰一陽)을 말할 수 있다.

그러면서 리는 '담일하고 허명(虛明)한 기' 가운데 있을 뿐이므로 '리와 기는 선후(先後)가 아니라 본래 하나다'라고 하였다. '기일원론(氣一元論)'이었다. 또한 '리는 기가 없으면 존재하지 않으므로 기보다 앞설 수 없지만 기가 바른 길을 잃지 않게 주재하므로 기지재(氣之宰)의 위상을 갖는다'고 하였다. 기를 위주로 하여 리의 위상을 세우는 '주기론(主氣論)'이었다.

그러나 박순과 이이의 논쟁은 더 이상 계속되지 않았다. 논쟁할 겨를이 없었을 것이다. 여기에서 하나의 사실을 확인할 수 있다. 이이가 실로 거침없고 내려다보는 비판을 하였음에도 불구하고 박순은 간명하게 답변하였을 뿐 결코 서운해하거나 불편한 기색을 드러내지 않았다는 점이다. 혹여 자연철학과 도덕철학의 위상과 지향점이 다른데 자칫하면 소모적인 논쟁이 될 것이라고 생각하였음일까? 아니면 학설로 붕우를 잃게 될지 모를 현실을 피하고 싶었음일까?

여운(餘韻): 삶과 노래

박순은 청렴하고 담백하게 살았다. 면앙정 주인 송순은 박순이 이조판서가 되자 "청탁이 저절로 없어질 것이다"라고 하며 좋아하였다. 다음은 박순이 윤원형에게 쫓겨나 고향에 내려왔을 때 면앙정에 들러 무등산을 보며 지은 시이다.

멀리 숲 위에 보이는 돌들이 빼어나고	林表遙窺石勢雄
회오리바람에 더운 기운 걸러져 개운하다	蒸嵐飄篩滿晴空

송호영당(松湖影堂)

박순은 적손이 없어 외손이 오래도록 제사를 모셨는데 철종 11년(1860)에야 박상의 11세손을 사손(祀孫)으로 하여 박상과 박순의 영정을 모신 이곳에서 제사를 지내게 되었다. 이곳에 목판본도 함께 보관되어 있다. 광주시 소촌동에 있다. 근처에 이 가문의 후예로 '나두야 간다 / 나의 이 젊은 나이를 / 눈물로야 보낼거냐 / 나두야 가련다'로 시작하는 「떠나가는 배」로 유명한 시인 박용철의 생가가 있다. (사진 정선종)

| 취한 붓 오래 멈추고 자꾸 고개를 돌려 | 久停醉筆頻回首 |
| 언제 석양빛에 붉게 물들까 기다린다 | 更待斜陽染染紅 |

무등산의 바위 모양에 취하고, 회오리바람의 시원함에 취하고, 그러다 한잔 술에 취해 석양빛에 붉은 마음을 맡기는 정경이 눈에 잡힐 듯 선하다.

박순은 자연과 생활의 감정을 느끼는 대로 자연스럽게 드러내는 시를 잘 지었다. 그래서 문체도 미려하고 부박한 것을 버리고 투박·진솔함을 지향하였다. 문장은 한당(漢唐)의 고문(古文)을 좋아했고, 시는 당풍(唐風)을 따랐다. 조선 중기 당풍의 시를 잘 지었다고 하여 '삼당시인(三唐詩人)'으로 유명한 이달(李達)·백광훈(白光勳)·최경창(崔慶昌) 등이나 여항시인(閭巷詩人)으로 이름을 날린 유희경(劉希慶)이 모두 박순에게 배우거나 영향을 받았다. 이 가운데 이달은 서얼이었고, 유희경은 천민 출신이었다. 사람을 사귀는데 '비록 미천한 사람이라도 착한 사람을 보면 손님을 대하듯이' 좋아하고 적서(嫡庶)나 반상(班常) 같은 신분으로 사람을 가리지 않았기 때문에 배울 수 있었을 것이다.

박순에게는 적자는 없고 딸만 있었다. 딸의 어여쁜 모습을 그린 '딸이 꽃을 가지고 희롱하네'가 전한다.

겨우 젖을 뗀 계집아이가 알고 듣고 하는 듯	女兒聰慧纔離乳
예쁘게 붉은 치마 입고 마냥 즐거워하는구나	愛着朱裳只戱嬉
웃으며 해당화 한 송이를 따다가	笑摘海棠花一點
제 예쁜 얼굴에 연지곤지 칠하는 듯하구나	自塗嬌額比臙脂

어린 딸의 재롱을 장난감 만지듯 그리고 있다.

하늘인가 사람인가, 누가 죽였는가

이발 李潑

이발 연보

1544년	(중종 39)	해남 백련동 외가에서 출생, 자 경함(景涵), 호 동암(東巖)
1550년	(명종 6)	동생 이길 출생
1555년	(명종 10)	부친 이중호 문과급제(44세)
1567년		동생 이길 진사
1568년	(선조 1)	25세 진사
1573년	(선조 6)	30세 알성문과급제
1574년	(선조 7)	31세 이조좌랑
1577년	(선조 10)	동생 이길, 문과급제
1578년	(선조 11)	'삼윤수뢰' 사건
1582년	(선조 15)	39세 홍문관 부제학
1583년	(선조 16)	40세 대사간(1월), 부친상(3월), 계미삼찬(8월)
1584년	(선조 17)	이이 사망(1월)
1585년	(선조 18)	42세 대사간 복직(8월), 서인 퇴진(9월)
1587년	(선조 20)	44세 대사성(3월)
1589년	(선조 22)	46세 귀향(8월), '정여립사건' 발생(10월), 사망(12월)
1624년	(인조 2)	사후 36년, 신원
1820년	(순조 20)	사후 232년, 강진 수암서원 창건 배향

이발은 북인 영수의 한 사람으로 기억될 뿐 그의 생애와 활동은 거의 알려져 있지 않다. '정여립사건'에서 파생된 기축옥으로 멸문의 화를 당하면서 본인이나 집안의 모든 문서가 없어진 탓이다. 역사는 기록으로 말하기 때문이다. 그러나 야사에서 건져낸 편린만 언뜻 보아도 이발이 '조광조를 숭배하며 왕도정치의 꿈을 이루기 위하여 분주하였던' 사림관료였음을 쉽게 알 수 있다. 또한 붕당의 중재를 자임하며 국정개혁을 추구한 이이는 자신이 남긴 『석담일기』 곳곳에 이발을 협력과 견제의 상대로 삼았다는 사실을 적어놓고 있다. 이발에게 보낸 편지에도 그런 뜻을 분명히 전했다. 붕당의 지도자였던 것이다. 그렇다면 왜 이렇게 명백한 사실이 지금까지 간과되었을까? 정여립을 왕조의 이단으로 기억에서 지워갈 때, '정여립과 절친하였다'는 단 하나의 이유로 이발도 망각의 대상이 되었기 때문이다. 이발에 대한 당대의 빈번한 기록이 후대에 이르러 검은 차양에 가려진 것이다. 그러면서 그의 가문과 교유관계, 처신과 성품까지도 고스란히 묻히고 말았다. 그리고 이백 년이 넘는 세월이 지나 기억할 것조차 남지 않게 되었을 때, 아니 기억할 힘조차 사그라졌을 때, 가까스로 서원이 세워졌다. 이즈음 정약용이 기축옥과 이발 형제의 사적을 『동남소사』로 엮었다. 어쩌면 이발을 정여립과 떼어놓고 온전하게 기억하자는 바람 때문이었을 것이다. 그러면서 강진으로 귀양온 자신의 처지를 이발과 연관지으며 왜 이렇듯 반대파를 사그리 배척하는 정치현실이 되었는지 생각하였는지 모른다.

1. 붕당정치의 한복판에서

아무것도 남기지 않고 죽었다

정여립의 언행은 파격적이었다. 평소 "사마광의 『자치통감(資治通鑑)』은 위(魏)를 기년(紀年)으로 삼았는데, 주자가 그것을 그르다고 여겼으니 대현(大賢)의 소견이 이렇게 다를 수 있는가" 하였다. 『자치통감』이 위·오·촉 삼국 중에서 위를 정통으로 삼았는데, 『자치통감강목』에서 촉을 정통으로 삼은 것을 두고 주자를 비판한 것이다.

또한 "천하는 공물(公物)인데 어찌 정해진 임금이 있겠는가. 요·순·우가 서로 전수(傳授)하였으니 성인(聖人)이 된 것이 아닌가?" 또한 "공후장상이 따로 종자가 있단 말인가, 인생 천지 사이에 누군들 천자가 될 수 없겠나"라고도 하였다 한다. 군주세습제를 거부하였던 셈이다.

임금 앞에서 고개를 숙이지 않을 때도 있었다. 정여립을 홍문관 수찬으로 천거한 좌의정 노수신이 "내가 세 조정을 차례로 섬기며 감히 주상의 얼굴을 올려다본 적이 없었는데 고개를 들고 바로 쳐다보는 정여립은 도대체 어떤 자인가?" 물었다는 것이다.

이런 소문을 몰고 다닌 정여립이 역모를 꾀하였다는 고변으로 체포되자 스스로 목숨을 끊었다. 체포되려는 상황에서 자결하였다는 것이다. 석연치 않은 죽음이었다. 역모의 실체나 인지 여부를 당사자에게 확인할 수 없는 상황이 된 것이다. 이렇게 하여 옥사는 정여립과 친했거나 친척이 되면 무조건 잡아와 고문하는 식으로 진행되었다.

이발(李潑)도 피할 수 없었다. 부친 이중호(李仲虎)가 전라감사로 전주에 있을 때 처음 만난 이후로 편지를 주고받고 노수신에게 추천까지 하였다. 정여립도 이발을 서울이나 고향으로 여러 차례 찾아갔다고 한다.

이런 상황에서 정여립의 조카 정집(鄭緝)이 국청에서 "이발과 정여립은 한마음 친구이다"라고 공술하고 유생 양천회(梁千會)가 "두 사람은 함께 죽기로 약속한 사우(死友)이다"라고 고발하였으니 이미 살아날 수 없었다. 더구나 위관은 이발과 앙숙이었던 정철이었다. 고문은 가혹하였다. 그래도 혐의를 완강히 부정하여 함경도 유배로 그치는 듯하였다. 그러나 '정여립을 찾아가 만났다'고 하여 국청에 끌려온 교생 선홍복(宣弘福)의 입에서 "정여립이 상중에 있던 이발을 찾아왔다"는 말이 나오자 다시 끌려와서 더욱 지독한 형문을 받다가 옥사하였다. 선조 22년(1589) 12월 향년 46세였다. 얼마나 고문이 지독하였는지 이발은 옷자락에 '정심(正心)' 두 글자를 쓰며 고통을 참으려고 하였지만, '살갗 한 점이 온전히 남아 있지 않은 채' 죽었다고 한다.

이발의 가족이 겪은 참화도 혹독하였다. 두 동생 이길(李洁)과 이직(李稷)도 고문 끝에 죽었고, 심지어 여든이 넘은 늙은 모친마저 무릎을 으깨는 압슬형(壓膝刑)을 당하고, 여덟 살짜리 아들은 포승에 묶여 울부짖다가 죽었다. 금부의 이졸까지 눈물을 흘렸다고 한다.

이런 참상 속에서 이발도 그러하였지만 가족 중 누구도 정여립의 역모를 알았다는 혐의를 인정하지 않았다. 이때 그의 가문은 연이은 죽음에 시신조차 수습할 수 없는 지경으로 철저히 부서졌다. 이발 자신의 글은 물론이고 집안의 모든 문서가 없어졌다.

이후 이발 형제에게는 '정여립의 흉악한 정상을 몰랐다고는 하지만 역적과 교결한 죄는 만 번 죽어도 아까울 것이 없다'는 누명이 씌워졌다. 그러면서 잊혀져갔다. 아니 잊을 수밖에 없었다.

임진왜란으로 조정과 왕실의 기록이 없어져 자료가 빈약한 상태에서 광해군 대에 꾸며진 『선조실록』에도 이발 기사는 엉성하기 짝이 없다. 『선조실록』은 '정여립사건'을 간략하게 다루며 서인이 옥사를 키운 것으로 처리하였을 뿐이다. 실록편찬을 주도한 대북(大北)의 영수 이이첨(李爾瞻) 등은 사실 여부를 떠나 북인이 많이 연루되어 있는 '그때 그 사건'을 재론하고 싶지 않았을지 모른다.

이발 기사는 오히려 인조반정 후 정권을 잡은 서인이 새로 편찬한 『선조수정실록』에 더 많이 나온다. 역모를 실체화하는 과정에서 이발을 자주 등장시킨 것이다. 특히 이발에 관한 기사는 대(對)동인 공세의 선봉에 섰던 이귀(李貴)·서익(徐益)·조헌 등의 상소를 전문 기재하면서 집중적으로 나타나는데 '정여립이 이이를 배반하고 배척하였을 때 이발이 뒤에 있었고 이발도 역시 이이를 배반하였다'는 주장을 뒷받침하기 위함이었다.

『선조수정실록』은 서인의 정당성 특히 이이와 성혼을 옹호하려는 의도가 없지 않았기 때문에 그들의 정견과 활동이 잘 나타난 『석담일기』를 많이 인용하였다. 전문을 거의 그대로 싣는 경우도 많았는데 여기에도 이발이 자주 등장한다. 서인과 동인의 갈등을 조정하려다 결국 서인으로 자리를 잡았던 이이가 이발을 자주 상대하였기 때문이다. 이이가 이발에 대한 가장 충실한 기록자가 된 셈이다.

이외 『기축록(己丑錄)』·『일월록(日月錄)』·『괘일록(掛一錄)』 등 당대의 야사(野史)도 이발에 대하여 적지 않은 정보를 남기고 있다. 그러나 거의 옥사 전후의 사정과 신원·복직의 과정이 상세할 뿐 그 이전의 정치 활동

필문(蓽門) 이선제 부조묘 전경

이발의 5대조인 이선제의 부조묘로 이장동 마을 안쪽에 있다. 권근에게 학문을 익힌 이선제는 세종 치세에 활약한 시무에 밝은 학자관료였다. 특히 관아의 수요와 구황(救荒)을 위한 관영 부문을 제외하고 민간에게 소금가마[鹽釜]와 미역밭[藿田]을 장려하는 대신 세금을 징수하자는 정책은 백성과 이익을 다투지 않으면서도 국가재정을 확충할 수 있는 실로 합당한 주장이었다. 또한 요(堯)와 같은 시대에 나타난 단군을 기자와 함께 제사 지낼 수 없다는 명분을 내세워 평양에 단군묘(檀君墓)를 복원하자고 하면서, 단군이 신이 되어 하늘로 올라간 아사달 즉 구월산에 있는 삼성단(三聖壇)의 정비를 제안하였다. 마지막 벼슬 예문관 제학을 마치고 귀향한 이선제는 이후에도 향규를 제정하고 후진을 양성하며 교화와 교육에 큰 자취를 남겼다. 그래서 현재 광주시는 전남대학교 의과대학에서 시작하여 조선대학교와 광주교육대학을 거치는 거리를 필문로(蓽門路)로 부르며 그의 업적을 기리고 있다. (사진 김동선)

에 관한 내용은 『석담일기』에 훨씬 미치지 못하고 있다. 그래서 이발의 이야기는 이이와 함께 시작한다.

열린 마음, 맑은 성품의 소유자

이발은 알성문과에 장원급제하고 1년 만에 이조좌랑이 되었다. 『석담일기』에 이렇게 나온다.

> 이발은 어린 시절부터 학문에 뜻을 두고 마음을 세움이 무엇에 얽매이지 않았으며 매우 맑은 사람이라는 청명(淸名)을 얻던 차에 급제하였다. 이(珥)가 당로(當路)에 힘껏 추천하여 조정에 나온 지 얼마 되지 않아 요지에 있게 되어 인망이 심히 무거웠다.

이이가 이발을 이조좌랑에 추천하였다는 것이다. 선조 7년(1574) 7월이었다. 김효원이 심의겸의 반대로 오르지 못하다 뒤늦게 이조좌랑이 되고, 한 달 후 이조정랑으로 승차를 앞두고 있던 때였다. 무슨 의도가 있었을까? 이이의 정국 구상과 관련이 있었다.

이이는 선조 즉위 직후부터 명종 치세의 어두운 과거를 청산하고 구폐(舊弊)를 일소하려면 신진사림이 원로중신에 대체하여 정국을 주도해야 한다는 생각이 있었다. 심의겸과도 우호적 관계를 유지하였다. 심의겸이 외척이기는 하나 외삼촌 이량을 제거하는 데 일조를 하였고 신진사림과 교분이 두터웠을 뿐 아니라 선조를 세우는 과정에서 왕실과 조정의 가교 역할을 한 공로를 인정하였던 것이다. 외척이라 배척하기보다는 견인하고자 하였을 것이다.

그러나 쉽지 않았다. 후배사림이 심의겸을 배척하였던 것이다. 전랑 문제로 심의겸과 충돌한 김효원이 선봉이었다. 더구나 김효원은 심의겸을 지지하는 선배사림에게도 공세적 입장을 보였다. 이러한 김효원이 이이는 못마땅하였다. 그래서 "제 힘을 헤아리지 못하고 국사(國事)를 담당하려고 심의겸만이 아니라 선배들까지 배척하기를 서슴지 않으니 그의 허물이 먼저이다"라고 김효원을 비판하였던 것이다.

이이는 청명으로 신망이 높았던 후배사림 이발을 통해 김효원을 견제하고자 하였다. 『선조수정실록』에 나온다.

> 이이는 김효원의 기세가 너무 치성한 것을 걱정한 나머지 이발을 전랑으로 삼아 김효원의 당여(黨與)를 안정시키려 하였다. 선조 9년 2월 을축

그런데 이발이 이조좌랑이 된 것은 비단 이이의 주선 때문만은 아니었다. 김효원도 이발을 후임으로 추천하였던 것이다. 이발의 '맑은 성품과 깨끗한 이름'이 양쪽의 신임을 얻은 것이다. 이렇게 조정에 갓 들어온 이발은 붕당정치의 한가운데로 발을 내딛었다.

정국의 중심에 서다

선조 8년(1575) 정초에 명종비 인순왕후가 세상을 떠나자 정국은 술렁거렸다. 심의겸을 뒷받침하는 궁중의 최대 원군이 사라진 것이다. 그러다가 그해 여름 노비재판사건을 기화로 조정의 여론은 완전히 갈렸다. 서인과

동인의 분립이었다.

이때 이이가 '심의겸과 김효원을 외직으로 보내면 대립이 완화될 것'이라 제안하였다. 갈등의 진원이자 당사자인 두 사람을 조정에서 내보내자는 것이었다. 그러나 분란을 부추기는 결과를 빚고 말았다. 동인은 '겉으로는 보합(保合)과 조정을 이야기하는 듯하지만 실은 김효원을 지나치게 배척하고 있다'고 하면서 불신하였고, 서인도 이이의 중재를 받아들이지 않았다. 특히 서인의 강경파였던 정철의 불만이 컸다. 정철의 동인 비판 논리가 『선조수정실록』에 나와 있다.

> 심의겸이 정권을 잡았을 때에는 의지해 따르며 친분을 나누다가 금상(今上)이 왕위에 오르고 대비가 승하하여 권세가 떠나자 임금의 뜻을 엿보아 권세를 부리는 외척으로 지목하여 공격하더니만, 이제 자기를 따르지 않는 선배까지 심의겸의 편당으로 모함하고 있다.
> 선조 9년 2월 을축

정철은 이이의 중재를 두고, "이이가 후배를 두둔하여 저들의 기세가 커졌다"고 하면서 "오래지 않아 붕당으로 인하여 화가 있을 것인데 우리들은 이이 때문에 죽을 것이다"라고까지 하였다. 이이가 '김효원을 외직으로 내보냈는데도 지나치게 미워하고 극렬하게 공격하면 이는 선배들의 죄'라면서 서인의 진정을 호소하였지만 소용이 없었다.

이이의 입지가 한층 좁아졌고, 결국 이듬해(1576) 2월에 낙향하지 않을 수 없었다. 다시 나올 때를 대비하려 함이었을까? 여러 인사를 만나 속내를 털어놓았다. 먼저 좌상 박순에게 당부하였다. 『석담일기』에 나온다.

> 유성룡·김성일(金誠一)·김우옹(金宇顒) 등으로 하여금 이발과 함께 시론

(時論)을 견지하게 하고 정철을 특별히 불러 조화시키면 진정될 것이다.

유성룡과 김성일 그리고 김우옹 등은 퇴계학파와 남명학파의 고제로서 학문과 경륜에서 일가를 이루었던 당대의 명류였다. 바로 이들로 하여금 이발과 함께 조정의 여론을 주도할 수 있도록 후원하라고 부탁한 것이다. 그리고 '사미인곡(思美人曲)' 등의 가사로 한글이 이렇게 아름다울 수 있는가를 보여준 빼어난 시인 정철이 이들과 조화할 수 있도록 여건을 조성해주라는 바람을 전하였다. 김우옹에게도 비슷한 말을 하였다.

그대와 유성룡, 이발이 함께 요지(要地)에 모이면 바로잡을 수 있을 것이다.

이발에게는 보다 절실하게 심경을 밝혔다.

심의겸이 병통이 있기는 하나 나라의 일에 몸과 마음을 다하고 스스로 봉식(封植)하지 않았으며, 또한 오랫동안 조정을 더럽히고 나라를 어지럽힌 권간(權奸)의 세력을 꺾은 공이 있으니 인정하여야 한다.

외삼촌 이량을 권좌에서 몰아낸 심의겸이 윤원형과 뜻을 같이하지 않았으며, 지금의 임금을 세우는 데 온 힘을 다하였다는 사실을 각인시킨 것이다. 그리고 "국사(國事)를 위하여 거실(巨室)의 인심을 잃지 말아야 한다"고 충고하였다. '심의겸과 같은 외척도 필요하지 않겠는가' 라고 훈수한 것이다.

왜 그랬을까? 아마 새로운 정치를 위해서는 사림의 단결도 중요하지만 원칙에 어긋나지 않는 선에서 '외척와 종친의 힘도 이용하자'는 것이 아니었을까? 그렇다면 이발은 어떻게 대답하였을까? '그래도 외척이 정치에 간여함은 바른 길이 아닐 터이지요' 하였을 것 같은데 이발의 언행이 이발의 글로 남은 것이 없으니 헤아릴 길이 없다.

2. 선비의 힘을 모으자

이이와 이발, 편지를 주고받다

동서 분립 이후 한동안 조정의 여론은 동인에게 유리하게 전개되었다. 선조 11년(1578) 11월 '윤두수·근수 형제와 그의 조카 윤현이 진도에서 뇌물을 받았다'는 이른바 '삼윤수뢰' 혐의는 서인에게 악재였다. 윤씨 형제는 서인의 중심인물이었고 조카는 이발의 후임으로 이조전랑이 되어 앞장서서 동인을 배척한 적이 있었다. 서인의 위기는 동인의 기회였다. 그러나 뇌물을 보냈다는 사람만 있고 뇌물을 전해 받은 사람을 밝히지 못하여 쌍방 간에 격렬하고 지루한 공방이 계속되었다.

이발은 처음에 나서지 않았다. 그러다 뇌물에 대한 정황을 자세히 수집한 후에 마침내 서인을 굴복시켰다. 이때 정황을 이이는 "뇌물사건의 여파로 선비의 여론이 동인에 쏠려 동인의 성망(聲望)과 세력이 크게 기세를 폈다"고 일기에 적었다.

선조 12년(1579) 여름 동인과 서인의 보합을 주장하는 백인걸의 상소도 서인을 곤혹스럽게 하였다. 동인은 백인걸이 '겉으로는 붕당 타파를 주장하는 듯하면서도 동인의 허물을 들추려고 한다'고 공세를 폈다. 이미 여든이 넘은 노인이 되어 왜, 어떻게 이런 상소를 냈는가 하는 의구심을 불러일으키면서 논란은 한층 증폭되었다. 동인은 배후에 서인의 음모가 있다고 의심하였고, 서인은 붕당을 격화시킨 책임이 동인에 있다고 공방을 벌였다. 그러다 백인걸이 상소를 올리기 전에 파주로 가서 이이를 만나 몇 군데를 수정하였다는 사실이 제보되며 문제가 더욱 커졌다. 이이까지 곤란한 지경에 빠졌다.

동인은 이이를 탄핵하려는 움직임을 보였다. 그러나 그런 일은 일어나지 않았다. 이이는 그때 사정을 "이발과 김우옹 등이 애써 조정하여 화합하도록 의논을 이끄니 조정이 조금 안정되었다"고 일기에 적었다. 이발과 김우옹이 이이만은 탄핵하지 못하도록 동인들을 억제하였던 것이다.

그리고 얼마 후 선조 13년(1580), 이이가 이발에게 편지를 보냈다. 이발의 편지에 대한 답장이었다. 이발의 편지는 남아 있지 않지만 이이의 답장 두 통이 『율곡전서(栗谷全書)』에 실려 있다. 첫 번째 편지에서 이렇게 적었다.

사람을 살핌에는 마땅히 마음으로 해야 하고 상벌은 마땅히 형적(形迹)으로 해야 한다. 지금 심의겸의 마음을 그대가 깊이 간파하였고 나도 근심이 없다고는 감히 보장할 수 없으니 버린들 뭐가 아까울 것이 있겠는가. 다만 형적을 보면 현저한 죄과가 없는데 갑자기 공격하고 서인 쪽의 선사(善士)까지 연루시켜 아낌없이 버린다면 결국 심의겸 쪽에서 나온 유속(流俗)이 비루한 사람들만 남게 될 것이다.

이이는 '심의겸을 버린들 뭐가 아까울 것이 있겠는가' 하면서 '형적에 죄가 없는' 심의겸을 계속 탄핵하면 '서인의 착한 선비까지 물리치는 결과를 빚게 되어 결국 비루한 사람만 남게 될 것'이라고 본 것이다. 또한 덧붙이기를 "김효원이 우수하고 심의겸이 용렬하다고 한다면 말이 되지만 동인이 옳고 서인이 그르다고 하면 사리에 맞지 않다"고도 하였다.

두 번째 편지에서는 보다 자세히 말하였다.

인재를 등용할 때는 인물의 본품(本品)을 기준으로 해야지, 의논이 같고 다름에 따라 하면 옳지 않다. 심의겸은 외척으로 조금 나은 자라고 하지만 이미 시류(時流)와 어긋났고 또한 이 사람이 없어도 손해가 될 것도 없으니 등용하지 않아도 무방할 것이고, 또한 뇌물을 받았다고 하는 삼윤도 그럴 수 있지만, 나머지 서인들은 재주에 따라 직책을 주어야 한다. 그리고 동인 중에서도 시세를 타고 아부하는 '승시부회자(乘時附會者)'는 배척하여야 할 것이다.

서인 중의 외척 및 부패 세력은 물론이지만, 동인 내에도 시세에 아부하는 맹목적 과격파는 배제하자는 것이었다. 서인 전체에 대한 편견을 버릴 것과 동인도 전부 믿을 것은 못 된다는 충고 겸 당부였다. 마치 이러한 요구가 받아들여지면 조정에 나갈 것이라는 의중을 밝힌 듯이 들린다. 출사의 조건을 제시한 것이다. 그리고 '시폐(時弊)를 바로잡는 데 김우옹·유성룡과 동심협력(同心協力)하여 줄 것'을 부탁하였다.

이이의 답장으로 미루어보면 아마 이발이 이이에게 '심의겸을 배격한다면 조정에서 뵈올 수 있을 것입니다'라고 편지를 보냈던 것 같다. 그래서 이이의 화답이 '이미 심의겸과 거리를 두고 있으니 붕당으로 인재를 등용하지 말고 인물과 재주를 본위로 등용하면 나갈 것인데 이런 뜻을 유성룡·김우옹에게 전해주기를 바란다'고 된 것이다. 이런 문제를 이이와 이발은 서로 솔직하게 털어놓았던 것이다.

이이와 이발 사이에는 믿음이 있었다. 사림의 힘을 결집하여 정치의 일신을 이룩하자는 생각이 같았기 때문이 아닐까? 이이 또한 심의겸에게 얽매이지 않고 젊고 우수한 선비와 함께 새로운 정치를 하고 싶었을 것이다.

협력과 화합의 길목에서

이이와 이발이 편지를 주고받았던 그해 겨울 이이가 대사간이 되어 조정에 나왔다. 의정부에는 영의정 박순·좌의정 노수신이 있었고, 삼사에는 이발·유성룡·김우옹·김성일 등이 포진했으며 좀처럼 나서지 않던 성혼과 정인홍(鄭仁弘)도 출사하였다. 이런 인재가 한꺼번에 모이기란 쉽지 않았다. 정인홍은 조그마한 비리도 용서를 모르는, 그래서 시전(市廛) 상인조차 '그가 도성에 머물면 어깨를 펴지 못할 지경'이라고 두려워했을 만큼 호걸의 선비였다.

대사간 이이는 정인홍이 사간이 되자 "서로 힘을 합하면 어찌 일을 못하겠는가?" 하며 협력하겠다는 뜻을 강하게 내비쳤다. 모처럼 새로운 기풍이 조성된 것이었다.

이발과 이이는 서로 상의하고 협력하였다. 선조 14년(1581) 5월 영의정 박순과 이조판서 이산해가 지방관을 전전하던 김효원을 조정으로 불러들이자고 건의하였는데도 선조가 단연코 거부하였을 때였다. 이발은 유성룡·김우옹 등과 함께 '김효원에게 그토록 오랫동안 조정 분열의 덫을 씌울 수는 없다'는 홍문관 상소를 준비하였다. 그러나 바로 올리지 않았다. 먼저 이이를 만나 상의하고 홍문관 상소에 대한 지원을 부탁하였다. 김효원을 불신하는 이이를 배려한 것이다. 함께 가고자 함이었다.

이런 일이 있은 후 이발의 외삼촌 윤의중(尹毅中)이 형조판서가 되었다. 반발이 있었다. 이발의 외가는 해남을 비롯한 인근 연안에 간척공사를 통하여 대규모 농지를 조성한 당대의 호부(豪富)였다. 그렇지만 지나친 재부(財富)는 탐욕의 소산으로 여기는 것은 예나 지금이나 같았다. 여기에 이발의 명망으로 판서에 올랐다는 질시도 있었다.

사간원 등에서 '윤의중이 형조판서로 된 것은 부적합하다'는 여론이 일어났다. 그러나 논박은 형식적일 뿐 힘이 없었다. 이이는 그 연유가 '이발의 인망이 매우 두터워 그 위세에 눌린 탓에 힘껏 논박하지 않은 때문'이라는 사실을 알고 있었다. 그래서 윤의중의 호부와 탐학을 강력하게 공격할 생각이었다.

이때 성혼이 나섰다. "그대는 이발과 매우 밀접하므로 윤의중을 탄핵하겠다는 의향을 미리 알려야 한다"고 충고한 것이다. 그러자 이이가 "윤의중을 힘써 공격하지 못하는 것은 이발이 꺼려할 것으로 알고 그러는 것인데 그것은 이발을 모르는 소치이다"라고 대답하였다. 그리고 강도 높게 윤의중이 불가함을 피력하였다. 과연 이발은 태연하였다. 서로 믿고 이해하였던 것이다.

선조 14년(1581) 7월 이발은 이이를 찾아갔다. 이이에게 심의겸을 탄핵하는 데 동참해줄 것을 요청하고자 함이었다. 『석담일기』와 『선조수정실록』에 똑같이 나온다.

시배(時輩)가 공을 깊이 믿지 않은 것은 공이 정에 이끌려 심의겸을 버리지 않을 것을 염려하기 때문입니다. 공이 지금 이 사람을 끊어버리면 사류(士類)가 모두 공을 믿고 따를 것이고, 그러면 서인 쪽의 어진 선비들을 점차 수용하여 보합할 가망이 있을 것입니다. 　　선조 14년 7월 을축 이이에게 심의겸을 버리고 조정의 중심에 설 것인가, 아니면 심의겸과 관계를 유지하여 서인의 어진 선비가 조정에 나설 기회를 빼앗을 것인가, 양자택일을 요구한 것이다. 그리고 "심의겸을 논핵하지 않으면 정인홍이 장차 고향으로 내려갈 것이니 어찌 애석하지 않습니까"라고 하였다. 심의겸과 정인홍 중에서 한 사람을 선택하라는 주문이나 다름없었다. 정중하나 강경하였을 이발의 모습이 눈에 잡히는 듯하다.

이렇게 하여 사헌부·사간원 그리고 홍문관 즉 언론 삼사가 심의겸을 '나라를 혼미(昏迷)에 빠트리고 조정을 분열시킨 죄'로 탄핵하였다. 사헌부의 수장으로서 이이도 참여하였음은 물론이다. 예전 같으면 생각하기 힘든 일이었다. 국정개혁과 서정쇄신을 위한 협력과 화해의 선택이었을까 아니면 고육지책이었을까?

그러나 모든 일은 제대로 되지 않았다. 선조는 여전히 냉담하였다. 그에 대한 실망을 이이는 『석담일기』에서 이렇게 토로하였다.

청명의 선비들인 성혼·이이·유성룡·이발·김우옹·정인홍이 도성 안에 모이기는 하였으나, 임금의 뜻이 선비를 믿으려 하지 않아 시사가 진보될 형세가 없었다.
선조 14년 4월

이때 선조는 국정개혁에도 미온적이었지만 이름 있는 선비가 모여 힘을 합하는 것도 못마땅하였던 것이다. 선비를 믿으려고 하지 않는 것, 그것은 선비의 마당[場], 선비의 그물[網]에 들지 않으려 함이 아니었을까?

정철과 이발

동인과 서인의 화해와 협력은 한계가 있었다. 이번에는 정철이 걸림돌이었다. 정철은 동인을 매우 거부하였고, 동인 또한 정철을 심하게 기피하였던 것이다. 특히 이발과 정철은 도저히 화해할 수 없는 악연이 있었다.

어린 나이에 을사사화로 매형 계림군의 죽음을 겪고 아버지의 유배지를 따라다니다가 조부의 묘가 있던 창평에서 청년기를 보낸 정철은 그래도 다행히 김인후·기대승·송순·양응정 등 당대의 학자와 문장을 만나 배워서 문학과 학문에 일가를 이루었다. 그리고 거뜬하게 장원급제하여 조정에 나왔다. 이발의 부친 이중호도 정철의 재주를 인정하였고 그래서 정철도 자주 그의 집을 찾았다.

그런데 이발은 정철을 기피하였다. 정철의 두 누이가 인종의 귀인(貴人)이 되고 종친 계림군에게 시집간 사실을 알고는 '임금의 후궁이 되고 종친과 혼인하여 권세를 추구한 집안 출신'이라고 무시한 것이다. 을사사화의 참화를 당한 정철로서는 실로 분개할 만하였다. 그리고 절교하였다.

이발은 정철이 심의겸과 절친한 것도 못마땅하였다. 동인과 서인으로 갈릴 때였다. 이발이 "공이 어찌하여 심의겸을 끊지 아니 하는가?" 하니, 정철이 "심의겸은 어버이를 섬기고 사람을 아끼는 점에 있어서 볼 만한 것이 많이 있으니 그대 아저씨 윤의중이 형의 아들을 죽이고 자기 아들에게 종통(宗統)을 빼앗아준 것과 같은 지경에 이르렀겠는가?" 하였다. 이발의 외가인 해남 윤씨가에서 종통 세우는 일을 들고 나온 것이다.

해남 윤씨가의 적통(嫡統)인 윤홍중(尹弘中)에게 사회(士晦)란 아들이 있었는데 병이 들어 죽자 조카인 유기(唯幾)를 양자로 삼아 종통을 잇게 한 사실이 있었다. 바로 윤의중의 둘째 아들이었다. 이 사실을 두고 정철이 윤의중을 '조카를 죽음으로 몰고 자기 아들로 종통을 잇게 하였다'는 식으로 비방한 것이었다.

우연히 이발 형제와 정철이 주석을 같이할 때였다. 평소 '성질이 인색한 소인'이라고 정철을 무시하던 동생 이길이 수염을 뽑으며 희롱하자 정철이 이런 시를 지었다.

녹봉 주는 관청 북쪽에 매인 말은 발굽도 교만하고	綠楊官北馬蹄矯
손님 자는 방에 사람이 없어 홀로 적막할 뿐이라	客枕無人伴寂寥
얼마 남지 않은 수염을 그대가 뽑아버리니	數個疎髥君拔去
노인의 풍채가 더욱 보잘 것이 없게 되었네	老父風采更蕭條

북촌의 계곡에 살던 이발을 녹봉 주는 관청의 북쪽에 매여 있는 말로 기롱(譏弄)한 것이다. 그리고 이발의 얼굴에 침을 뱉고는 나와버렸다.

이러한 상황에서 이이가 정철에게 "그대의 소견이 편벽(偏僻)되오. 이발이 식견은 밝지 못하다 해도 어질고 착한 사람이라오"라 하고, 이발에게는 "정철이 협애(狹隘)한 점은 병통이지만 충의롭고 강결(剛潔)한 선비이니 나는 결코 버릴 수 없다"고 하면서 화해를 시도하였지만 이미 엎어진 물이었다.

결국 정철에 대한 처리 문제로 동인과 서인이 심하게 불화를 하고 이이와 동인 사이에도 금이 가고 말았다. 선조 14년(1581) 여름 김우옹까지 나서 "동인이 기꺼이 서인과 협력·화합하지 못하는 것은 실은 정철 한 사람 때문이다"라며 압박할 때에는 이이도 어쩔 수 없었다. 정철은 그해 8월 가족까지 이끌고 창평으로 내려가지 않을 수 없었다.

3. 고향에서 살다

부친상을 당하다

이발은 조정의 중심에 있을 당시 '조광조가 이루지 못한 왕도정치를 오늘에 구현해야 한다'고 역설하며 사정(邪正)을 구분하고 기강을 세우는 데 노력하였다. 승차도 빨랐다. 홍문록에 들고 호당에서 휴가를 받아 독서를 한 후에 홍문관 부교리·사간원 헌납을 지내고 다시 홍문관으로 옮겨 응교(應敎)와 전한(典翰)을 거쳤다. 그리고 선조 15년(1582) 12월에 부제학에 올랐다. 정3품 당상관이 된 것이다. 39살이었다. 이듬해 정월에는 대사간으로 자리를 옮겼는데 바로 부친상을 당하였다.

홍문관 부제학과 우부승지 등을 지냈던 부친 이중호는 '학식과 명망이 있고 순리(循吏)의 기풍이 있다'고 인정을 받았다. 그러나 좀처럼 자신의 뜻을 드러내지 않아 한편으로는 '유약하다'는 평가도 받았다. 전라감사가 되어 석 달만에 교체되었는데 '토호가 많은 전라도에서 신역(身役)을 빠져나간 한정(閑丁)을 색출하는 등의 번잡한 임무에는 적합하지 않다'는 것이 이유였다. 지나치게 신중하고 원만하게 처신하였기 때문일 것이다. 그러면서 당대의 인재를 가까이 하고 교유하였다.

이중호의 교유가 얼마나 원만했는지를 단적으로 보여주는 사례가 있다. 조부 이달선의 비석을 세울 때였는데 이이에게 비음기(碑陰記)를 받고 이산해에게 글씨를 받았던 것이다. 이이와 이산해는 두 사람 다 학문과 문예에서 최고의 명성을 날렸지만 성향과 붕당이 달랐다. 아들의 장래를 위함이었을까?

이발 형제는 고향 남평에서 어머니를 모시고 평온하게 지냈다. 두 사람이 함께 동복의 적벽을 다녀오기도 하였다. 이황의 문인 김부윤(金富倫)이 동복현감으로 있을 때였다. 동생 이길이 즐거워 '형과 함께 적벽에서 노닐다'를 지었다.

배는 강 위에서 흔들거리고	搖搖江上船
만사가 동쪽으로 흐르는 물 같아라	萬事東流水
오늘 밤은 다시 무슨 밤인가	今宵復何宵
우리 집이 바로 여기로세	親庭猶在是

이발이 '적벽에서 노닐며'로 화답하였다.

꽃다운 풀이 포근한 담요 같고	芳草厚如氈
청산은 저 멀리 아지랑이에 싸여 있는데	靑山遠似煙
그대 이끌고 오늘 취하니	揮君今日醉
만사를 푸른 하늘처럼 믿을 수밖에	萬事信蒼天
바위가 취하여 엎어지니 적벽인가	巖醉倒赤壁
어부가 살찐 고기 잡아 돌아가니	漁人得雋歸
사랑하는 어머니께 드리고 싶은 생각	惟之遺慈母
그리고 봄볕이 따스하다고 말씀드려야지	猶可報春暉

무등산 주변 여러 산의 계곡이 만들어낸 적벽 아래 물가에서 고기를

잡는 어부를 보자 문득 어머니 생각이 났던 것이다.

재조사림(在朝士林)의 내림

이발은 광주 만산동(萬山洞)에 있는 종가(宗家)도 찾았다. 그때 지은 '삼가 양심당(養心堂)에 부치다'가 전하고 있다. 양심당은 종택(宗宅) 고조(高祖)인 이시원(李始元)의 당호(堂號)였다.

집안 내림 공부에 마음을 전하였으니	家學有傳心
한줄기 근원이 바다만큼 깊구나	一源如海深
바라보니 나에게 있는 듯	瞻之如在我
이밖에 어디에서 다시 찾을 것이 있을까	此外更何尋

이발은 '바다만큼 깊은 뿌리'를 가진 집안의 내림과 학문에 적지 않은 자부심을 가지고 있었던 것이다. 사실이 그랬다.

이발의 가문은 문과급제가 끊이지 않았고 학문과 행실로 인근에 이름이 높았던 거족(巨族)이었다. 성종 18년(1487) 전라감사로 내려온 김종직도 이조원(李調元)이 후진을 양성하는 청심당(淸心堂)을 찾아 가문의 위용과 학문을 칭송한 시를 남긴 적이 있었다.

원자 항렬 오 형제가 실로 거족인데	巨族五元家
일원이 숨은 뜻이 가상하다	一元遯跡嘉
이 세상에서 학문을 숭상하고 살면서	右文今世上

괘고정수(掛鼓亭樹)

광주시 남구 이장동 마을 입구에 있다. 이발의 가문은 급제자가 나오면 마을 앞 정자에 심은 왕버들에 북을 걸어놓고 축하연을 베풀었다고 하여 왕버들을 '괘고정수'라 불렀다. 이선제가 심으면서 '이 나무가 죽으면 우리 가문도 쇠퇴할 것이다'라고 했는데 정여립사건의 여파로 이발과 그 일족이 죽자 나무도 말라죽었다가 이후 억울함이 밝혀지자 다시 새 잎이 돋아났다고 한다. (사진 김동선)

좋은 소식 멀리하지 않기를 바랄 뿐　　　　　　　　毋使玉音遐

　그때 세간에서는 이씨가를 '오원가(五元家)'로 불렀다. 다음 세대 즉 이발의 증조 대에는 문과급제자가 8명이나 나와 '오원팔선가(五元八善家)'라는 칭호도 있었다.
　특히 이발의 직계 선조는 빠짐없이 문과에 급제하고 홍문관·사간원 등에서 봉직하였다. 그래서 이발 형제가 문과에 급제하자 세상에서는 '십대홍문(十代紅門)'이라는 칭호를 더해주었다. 고려 후기 9대조 이순백(李珣白)부터 이발까지 한 세대도 거르지 않고 문과에 급제하였음을 부러워한 것이었다. 어느 가문도 이런 예가 없었다. 그래서 '홍패(紅牌)로 연폭(聯幅)하면 병풍이 된다'는 과장 섞인 소문까지 났다.
　이발의 직계 선대는 한결같이 강직하여 불의를 보면 숨기지도 않고 참지도 못하는 기질이 있어 훈구파와 곧잘 마찰을 빚곤 하였다.
　고조 이형원(李亨元)은 최고 실권자 한명회를 서슴없이 비판하였으며, 증조 이달선(李達善)도 훈구대신 노수신을 격렬하게 탄핵한 적이 있었다. 고조는 통신사로 갔다가 일본의 방해로 상륙하지 못하고 귀국 도중에 병을 얻어 세상을 떠났으며, 증조도 일찍 낙향하여 남평 만적동 오늘날의 삼포면 등수리에 터를 잡고 '날마다 술잔을 즐거움으로 알았고, 집사람에게 살림이 어떠한가를 묻지 않고' 살다가 세상을 버렸다.
　조부 이공인(李公仁)은 훨씬 직설적이며 또한 거침이 없었다. 기묘사화가 일어나 조광조를 '사사(賜死)하라'는 전교가 내릴 때였다. 정광필·안당 등이 "옛 선인·군자도 개혁하고자 하면 과격한 일이 없지 않았습니다"라며 전교를 거두어줄 것을 청하는 자리였는데 기사관으로 입시하였던 이공인이 갑자기 이렇게 여쭈었다.

근본을 모르고 어떻게 일을 기록할 수 있겠습니까? 또 조광조 등에게 과격한 일이 있었더라도 어찌 자신을 위하여 꾀하였었겠습니까! 다만 나라의 일을 위하다가 이렇게 되는 줄 몰랐을 뿐입니다. _{중종 14년 11월 병오}

그해 가을에 문과에 갓 급제하여 시정기(時政記)를 작성하는 말단이 할 수 있는 말이 아니었다. 그것도 한 번이 아니었다. 임금이 뜻을 굽히지 않자, 또다시 "조광조 등에게 어찌 다른 뜻이 있었겠습니까! 나라의 일을 위하고자 하였을 뿐입니다. 대신에게 다시 물어서 판부(判付)하시는 것이 어떠합니까?" 하였다. 이런 일이 있고 얼마 안 되어 세상을 떠났다. 중종 17년(1522) 4월이었다.

그러한 내력을 이어받았음인가? 이발은 좋고 싫음이 분명하고 그른 일에 눈감는 법이 없었다. 그러나 맑고 깨끗한 사람을 보면 신분의 빈천과 벼슬의 고하를 가리지 않고 좋아하였다. 『어우야담(於于野談)』의 저자 유몽인(柳夢寅)의 「유희경전(劉希慶傳)」에서 그런 풍모를 엿볼 수 있다.

내가 유희경과 알게 된 것은 근 40년이 된다. 처음 사귈 때 장의동의 청풍 계곡으로 놀러 갔는데 계곡 위에 집이 있던 이발이 맑고 탁 트인[淸疏] 유희경을 아껴 집으로 데리고 갔다.

이발이 유희경을 만나는 모습을 적었는데 선조 8년(1575)경이었다. 유희경이 깨끗하고 탁 트인 사람이라는 점을 말하기 위하여 이발과의 만남을 예로 들었던 것인데 이발이 그러한 사람을 좋아하였음을 전해주고 있는 것이다. 그러기에 이이도 이발을 '세상이 소중하게 여기는 청명한 사람'이라고 하지 않았을까?

4. 무서운 세상이 오고 있었다

서로 시름을 앓다

이발이 남평에 있을 때 이이는 의욕적으로 국정을 처리하였다. 수차에 걸쳐 시폐(時弊)를 상소하면서 군사와 백성을 기르고 재용(財用)을 풍족하게 하기 위한 정책을 강구하였다. 먼저 주군을 통폐합하여 군현의 과소에 따른 지방행정의 불균형을 시정하고, 공안을 개정하여 과다한 공물을 줄여나가고자 하였다. 또한 서얼이나 공사천을 군사로 선발하는 방안도 제시하였다. 군역을 마친 서얼에게는 과거응시자격을 주고, 공사천은 면천하여 양민으로 한다는 조건까지 내걸었다. 이렇게 하면 거의 10만에 가까운 군사를 얻을 수 있고, 국방은 걱정할 것이 없다고 생각한 것이다. 영의정 박순이 힘을 보탰고 정철이 다시 도승지가 되어 뒷받침하였다.

그러다가 이이가 그만 실수를 저지르고 말았다. 선조 16년(1583) 여름 니탕개(尼湯介)가 함경도 종성을 공격하자 병조판서로서 군대를 출동시켰는데 임금에게 아뢰지 않고 독단으로 처리하고 만 것이다. 설상가상 임금이 불렀는데도 바로 입시하지 않았다. 이를 기회로 이이에 대한 동인의 공세가 본격화되었고 서인과 동인의 갈등의 골은 한층 깊어졌다. 그동안 이발과 함께 이이에게 퍽 우호적이었던 김우옹까지 공개적으로 비판하기 시작하였다.

이이는 성격이 막힘이 없고 곧은 나머지 서인이 자신을 종주(宗主)로 삼으며 팔고 있음에도 깨닫지 못할 뿐 아니라 붕당을 조합(調合)한다고 하면서 넌지시 서인 편을 들어 임금에게는 오히려 동인이 화합을 거부한다고 말한 적까지 있습니다.
『동강집(東崗集)』, 「논시사소(論時事疏)」

이이가 서인에게 이용당하고 있다는 것이다. 이런 와중에 송응개·허봉·박근원이 더욱 강하게 이이와 서인을 비판하였다. 그러나 결과는 세 사람이 변방으로 유배를 가는 것으로 일단락되었다. 동인이 일시에 위축되었음은 물론이다. 동인의 주요 인물들은 외직으로 밀려나고 박순·이이·정철이 정국을 장악하였다. 성혼도 이조참의가 되어 나섰다. 이러한 상황에서 심의겸의 영향력이 조정에 미쳤다. 심의겸과 절친한 홍성민(洪聖民)이 예조판서, 구봉령(具鳳齡)이 부제학이 된 것이다. 동인에게 공세의 빌미가 생긴 셈이었다.

여기에 서인 내부도 평탄하지 못하였다. 박순과 정철이 동인의 맹장이던 이순인(李純仁)을 버리자고 하면 이이와 성혼이 듣지 않았다. 또한 이이와 성혼이 이발 형제를 끌어쓰려고 하면 정철이 '이발을 끌어들임은 곧 자기를 배척하는 것'이라며 반발하였다. 이이와 성혼은 여전히 이발을 상대로 생각하였던 것이다.

남평의 이발은 이러한 사정을 아는 듯 모르는 듯 초연하게 지냈다. 나주목사로 내려온 김성일이 모습을 전한다.

도를 찾듯 띠를 한참 베서 청산에 쌓아두네　　　　聞道誅茅積翠間
신선 같은 선비가 이제 들판의 승려가 되었는가　　儒仙還似野僧閒
지금 같은 때라면 큰 처마를 얹을 수도 있을 것인데　如今大廈須君構

겨우 무릎을 펼 만한 홑담장 집에서 살아가네　　容膝休營一堵環

이발이 담장이 겹으로 된 집이 아니라 홑담장 집에서 살았던 모양이다. 그곳에서 이발은 지붕을 이기 위하여 손수 들판에서 띠를 베는 궂은 일도 마다하지 않고 있었다. 그래서 예전의 신선 같은 유자 즉 유선(儒仙)의 모습은 간데없고 들판을 떠도는 승려같이 되었다고 한 것이다. 이발의 답시도 있을 것 같은데 물론 전하지 않는다.

겉은 초연하였으나 실은 단호하였다

선조 17년(1584) 정월, 이이가 격무로 세상을 떠나자 점차 동인이 세력을 펴기 시작하였다. 그런 와중에 정여립의 언행으로 조정이 요동을 쳤다. 한때 정여립은 이이의 문하에 출입하며 "공자가 익은 감이라면, 율곡은 반 익은 감이다"라고 할 만큼 추앙하였지만 이이가 "박학하고 재주가 있으나 남을 이기려는 병통이 있다"고 박대하자 불만이 적지 않았다.

정여립은 이이가 세상을 떠난 후 홍문관 수찬으로 발탁되었다. 이발이 좌상 노수신에게 추천하여 이루어진 일이었다. 이때 정여립은 이이를 "나라를 제멋대로 하며 잘못 이끌었다"고 비판하였다. 그러자 선조가 '이랬다저랬다 하는 형편없는 인물'이라며 내쳤다. 1585년(선조 18) 4월이었다. 서인이 놓칠 리 없었다. '정여립은 스승을 배반하듯이 언제라도 임금도 배반하고 나라를 등질 소지가 있다'고 한 것이다.

이러한 상황에서 이발의 삼년상이 끝나고 있었다. 노수신의 천거가 있었다. 그러나 섣불리 나설 수 없었다. 노모 봉양이 걱정이었다. 그런 모습

진안 죽도

정여립은 명종 22년(1567) 소과에 급제하고 선조 3년(1570) 대과에 급제하였는데 평소 이곳을 자주 찾아 '죽도 선생'으로 불렸다. 이곳에서 자결하였다고 하나 살해되었다는 풍설이 끊이지 않는데, 18세기 초반 남인이 지은 『동소만록(桐巢漫錄)』에는 '죽도에 놀러 왔다가 모반을 인정하여 자결한 것으로 꾸미기 위하여 살해되었다'고 적혀 있다. 진안에서 무주를 향해 약 8km 쯤 떨어진 상전면 수동리 내동 마을에 있었다. 깎아 세운 듯한 바위산 절벽을 맑디맑은 물이 한 바퀴 휘돌아 흐르고 산죽(山竹)이 많아 죽도로 불렸는데 용담댐이 들어서면서 진짜 섬이 되었다. (사진 진안군청)

을 김성일이 또 전한다.

북쪽 궁궐에서 새로 벼슬을 내렸어도	北闕辭新命
동암은 세상의 영화에서 물러났네	東巖謝世榮
아무 일 없는 듯 술을 마시는가	酒應無事飮
시를 읊으며 불평 한마디 없구나	詩豈不平鳴
길고 짧음은 천운에 따르고	消長從天運
덥고 시원함은 물정을 믿어야지	炎凉信物情
옥 같은 구슬을 나에게 여러 번 주었는데	瓊瑤頻寄我
하나같이 마음에서 우러난 소리더라	一一是心聲

마침내 이발은 노모 봉양을 동생 이길에게 맡기고 상경하여 대사간으로 복귀하였다.

이발은 홍성민·구봉령 등이 심의겸과의 인연과 청탁으로 요직을 차지하였다면서 그동안의 인사가 잘못되었음을 역설하였다. 선조 18년(1585) 8월이었다. 그리고 한 달 후 선조는 심의겸을 파직하였다. 그때 내린 전교가 다음과 같았다.

심의겸은 한때의 이름 있는 사류였던 박순·정철·박점(朴漸)·김계휘(金繼輝)·박응남(朴應男)·윤두수·윤근수·신응시(辛應時)·이해수(李海壽) 등과 생사의 교제를 맺고 안팎으로 의지하면서 성세(聲勢)를 북돋았다. 기염(氣焰)이 장황하여 멋대로 속마음을 내보이면서 굳게 결탁하였으므로 깨뜨릴 수가 없었다. 또한 이이와 성혼 같은 사람도 친척의 후정(厚情)이 있거나 밀접하게 교제하며 심의겸에게 농락을 당하면서도 부끄러워할

줄 몰랐다.   선조 18년 9월 기사

　서인은 심의겸의 편당이며 이이와 성혼도 심의겸에게 농락당하였음을 선언한 것이다. 서인의 지도자들은 조정을 떠나고 마침내 동인 집정의 시대가 열렸다. 이발이 장본인이었다.

임금의 뜻은 딴 데에 있었다

　서인도 물러서지 않았다. 공세의 초점이 이발에게 집중되었다. 먼저 이발이 노수신에게 정여립을 추천한 사실을 들어 "조정의 정사를 멋대로 독단하면서 옳지 못한 인물을 끌어들여 환란을 조성하였다"고 하였다. 마침내 이이를 배반하였다는 허물을 뒤집어씌웠다. "일찍이 이이를 스승으로 섬겼는데 논의가 일치하지 않게 되자 끝내 공격할 뜻을 가졌다"고 한 것이다.
　이발은 임금에게 '처음에는 이이와 성혼을 따랐음'을 솔직히 사뢰었다.

　이이는 성질이 소통(疏通)하고 재주가 높고 학문이 넓으며 일심으로 국사를 보려는 성의가 있었습니다. 성혼은 행동마다 옛 현인을 본받아 인망이 높으니 이이와도 비할 바가 아니었습니다. 신이 김우옹·정여립보다 이이·성혼과 교분을 더욱 두텁게 하여 일찍이 정치로는 이이를 허여(許與)하고 도학은 성혼을 추앙하였습니다.

　이발은 이이와 성혼을 따랐음을 말하면서 '김우옹·정여립과 절친하

다'는 점을 숨김없이 밝힌 것이다. 정여립을 내친 선조는 어떻게 들었을까? 이발은 '이이와 뜻을 달리하게 된 사유'도 함께 여쭈었다.

이이가 조정에 들어와 국사가 혼란해졌으니 평생 나라를 걱정하는 마음이 도리어 나라를 그르치게 하였으며, 이이가 죽은 후에 박순과 정철이 주장을 하던 갑신년(1584) 한 해에 혼란은 더욱 심해졌습니다. 공론이 무겁고 사정(私情)은 가벼운 것이며, 사우(師友)도 생각해야 하지만 나라를 저버릴 수가 없었습니다.

이발은 '이이·성혼과 처음에는 같았지만 나중에는 갈리게 되었다'는 것을 진솔하게 고백하면서 영상 박순 때문에 더욱 혼란이 가중되었다고 지적한 것이다. 『일월록』에 나오는데 『연려실기술』의 「선조조고사본말(宣祖朝故事本末)」에 다시 실려 있다. 이때가 선조 20년(1587) 3월이었다.

이발은 대사간에서 물러나 고향으로 내려갔다. 이때 선조는 '삼색도화시(三色桃花詩)'를 옥당에 내렸다.

한 나뭇가지에 곱게 핀 복사꽃이	夭桃一樹枝
무슨 일로 두세 가지 빛깔이냐	何事兩三色
식물도 오히려 이와 같으니	植物尙如此
인심이 반복하는 것 마땅하리	人心宜反覆

또 다른 시 '벽도화시(碧桃花詩)'가 있었다.

흰 꽃은 눈처럼 희디희니	白花白如雪

매화 빛깔 어지럽힐까 두렵구나	恐亂梅花色
벽도의 꽃이라 이르면서	云是碧桃花
어찌하여 이름이 실제와 다른고	如何名異實

이발을 두고 '세상에 푸르고 맑은 이름이 널리 퍼져 있지만 그 마음을 알 수 없다'고 풍자하였던 것이다. 임금의 마음이 떠난 것이다.

5. 뿌리째 뽑히다

유언비어가 난무하다

이발은 얼마 후에 다시 대사성이 되어 서울로 올라왔다. 그때의 정경을 김성일의 시가 전해준다.

비단옷이 쑥대밭에 무릎을 꿇고	綵服降蓬館
꽃수레가 범 사는 굴에 들어가네	華軺向虎闈
가고 머물고 함이 오늘의 뜻이런가	去留今日意
마땅히 충효를 아는 집안이네	忠孝一堂宜
세도가 자주 뒤집히고	世道多飜覆
인심이 어지럽고 시비가 엇갈리니	人心混是非
서인이 웃는다고 어찌 되겠는가	如何西笑日
언제 돌아올지 정중하게 물어볼 뿐이네	鄭重問歸期

서인의 공세가 치열한 상황에서 다시 조정에 나선 이발을 비단옷 입은 사람이 쑥 밭으로 가고 창칼도 들지 않고 호랑이 굴로 들어가는 것에 비유하였다. 그러나 이발이 서인의 공세를 너끈히 이겨내리라고 생각하였다.

서인의 이발에 대한 공세는 실로 집요하였다. 그 선봉에 이경진(李景震)·이귀·서익·조헌 등이 있었다. 이경진은 이이의 조카이며, 이귀와 서익은 이이와 성혼의 제자로 훗날 인조반정의 주역이 된다. 그리고 조헌은 임진왜란 때 의병을 일으켜 금산전투에서 칠백 의사와 함께 순절하였다.

조헌의 상소는 실로 격렬하고 치밀하게 동인의 약점을 샅샅이 폭로하였다. 그 배후에 송익필(宋翼弼)이 있다는 풍설이 돌았다. 송익필에게는 동인을 타도하여야 할 사정이 있었다.

중종 16년(1521) 10월 '안당의 아들 안처겸이 훈구대신을 죽이고 경명군(景明君)을 왕으로 삼으려는 음모를 꾸몄다'고 하여 안씨 일가는 물론 김정·기준 등 기묘사림이 목숨을 잃은 사건이 있었다. 그때 안씨가의 얼첩의 아들인 송사련은 고발의 대가로 양인이 되었을 뿐 아니라 벼슬을 얻고 네 아들에게 학문도 가르쳤다. 그 셋째 아들이 바로 송익필이었다. 문장과 학문이 뛰어나고 특히 예학에 밝았던 송익필은 이이·성혼·정철 등과 교유하며 많은 제자를 양성하였는데, 그중 한 사람이 조헌이었다.

그러나 선조가 즉위하면서 송사련의 고발이 무고였다는 것이 밝혀짐에 따라 송사련에게 내린 직첩은 몰수되고 대신 안당·안처겸 부자의 억울함이 풀리고 관작도 회복되었다. 송익필에게 암운이 깃들었던 것이다.

그런데 여기에서 끝나지 않았다. 안씨가에서 송사련의 후예들을 노비로 삼겠다는 소송을 냈다. 송사련이 본래 안씨가의 노비였다는 것이 구실이었다. 그러나 당시 신분법이 천민이 도망하였을지라도 60년이 넘으면 원래대로 돌릴 수 없다는 규정이 있었다. 이에 따르면 시효가 이미 지난 일이었다. 그래서 조정도 직첩을 환수하였을 따름이지 천민 신분으로 되돌리지는 못하였던 것이다.

그러나 서인의 모주(謀主)로 일컬어지던 송익필을 제거하겠다는 목적에서 송사가 성립되었고, '속량되지 않은 여종의 소생이므로 송익필 형제는 안씨가의 노비이다'라는 판결이 나왔다. 송씨 형제는 안씨가에 신공(身

貢)을 바치든지 사역을 당할 처지가 되어 황해도 등지로 도망을 다니며 숨어 살았다. 선조 19년(1586)이었다.

이때부터 여러 소문이 나돌았다. 세간에는 '이씨가 망하고 정씨가 일어선다'는 '목자망존읍흥(木子亡尊邑興)'의 참언(讖言)이 퍼지기 시작하였다. 또한 선조 20년(1587) 2월, 왜구가 전라도 남해안의 녹도·가리포·홍양 등에 침입하였을 때 전주부윤 남언경(南彦經)의 명령으로 정여립이 군사를 징발하였는데, 이를 두고 '정여립이 한 번 호령하니 대오가 정해지고 군령이 매우 엄하였으며, 군사는 조련이 잘 되어 있었다' 거나, '왜구가 물러갔는데도 정여립이 훗날 변고가 있으면 너희들은 각각 부하들을 거느리고 일시에 와서 기다리라고 하였다'는 소문이 났다. '천안의 화적 길삼봉(吉三峯)이 정여립과 교결하였다'는 유언비어도 무성하였다.

이 무렵 송익필은 황해도 교생 몇 사람에게 "전주에 성인이 났으니 정수찬(鄭修撰)인데 친밀하게 지내는 길삼봉도 하루에 삼백 리를 걸으며 지혜와 용맹이 비할 데 없는 신인(神人)이라 한다. 너희들이 가서 만나면 벼슬이 스스로 올 것이다"라고 부추겼다고 한다. 실제 안악 교생 변숭복(卞崇福)·박연령(朴延齡)·조구(趙球) 등이 정여립을 찾아갔다.

이즈음에 '남평 재상은 발(潑)과 길(洁)이라네'라는 동요가 아이들 사이에 퍼졌다. 임금이 임명하지도 않았는데 '이미 재상이 되었다'는 것이다. 참언이었다.

아아, 한발 늦었다

이발은 아득하였다. 마침내 사직을 결심하였다. 모친 봉양을 명분으로 내세웠지만 "조정에서 할 수 있는 일이 없습니다"라는 말을 더하고 말았다. 선조는 어떻게 들었을까? 선조 22년(1589) 9월이었다. 홍가신(洪可臣)이 '이발을 떠나보내며'를 지어 전송하였다.

나라 걱정 시국 상심에 백발이 다 되었네	憂國傷時白髮新
거친 사립문에서 삼 년을 적막하게 보내더니	柴扉寂寞過三春
어찌하여 지금에는 이렇게 갈리게 되었나	如何今日臨岐別
누대에 누어 모래밭에 머리를 두어도 취하지 않음이라	臺臥沙頭未醉人

당시 이발이 머리가 하얗게 세었던 모양인데 홍가신은 시묘와 시국으로 고생하고 상심하였기 때문이라고 생각하였다. 이때 지은 이발의 시가 있다.

아득한 남쪽 길 새들이 밖으로 날고	南路迢迢鳥外兮
장안 서편에는 온통 해를 가리는 구름뿐이라	長安西指日邊雲
아침에 간밤 꿈 생각해보니	朝來記得中宵夢
반은 어머니요 반은 임금이로세	半是慈親半聖君

서인이 임금 주위를 둘러싸고 그 총명을 가리고 있는 형국에서, 충과 효의 갈림길을 두고 방황하는 심경을 내비친 것이다.

이발이 귀향하자 이번에는 동생 이길이 의정부 사인(舍人)이 되어 상경하였다. 전주에서 하룻밤을 머물며 정여립을 만나 서로 술잔을 나누었다고 한다. 그런데 정여립이 취중에 은근히 모반할 뜻을 내비쳤다. 이길은

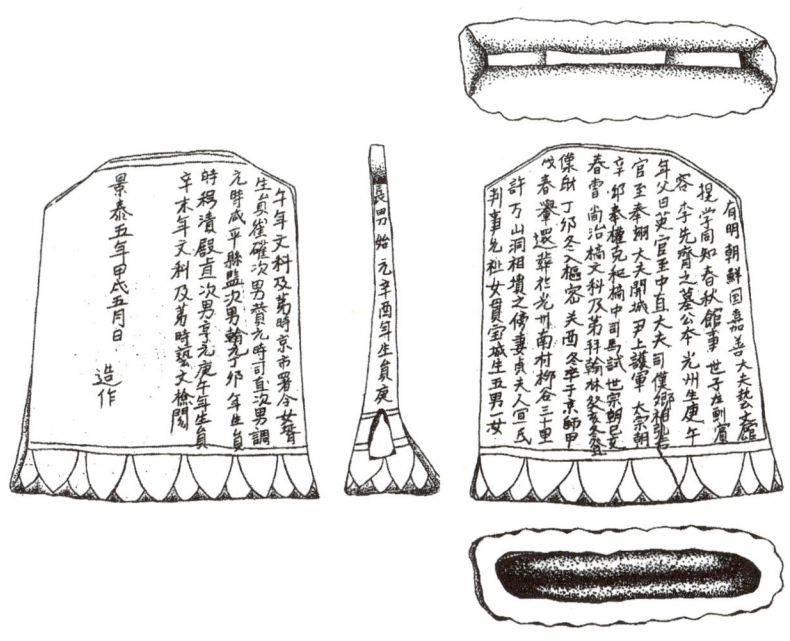

분청사기상감묘지명(粉靑沙器象嵌墓地銘)

「조선일보」 김홍진 기자는 '단종 2년(1454)에 만들어지고 묘지명이 쓰여진 분청사기가 일본의 고미술상에 팔려나갔다'(1998년 9월 2일)고 보도하면서, '김포공항에서는 허락되지 않았던 분청사기가 김해공항에서는 태연히 빠져나갔다'고 하였다. 사진은 당시 분청사기의 반출을 끝까지 반대하였던 김해공항의 문화재 감정관 양맹준이 필사한 묘지명인데 바로 그 주인공이 이선제(李先齊)였다. 여기에서 이선제의 생몰연도와 다섯 형제의 서열이 족보와 다름이 밝혀졌다. 기축옥의 참화로 온 가문이 중흥조대(中興祖代)의 사적마저 잘못 알게 되었구나 하는 생각을 떨칠 수 없다. 그리고 분청사기가 일본으로 팔려간 것은 무슨 조화인가 하였다.

당황하였다. 새벽길을 나서며 정여립이 목숨을 노릴지 몰라 상경길에 만난 시대의 방외인 임제(林悌)의 아들 임지(林地) 일행과 동행하는 한편 우선 급히 고향에 있는 형에게 알렸다.

이발도 급히 상경하였다. 정여립의 모반을 고하기 위함이었다. 그러나 한발 늦었다. 이발이 한양에 닿기도 전에 황해감사 한준(韓準)이 '정여립의 모반'을 알리는 장계가 임금에게 들어갔다. 10월 2일이었다.

선조는 정여립의 역모에 가담한 사람들의 면면을 보고 받고 처음에는 "이런 사람들이 역모에 동참하지는 않았을 것이다"라고 하였다. 대수롭지 않은 사람들이 역모를 한다는 것이 이해되지 않는다는 반응이었다. 그러나 문초가 진행되면서 잡혀온 사람들의 입에서 '반역은 아니지만 반국(叛國)을 하여 의식(衣食)을 넉넉히 할 생각을 가졌다'고 하자 생각이 바뀌었다. 이때 '지금 역적과 죽음을 나누겠다는 사우(死友)로 결탁한 심복이나 형제와 같은 사이로는 이발·이길·백유양(白惟讓) 등이 있고, 절친한 친척 사이로는 정언지(鄭彦智)·정언신(鄭彦信) 등이 있는데 길 가는 사람도 다 아는 사실이다'라는 내용의 상소가 폭주하였다. 주로 서인에 속하는 유생들이 올렸다. 이때부터 사태는 걷잡을 수 없이 전개되었다.

동인에 대해 절치부심(切齒腐心)하던 정철이 위관이 되었고, 옥사는 "신문은 비록 지나치더라도 후일을 경계토록 하라"는 선조의 방침에 따라 혹독하게 진행되었다.

이발과 그 가문의 참화는 피할 수 없었다. 뿌리째 뽑히고 말았던 것이다. 훗날 금산전투의 의병장으로 유명한 고경명이 이러한 시를 남겼다.

사람들이 광산 이씨 가문을 일컬어	人道光州李
씨족 중에 으뜸이라 하였네	雄於氏族林

여러 조정을 빠짐없이 옥당에 오르고	屢朝登署玉
금오대에는 여섯 형제가 함께 있었네	六葉共題金
지금은 쇠잔하여 가는 실낱같이 되었으니	衰緒今如線
옛 터를 보매 거듭 마음 아프네	遺墟重愴心
만산동 고개에 지는 해 바라보며	斜陽萬山嶺
옛날 생각에 얼마나 깊은 신음 삼켜야 하는지	懷古幾沈吟

누대(累代)에 걸쳐 홍문관 벼슬이 끊이지 않았고 사헌부에 형제 여섯이 한꺼번에 자리를 차지한 적이 있었던 가문이 처절하게 무너졌음을 읊은 것이다. 고경명은 이발의 고종조(高從祖) 이조원에게 배우다가 사위가 되었고 기묘년간 현량과에 들었다가 사화를 당한 고운(高雲)의 손자였다.

『동남소사』에 담긴 뜻

호남 제일로 쳤던 명가의 후예로 태어나 맑고 깨끗한 처신과 품행으로 일세의 중망을 얻었건만 지나치게 결백하고 구차함을 참을 수 없었던 이발. 그만큼 적이 많았고, 임금 앞에서도 너무 당당하고 숨김이 없어 지독한 안타까움을 불러들일 사연을 안고 살았고 그러다 목숨을 빼앗겼다.

기축옥(己丑獄)의 피해자들이 광해군 치세를 거치며 거의 신원 복권되었지만 이발은 예외였다. 그러다가 인조 2년(1624) 영의정 이원익이 발의하여 겨우 신원 복직되었다. 이발이 죽고 시신조차 고향으로 가지 못하여, 아니 갈 수 없을 만큼 철저히 부서져서 아스라할 때, 홍가신이 시신을 수습하자 자기 선산에 유택(幽宅)을 마련해준 이원익이었다.

숙종 20년(1694) 남인이 집권하였을 때에는 이조참판으로 벼슬을 올려주고 효행으로 정려(旌閭)하라는 전교까지 있었지만 이마저 중단되었다. 곧바로 남인이 대거 숙청된 갑술환국(甲戌換局)이 있었던 것이다. 서원 배향은 생각할 수도 없었다. 그러다 순조 20년(1820) 강진 수암산 아래에 광산 이씨 문중에서 이선제(李先齊)를 주벽(主壁)으로 한 수암서원(秀巖書院)을 건립할 때 고종조 이조원, 부친 이중호, 그리고 동생 이길과 함께 배향되었다.

수암서원이 건립되기 바로 전까지 강진에서 18년 귀양살이를 한 정약용은 『동남소사(東南小史)』를 엮었다. 여기서 '동남(東南)'은 이발의 호 동암(東巖)과 이길의 호 남계(南溪)를 칭한 것으로 형제의 참화와 신원 복권의 과정을 여러 책에서 뽑아 묶어낸 것이다. 정약용은 해남 윤씨가의 종손 윤두서(尹斗緖)의 외증손이었는데 그렇다면 이발 형제와 외가가 같아 『동남소사』를 남겼을까? 아니다.

정약용은 기호의 친지들에게서 '더워서 역병이 많고 지네와 살모사가 많아 한번 물리면 약이 없으며, 풍속이 영리하고 경박한 땅에서 지낸다'는 걱정을 들을 때마다 크게 탄식하였다. '탐진을 변호한다'는 「탐진대(耽津對)」란 논설을 짓게 된 동기였다. 먼저 '역병이 많고 살모사 지네가 많다'는 점에 반론을 제시한 부분부터 대강을 옮기면 다음과 같다.

중국 남쪽에서 생산되는 귤이 회남(淮南)을 넘으면 탱자가 된다고 하고 탐진에서 나오는 귤과 유자도 월출산을 넘으면 탱자가 된다. 그러면 탐진은 중국의 회남과 비슷한데 누가 중국의 회남을 가르켜 역병이 많은 땅이라 비웃는가? 하늘이 생물을 내릴 때는 '비보(裨補)에 있지 해인(害人)하기 위함'이 아니라 지네나 살모사라도 해(害)는 미미하고 아픈 사람에게는 금단(金丹)이 되고 또한 가효(佳肴)가 되니 도움이 많지 않은가.

바다가 가깝고 더위가 심한 풍토나 기후에서도 값진 과일이 열리고, 또한 만나기 싫은 벌레나 동물이라도 궁극적으로는 사람에게 도움이 됨을 말한 것이다. 그리고 인심과 풍속의 후덕함과 진솔함을 전하였다.

탐진에서는 벼를 베고 나면 땅이 없는 가난한 사람들이 제 땅처럼 보리를 파종한다. 이것이 좋은 일 아닌가? 그러면 보리가 익으면 땅 주인과 반으로 나누는가? 아니다. 그렇다면 세금을 대신 내주는가? 아니면 모를 심을 때 힘을 보태는가? 이도 저도 아니다. 지력이 약해지지 않겠는가? 그렇다. 보리를 베지 않았는데 비가 와서 모내기를 하지 못하면 어떻겠는가? 물론 그런 일도 있다. 아아, 어짊이여!

이모작을 하는 남녘에서 보리에 대해서는 소작료를 면제하는 관습을 예로 들어 '영리하고 경박하면 결코 그럴 수 없다'고 단언한 것이다.
그러나 정약용의 탄식은 가시지 않았다. 탐진 사람이 이런 정도의 오해와 편견 때문에 원통해하는 것이 아님을 알고 있었기 때문이다. 그래서 "탐진의 원통함이 어찌 여기에 그치겠는가?"라고 절규하였다. 바로 정치의 부패와 관리의 탐욕으로 살 만한 땅이 피폐해지고 넉넉한 인심이 허물어져가는 현실이 더욱 원통했던 것이다. 이때 한없는 상념에 잠겼을 것이다.
자신은 왜 이 땅으로 유배를 왔는가? 이러한 정치현실의 연원은 어디에 있는가? 이중환(李重煥)은 『택리지』에서 왜 '전라도는 살 만한 땅이 되지 못한다'고 하였을까? 이러한 배척은 어디에 연원하는 것일까? 『동남소사』를 엮은 동기도 이러한 의문을 풀려는 데 있지 않았을까? 그러면서 과거의 진실을 통하여 오늘의 화해를 염원하였을지 모른다.

그러나 정녕 전라도는 이후로도 오래도록 서로에 대한 원망을 삭이지 못하였다. 한말『매천야록』을 남긴 황현(黃玹)이 언젠가 이발이 살던 남평마을과 오현당(五賢堂)을 지나간 적이 있었는지 '동암·남계에 대한 감회'란 시를 남겼다.

높은 벼슬과 문장에서 두 마리 봉황이네	玉署文章兩鳳雛
광산 문호가 호남에서 으뜸이었는데	光山門戶冠全湖
오늘에 이르러 공의는 원통한 옥사라 정해지고	柢今公議終冤獄
그 시절 깨끗한 이름 역시 큰 선비라 하지만	當世淸名亦大儒
부제학 나온 마을이 이리 거칠어 산귀신도 울부짖고	副學村荒山鬼嘯
오현당에 밤이 오면 반딧불마저 말라버렸구나	五賢堂暗水螢枯
송강과 서애 중 누가 은인이고 원수인가 하는 말들	松爺厓相誰恩怨
야사에 아무리 많아도 태반은 사실이 아니로다	野錄沈沈太半誣

16세기의 참사가 지금까지 헤아릴 수 없이 많은 오해와 원망을 낳고 있음을 알고 너무나 어지러운 심사를 가눌 길 없어 읊었을 것이다.

운명은 어쩔 수 없어도 세상은 바꿀 수 있다

정개청 鄭介淸

정개청 연보

1529년 (중종 24) ─── 나주 대곡동 출생, 자 의백(義伯), 호 곤재(困齋)
1567년 (선조 1) ─── 39세 박순과 '의지논변'
1574년 (선조 7) ─── 46세 전라감사 박민헌이 '유일'로 천거
1575년 (선조 8) ─── 47세 유희춘의 '사서토석' 작업 참여
1577년 (선조 10) ─── 49세 대안동 학당 훈장, 북부 참봉 제수
1580년 (선조 13) ─── 연은전 참봉 제수
1581년 (선조 14) ─── 동몽교관 제수
1582년 (선조 15) ─── 54세 나주향교 훈도
1584년 (선조 17) ─── 「동한절의진송청담설」지음, 사옹원 참봉 제수
1585년 (선조 18) ─── 교정청 낭관, 소격서 참봉 제수
1588년 (선조 21) ─── 60세 곡성현감
1589년 (선조 22) ─── 전생서 주부 제수
1590년 (선조 23) ─── 62세 유배지 아산보에서 타계

16세기 중반까지 사림 탄압이 계속되는 동안 정계 진출보다는 은둔과 학문의 길을 가는 '처사형 사림'이 속출하였다. 그러나 현실을 방관하거나 포기하지 않았다. 오히려 성찰과 비판을 통해 나은 세상을 꿈꾸었다. 이들의 힘은 학문과 교육이었다. 주자성리학만을 고수하지 않고 역학·천문·지리·의술·병법까지 널리 공부하였다. 박학(博學)과 회통(會通)의 학풍인 것이다. 화담학파와 남명학파가 온상이었다. 선조 치세가 되자 일부가 '유일'로 관직에 나섰지만 상당수는 재야에 그대로 남았고, 그만큼 조정과 왕실에 대하여 비타협적이었다. 그러나 국가와 왕실이 처사형 사림의 속성과 경향을 인정하며 활동을 보장한다면 조정과 재야, 중앙정계와 지방학계의 소통과 견제도 그만큼 수월할 터였다. 정치와 학문, 참여와 비판의 균형추가 생기는 셈이기 때문이다. 그러나 국왕과 조정은 처사형 사림이 달갑지 않았다. 오히려 왕권의 절대화에서 빠져나가려는 원심력(遠心力) 내지는 조정의 여론을 배후에서 조정하며 붕당을 끌고 당기는 자력선(磁力線)으로 보는 경향이 없지 않았다. 이러한 처사형 사림이 '정여립사건'으로 촉발된 '기축옥'에서 적지 않게 희생을 당하였다. 기축옥을 또 하나의 '사화'로 보는 연유가 여기에 있었다. 기축옥의 희생자로는 최영경과 정개청이 대표적이었다. 최영경은 이발이 종유(從遊)하였다는 것이 문제가 되었고 정개청은 호남 사림들이 문학과 풍류로 기우는 경향이 정철에서 비롯되었음을 거침없이 공격하였기 때문에 희생되었다. 정개청이 죽을 수밖에 없는 이유는 이뿐이 아니었다. 평소 공부하며 가르치면서 학자의 거짓, 관료의 탐욕 나아가 임금의 실정을 강하게 비판하였고 이런 뜻을 상소를 통하여 임금에게도 전했던 것이다. 기축옥으로 처사형 사림이 대거 희생되었기 때문에 향후 조정과 재야, 중앙과 지방의 소통과 견제가 결정적으로 차단되었다.

1. 기축옥은 사화였다

억울한 죽음들

기축옥은 엄청난 참화였다. 많은 사람이 국청에 들어와 고문을 받고 죽거나 귀양을 갔다. 우의정 정언신과 그 아우 참판 정언지는 정여립의 먼 인척이라는 이유로 남해와 강계로 쫓겨가 세상을 떠났다. 김우옹과 홍종록(洪宗祿), 훗날 『동국지리지(東國地理志)』를 남긴 한백겸(韓百謙)도 멀리 유배를 갔다. 이발과 친하다는 이유였다.

정여립과 만나 '항우는 천하의 영웅인데 성공을 못한 것이 애석하다고 하며 서로 눈물을 흘렸다'고 모함을 당한 임제는 이미 세상을 떠난 터라 아들이 대신 형벌을 받았다.

실로 억울한 죽음이 잇따랐다. 부제학 백유양은 넷째 아들이 정여립에게 배우고, 그 조카사위가 되었다는 이유로 일단 잡혀왔다. 그런데 가택수색으로 압수된 편지 중에 "임금이 시기심이 많고 승냥이처럼 괴팍하다", "조금도 인군(人君)의 도량이 없다"는 구절이 있어 본인은 물론 아들 네 형제가 함께 죽었다. 그런데 이런 참상을 연출한 사람은 백유양의 사촌인 백유함(白惟咸)이었다. 묵은 원한 때문이었다.

을사사화로 유배를 당하고 폐고(廢錮)되면서 형편이 어렵게 된 백인걸이 딸의 혼처마저 구하지 못하다가 가까스로 종친 의령군(義寧君)에게 시집을 보내면서 조카인 백유양에게 의견을 구한 적이 있었다. 그런데 백유양은 조금도 거리낌 없이 "종실의 천얼이고, 그 모친과 숙모가 머리에 장터의 아낙이나 두르는 두건을 걸치고 있다"고 하며 반대하였다. 백인걸은 낙담하였지만 이미 이루어진 혼사라 어쩔 수 없이 치렀는데, 이 이야기를 들은 백인걸의 아들 백유함과 그 누이가 깊은 원한을 품었던 것이다. 더구나 백인걸이 동인에게 배척을 당하자 동인에 속한 백유양에게 더욱 분노하였다.

이발이 누구보다 따랐던 최영경도 죽임을 당하였다. 최영경은 이발에게 예론(禮論)과 심학(心學)을 가르친 민순이 "뼈에 스며들 만한 기한(飢寒)에도 오히려 태연하고, 흉금이 쇄락(灑落)하여 항상 즐거워하니 안빈낙도(安貧樂道)하는 사람이 아니면 이렇게 하지 못한다'고 격찬한 처사였다. 김효원도 "산을 흔들기는 쉬워도 선생님을 흔들기는 어려울 것이다"라고 하며 무척 존경하였다. 성혼도 처음 만나보고 "홀연히 맑은 바람이 소매에 가득함을 깨달았다"고 할 만큼 구김 없고 매임을 모르는 채 살았다.

이러한 최영경이 정여립이 두령으로 삼았다는 길삼봉으로 둔갑하였다. 너무 터무니가 없어 쉽게 누명을 벗었다. 그런데 가택수색 과정에서 나온 "냇가의 소가 하룻밤 사이 바람을 일으키는 호랑이가 되고, 오얏나무 아래 신선 같아도 바탕이 어지러운 머리 긴 중이로세"라는 시가 문제가 되었다. 호가 우계(牛溪)인 성혼을 일러 '냇가의 소'처럼 착한 듯하지만 호랑이만큼 무섭다 하고, 젊은 날 절에서 공부한 이이를 '머리 긴 중[髮僧]'에 빗대어 비방하는 풍자시였다. 최영경이 작자라는 것이다. 모두 이이를 '옛사람이 다시 나왔다'고 칭찬할 때 최영경만 유독 '아니다'라고 하고, 성혼과 교유하다가 그가 심의겸과 절친하다는 것을 알고 절교하였기 때문에 그렇게 몰고 간 것이다.

그러나 최영경은 시를 짓는 사람이 아니라고 하여 곧 혐의를 벗었다.

임제의 물곡시비(勿哭詩碑)

나주시 다시면 영산강 변 나주 임씨의 충절을 기리는 영모각(永慕閣) 뜰에 있는 시비. '사방의 나라가 황제를 일컫는데 우직 우리 조선만이 자임하지 못하고 있으니 살면 무엇하고 죽은 들 무슨 한이 있으랴'고 하는 임제의 유언이 적혀 있다. 임제는 기묘사화 때 성균관 유생으로서 조광조를 구원하는 데 앞장섰던 임붕(林鵬)의 손자로 속리산의 성운을 찾아가 배우고 잠시 벼슬을 하였지만 세상을 비관하며 유랑으로 일관하였다. 시인으로서도 유명하지만 관리의 부정부패와 왕실의 도덕성 상실을 비판하며 백성이 살 만한 세상이 오기를 염원하는 『수성지(愁城誌)』・『화사(花史)』・『원생몽유록(元生夢遊錄)』과 같은 한문소설을 남겼다. 그는 곧잘 "내가 만일 중국의 육조시대(六朝時代)에 태어났더라면 윤체천자(輪遞天子)라도 되었을 것이다"라고 하여 자주 바뀌는 왕조의 황제라도 될 수 있다고 하였다. 그만큼 호방하였다. 물곡시는 유언으로 남겼다고도 하지만, 세상을 떠나기 전 진안에 갔다가 현감 민인백(閔仁伯)을 만나 그랬다고 한다. 이 사실이 죽도에 있던 정여립을 체포하러 갔던 민인백의 「토역일기(討逆日記)」에 실려 있는데, 임형택 교수가 재구성하여 『역주 백호전집』에 실은 「백호선생연보」에 나온다. (사진 윤여정)

그래도 풀려날 수 없었다. 스승 조식을 찾아 진주로 이사를 간 최영경이 서울 살던 아들이 죽자 올라왔다가 이발의 소개로 정여립을 한 번 보고는 '정여립의 인물됨을 경계하는 것이 좋겠다'는 편지를 보낸 적이 있었다. 선조 10년(1577)경이었다. 그런데 국청에서 이 편지를 무슨 암호문 풀 듯하여 '이발에게 정여립의 안부를 물었다'고 형문을 가했다. 황망한 일이었다. 환갑이 된 최영경은 지독한 고문을 견디기 어려웠을 것인데, 조금도 흐트러지거나 원망하는 빛을 보이지 않은 채 죽음을 맞았다.

　최영경의 문하를 자주 드나들었던 이황종(李黃鍾)도 죽었다. 일찍이 사마시에 합격하였지만 대과 준비를 하지 않고 최영경과 어울리며 오로지 학문에만 열중하던 처사였다. 최영경의 집을 수색하는 과정에서 '역옥(逆獄)이 사림의 화로 번졌다'는 내용의 편지가 발견된 때문이었다. 실제 기축옥사는 사화였다.

어처구니없고 아찔하였다

나주목사를 지낸 유몽정(柳夢井)도 걸려들었다. 명종 22년(1567) 생원시에 들었을 때 정여립과 함께 급제한 동방(同榜)을 인연으로 선조 12년(1579) 전라도도사로 나갔을 때 자주 만났다는 것이다. 이 사실은 이항의 문하에서 수학한 오희길(吳希吉)의 편지로 밝혀졌다. 정철을 "나라를 그르치는 소인이다"라고 규탄한 악연까지 겹쳤다. 정철은 "네가 전에 나를 심하게 배척하였는데 오늘에 이르러 나의 손에 국문을 당할 줄을 생각이나 했겠는가"라고 모욕을 가하며 형장을 내렸다. 아들 유호(柳濩)가 선조 37년(1604)에 올린 신원상소에 나온다.

일찍이 이황과 유희춘에게 배운 조대중(曺大中)은 참으로 억울하였다. '현량과 복설'을 강력하게 주장한 정도로 기묘사림의 혁신정치를 동경하였던 인물이었다. 이황으로부터 '통유(通儒)'라고 칭찬까지 들었던 조대중은 박순과 이산해의 천거로 벼슬을 하며 이발과도 친했는데 언젠가 '정여립과 절교하라'고 권유한 적도 있었다.

선조 22년(1589) 가을 조대중은 전라도도사로서 각처를 돌며 재해를 입은 토지를 조사하고, 토호가 양민을 숨기고 부역과 세금을 중간에 가로채는 일이 없는지 착실히 살피고 있었다. 그런데 일 처리가 단호하여 토호와 세가(勢家)의 불만을 샀다. 옥사가 시작되어 많은 인사가 한참 잡혀 들어가던 때에는 보성에서 군적(軍籍)을 정비하고 향시(鄕試)를 주관하였다. 그런데 일을 대강 마무리하고 연회에 나갔던 조대중이 눈물을 훔쳤다. 늦가을 차갑고 스산한 바람에 티끌이 날려 들어갔다고 한다.

그런데 며칠 후에 '조대중이 연회에서 크게 취하여 역도가 잡힌 것을 아쉬워하며 눈물을 흘렸다'는 고발이 들어갔다. 바로 끌려갔고 혹독한 고문이 가해졌다.

위관 정철과는 악연이 있었다. 국상(國喪) 중이었다고 하니 명종이었을까 아니면 인순왕후였을까? 낙동강을 건너다가 풍악소리를 울리며 뱃놀이를 하는 정철을 만났다. 정철이 초대하자 조대중은 '낙동강에서 피리소리를 듣다'라는 시를 주며 거절하였다.

낙동강 위에 신선놀음하는 배가 떠 있고	洛東江上仙舟泛
피리 소리 노랫소리 해 넘기는 바람 타고 들려오는데	吹笛歌聲落晚風
나그네 수레 멈추고 들어도 즐겁지 않으니	行客停驂聞不樂
산속 푸른 오동나무 빛깔도 해질 녘 구름에 잠기네	蒼梧山色暮雲中

조대중은 엄청난 고문에 숨죽이며 이러한 시를 남겼다.

일편단심은 귀신도 알 것이네	丹心一片鬼神知
깊은 원한 내뱉지 못한 채 죽음이 더디니	未吐深怨恨死遲
지하에서 비간을 따라간다 하여도	地下若從比干去
외로운 혼백 웃음 머금고 슬퍼하지 않으리	孤魄含笑不須悲

정철이 앞의 두 구절을 빼고 나머지 구절만 선조에게 올렸다. 선조는 영락없이 폭군 주(紂)가 되고 조대중은 충신 비간(比干)이 되었다. 결국 조대중은 물론 세 형제까지 죽었다. 고향 화순에서 네 형제가 대·소과에 급제하였다고 '조씨사봉(曺氏四鳳)'이라 칭송을 받던 가문이 멸문의 화를 당한 것이다.

아찔한 순간들이 계속되었다. 조대중이 체포되어 정읍을 지날 때였다. 의금부 관리가 조대중한테서 압수한 편지를 현감에게 보여주며 "별다른 내용이 없으니 보고하지 않아도 된다"고 하였다. 보고하지 않는 대가를 바라는 칙칙한 미소가 어른거린다. 현감은 태연하게 "그럴 것 없다"고 거절하였다. 현감과 도사 사이에 공무 때문에 주고받은 편지였을 것이다.

얼마 후 조대중의 시신이 정읍을 지나갈 때였다. 현감은 도사와의 인연을 지울 수 없다며 '음식을 차리고 곡을 하였다.' 이때의 정읍현감이 바로 이순신이었다. 그는 공무로 한양에 가서도 소년 시절 글을 배운 정언신을 옥중으로 찾아가 감히 문안을 올렸다. 홍양호(洪良浩)의 『해동명장전(海東名將傳)』에 나온다. 이순신의 기상과 의리를 되새겨볼 수 있는 대목이지만, 참으로 위험할 뻔하였다.

충렬사

정읍시 수성동에 있는 충무공 이순신 사당. 이순신은 정읍현감과 진도군수, 가리포첨사를 지내고 선조 24년(1591) 전라좌수사가 되었다. 유성룡의 천거가 있었다. 이순신은 일본에 간 통신사 일행의 정세 보고로 나라가 뒤숭숭하던 때에 착실하게 군사를 훈련시키고 전선을 제조하며 둔전을 일으켜 군량을 비축하였다. 훗날 정읍 사람은 나라를 구한 이순신이 현감을 지낸 사실이 반가워 제사를 지냈는데, 오늘날에는 공원까지 조성하여 시민이 쉬면서 흠모하도록 배려하고 있다. (사진 정읍시청)

2. 죽음의 구실

절의를 배척하였다니

기축옥은 동인에게 불리하고 서인에게는 기회였다. 여러 군데에서 고변이 있었는데, 주로 서인계 유생이나 교생이 나섰다. 광주향교에서도 십여 명의 유생이 모여 노수신·이산해·유성룡 등 동인측 대신들이 '정여립이 모반하려는 기미를 몰랐을 리 없다'고 주장하는 상소를 올렸다. 정암수(丁巖壽)·양산룡(梁山龍)·김응회(金應會)·유사경(柳思敬)·박천정(朴天挺) 등 성혼과 이이의 문하를 출입하였거나 김천일을 따랐던 유생이었다.

선조는 놀랐다. 정여립과 대면하거나 대화를 한 신하가 한두 사람이 아니었을 터인데, 이런 식으로 무조건 배척하면 걷잡을 수 없는 사태가 올 것이기 때문이었다. 정암수 등을 하옥시키는 것으로 마무리를 지었다.

그러나 이 상소에서 '정여립과 글을 주고받고 일찍이 절의를 배척하는 글을 지었다'고 지목한 정개청은 무사하지 못하였다. 조사가 시작되었다. 처음에는 아무 일이 없는 듯하였다. 그러다 나주 유생 홍천경(洪千璟) 등이 "정개청은 제자 조봉서(趙鳳瑞)와 함께 정여립의 전주 집터를 잡아주었다"고 고발하자 바로 의금부로 압송하였다.

정개청은 선조 18년(1585) 6월 교정청의 낭관이 되어 열흘여를 서울에 머물던 중에 정여립을 만난 적이 있었다. 그러나 집터를 잡아주었다는 것은 사실무근으로 밝혀졌다. 그런데도 위관 정철은 놓아주지 않았다.

정철은 「동한절의진송청담설(東漢節義晉宋清談說)」 혹은 「동한진송소상부동설(東漢晉宋所尙不同說)」이라는 논설을 문제 삼았다. 정개청은 이렇게 적은 바 있었다.

자못 절의를 깔고 있다고 하는 사람은 예의 법도를 벗어나며 천명과 인성의 올바름을 대수롭지 않게 여길 뿐만 아니라 한 세상을 업신여기면서 자기는 옳고 다른 사람은 그르다고 생각한다. 또한 청담의 흐름을 타는 사람은 겉으로는 빈천을 잊고 부귀는 필요 없다고 하며 청고(清高)한 것 같으나 실상은 권력을 찾고 재화를 모으고 있다.

절의가 잘못되면 독선과 교만으로 흐르고, 청담은 탐욕과 무례를 숨기는 기만과 가식의 행동일 수 있음을 경고한 것이다. 이 글에는 호남지방 사족의 습속과 경향이 잘못되었다는 뜻이 담겨져 있었다. 평소 정개청은 '호남 선비들이 절의에 의탁한다고 하면서 명분과 교육에는 몽매(蒙昧)하고, 청담을 본받는다고 하면서 실제로는 이록(利祿)에 욕심을 부리고 있음'을 호되게 비판하곤 하였다. 그러면서 이런 풍조를 정철이 앞장서 유도하고 있음도 숨기지 않았으니 "사람이 주색처럼 빠지기 쉬운 것이 없는데 정철이 후배를 이것으로 유인하여 습속이 장차 무너져 구하기 힘들게 될 것이니 어찌 애석하지 아니한가"라고 일갈하였다. 언젠가는 정철을 "성정을 꾸미고 행동은 거짓이니 정인(正人)이 아니다"라고 혹평한 적도 있었다.

정철이 놓칠 리 없었다. '절의를 배척하자'고 한 '배절의(排節義)'의 의도가 무엇인지를 계속 추궁하였다. 정개청이 『주자어류』를 읽으면서 느끼는 바가 있어 감상을 적었을 뿐이라고 하며 "주자의 논의도 그러하였"

다'고 대답하였다. 사실이었다.

주자는 '동한(東漢)에서 절의를 내세운 사람은 조정을 더럽게 보려는 뜻이 있고 천하를 내려다보는 마음이 있었는데 말류(末流)가 얼마 뒤에 청담으로 흘렀다'고 하면서 '진(晉)·송(宋)의 사람들이 비록 청고를 숭상하는 듯하고 말로는 청담을 하는 듯하지만 개개인을 보면 관직을 구하였으며 권세를 좋아하고 뇌물을 받았다'고 하였다. 실사와 의리를 도외시하고 사사로운 이익에 매몰되는 사습을 비판하는 과정에서 나온 말이었다.

정철은 아랑곳하지 않았다. 오히려 "주자, 주자, 하지 말라. 네가 주자를 어떻게 아느냐? 주자가 그 스승에게 배은망덕하였느냐?"고 하며 더욱 고문하였다. 정개청을 배사(背師)로 몰고 간 것이다. 박순과의 인연을 들춘 것이었다.

박순과 정개청

집안이 넉넉하지 못하였던 정개청은 젊은 시절에 책을 구하고 견문을 넓히기 위하여 여러 곳을 유랑하였는데, 화담학파의 본거지인 개성까지 갔다. 만약 서경덕 생전에 찾았다면 10대 후반이었을 것이고 그곳에서 7살 연상인 박순을 만났을 수도 있었다. 또한 허엽·박민헌 아래에서 같이 글을 읽었을지도 모른다.

이후 정개청과 박순은 서로 편지를 주고받으며 소식을 이어갔을 것인데, 선조가 즉위한 해 정개청과 박순은 행(行)과 심(心), 의(意)와 지(志)에서 무엇을 우선에 두어야 하는가를 두고 의견을 교환한 적이 있었다. 아마 박순이 정개청에게 '뜻을 펴야 하지 않겠는가' 하자 '아직은 마음을 바르게 하고자 공부를 하여야 할 때입니다' 라고 사양하는 과정에서 촉발되었던 것 같다.

정개청이 '행동과 마음에서 어느 것을 앞세워야 하는가?' 혹은 '무엇을 하고자 하는 생각[意]과 마음에 두어야 할 바[志] 중에서 무엇이 앞서야 하는가?' 물었을 것이다. 박순은 '무엇을 하고자 하는 생각이 중요하니 행의(行意)가 먼저이며 심지(心志)는 다음이다' 라고 대답하였다. '의선지후(意先志後)' 혹은 '선행후심(先行後心)' 의 입장이었다.

이에 대하여 정개청은 '선지후의(先志後意)' 혹은 '선심후행(先心後行)' 즉 '마음이 바름을 얻은 다음에야 바른 행의가 있다' 고 주장하였다. 『대학』에서 '멈춤을 안 후에 정해짐이 있고 정해져야 고요할 수 있으며 고요하여야 편안하게 되고 그런 후에 생각할 수 있으며 그런 후에 비로소 얻을 수 있다' 고 하였음을 내세운 반론이었다.

'의지논변' 은 선조 즉위 이후에도 '처사형(處士型) 사림' 과 '재조형(在朝型) 사림' 간의 수신관과 현실인식에 격차가 있음을 보여주고 있었다. 나아가 '현실참여인가, 은둔처사의 길인가' 하는 시대인식과 출처관의 문제가 투영되어 있었던 것이다. 박순이 '현실을 인정하며 무엇을 하려고 하는 생각이 중요하다' 는 현실참여에 섰다면, 정개청은 '새 임금이 즉위하였다고 하지만 아직 때가 아니기 때문에 마음의 뜻을 바르게 하겠다' 는 입장이었던 셈이다.

'의지논변(意志論辯)' 을 거치면서 박순은 정개청에게 『대학혹문(大學或問)』을 소개하였다. 『사서집주(四書集註)』를 완성한 주자가 제가(諸家)의 학설과 해석이 서로 다른 연유를 제자들과 문답하면서 엮은 사서의 혹문(或問) 중에서도 가장 정성을 쏟은 책으로 『대학』에 대한 주자의 최후의 이해를 살필 수 있는 문헌이었다.

그때까지 『대학혹문』을 보지 못한 정개청은 크게 얻은 바가 있었다. 그래서 바로 박순에게 '깨달음을 고하는 편지'라는 글을 보내 "마음이 몸의 혈기에서 나오는 인욕을 벗어야 비로소 하늘에서 받은 본성을 다할 수 있고 이때 비로소 인(仁)을 체현할 수 있다는 것을 새삼 깨닫게 되었다"고 적었다. 박순에게 감사의 뜻을 전했던 것이다. 이후 정개청은 도성에 가면 박순을 찾아가 쉽게 구하기 어려운 책을 빌려 보기도 하였다.

그러나 현실정치에서 박순을 따르지는 않았다. 선조 10년(1577) 박순이 좌의정에서 영중추부사로 물러앉았을 때에는 "허물을 시세로 돌리고 수수방관하고 있다"는 편지를 보낸 적도 있었다. 그런데도 박순은 정개청을 신뢰하였던지 영의정이 되자 성혼·김여물·최경회·서익과 함께 정개청을 '재주와 학식이 밝고 통달한 인물'로 추천하였다. 선조 16년(1583) 3월이었다. 그러나 차츰 소원해졌다.

박순이 '술지(述志)'란 시를 지어 보냈을 때였다. 동인의 공세로 곤욕을 치르던 선조 18년(1585)경이었다.

하늘과 땅이 잇닿은 곳에 강물이 아득한데	乾坤納納水茫茫
병들어 누워 거동을 못해 오래 배를 묶어두고 있었네	臥疾蹉跎久繫航
이제 일엽편주로 표연히 떠나서 훗날을 바라볼까	一棹飄然他日意
어부를 따라 푸른 파도 노래하고 싶은 생각뿐이네	欲隨漁夫和蒼浪

붕당 대립을 거센 풍랑으로 비유한 시였다. 조정에 너무 오래 머물러 이제 떠나려 하지만 이마저 쉽지 않은 처지를 전한 것이다. 정개청이 답하였다.

옛날에는 임금과 신하가 흉금을 털어놓았는데	都兪千載已蒼茫
세상을 편하게 할 노는 바다 위에 떠다니고	濟楫還爲浮海航
도학의 흥망을 임금은 헤아리지 못하니	興喪斯文天未測
머물지 않으면서 왜 파도에 몸은 맡기려는지	不居何必倚鯨浪

마치 '임금과 신하가 서로 만나 정사를 두고 옳고 그름을 허심탄회하게 논의하지 못한 오늘날의 책임에서 벗어날 수 없으니 물러나면서 시세 탓은 하지 않으셔야 할 줄 압니다' 하는 것 같다. 서운한 감정을 감추지 않았던 것이다.

박순에 대한 정개청의 비판은 감정 차원이 아니었다. '재상의 책무는 인재를 제대로 천거하여 국왕을 잘 보필하는 데 있다'는 생각 때문이었다. 그래서 「논재상천거(論宰相薦擧)」에서 '재상은 스스로 악하지 않아도 인재를 제대로 천거하지 못하면 실제 악을 저지른 것이다'라고까지 하였다. 이 글을 읽는 사람이라면 박순도 이런 허물을 벗어나기 힘들겠구나 생각할 만한 논설이었다.

정철이 이런 내력을 알았음인가. "개청은 아직 모반하지 않은 여립이고, 여립은 이미 모반한 개청이다"라고 호되게 몰아쳤다. 정개청도 스승 박순을 배반하였으니 정여립과 다를 바 없다는 것이다. 안방준의 『기축기사(己丑記事)』에 나온다. 정여립 옥사가 성립하기 몇 달 전 지하에 묻힌 박순에게 되물을 수도 없는 일이었다.

정개청은 모진 고문에도 간신히 죽음을 면하였으나 유배지에 도착하였을 때에는 이미 살아날 수 없었다. 그리고 한 달이 못 되어 세상을 떠났다. 선조 23년(1590) 7월 27일, 향년 62세였다. 실로 참담하고 억울한 죽음이었다.

3. 독실한 앎과 삶 그리고 안타까운 풍경

열심히 공부하고 가르치다

젊은 시절 각처를 유랑하며 공부하던 정개청은 불혹의 나이에 무안의 엄담(淹潭)에 윤암정사(輪巖精舍)를 짓고 정착하였다. 이곳에서 경학을 비롯하여 역사·천문·지리·의약·산수·전진법(戰陣法) 등에 다방면으로 공부하였다. 특히 예론과 역학에 조예가 깊어 일가를 이루었고 나주·함평·영암·보성·화순·광주 등지에서 많은 학자가 출입하였다. 정개청은 이들과 독실하게 공부하며 치열하게 토론하였다.

정개청의 명성은 바로 조정에 알려졌다. 전라감사 박민헌이 '능히 백가지 일을 담당할 수 있는 사람'으로 천거한 것이다. 선조 7년(1574) 7월이었다. 후임 감사 최응룡(崔應龍)도 정개청을 예우하였다.

최응룡은 기묘사화의 여파로 관직을 내놓고 선산에서 후학을 양성한 박영(朴英)에게 학문을 익혔는데 정개청에게 '어떻게 다스릴까'를 물었던 모양이다. 정개청은 "중화(中和)는 공경(恭敬)에 있으니 긍지를 내세우지 말고 겸허(謙虛)에 힘을 다해야 하며, 자신의 이해(利害)로서 공도(公道)를 해치는 일이 없어야 한다"고 대답하였다. 유학 신분으로 실로 쉽지 않은 충고였다. 충고가 간절하면 상대방이 거북한 법인데 그런 징후가 없는 것이 오히려 다행일 정도이다.

정개청은 유희춘의 '사서토석'에도 참가하였다. 고향으로 내려온 유희

나씨 삼강문

나주시 남내동 소재. 대안동 학당을 열고 정개청을 학장으로 초빙한 나사침 가문의 충절을 기린 유적. 나사침은 선조 원년(1568) 김천일·김응기(金應期)와 '유일(遺逸)'로 천거되어 경기전 참봉, 의금부 도사, 니산(尼山)현감 등을 지냈는데 효자로 이름이 널리 알려져 정려(旌閭)를 받았다고 한다. 나사침의 아들이 모두 정개청의 문하에서 공부하였기 때문에 기축옥이 일어나자 '정여립과 교유하여 역모를 알고 있었을 정개청을 구명하려고 하였다'는 누명을 쓰고 아들들과 함께 옥에 갇혔다. 나사침은 고령이기도 하지만 '효자 집안에 역신이 없다'는 이유로 석방되었으나 아들 다섯은 모두 유배를 떠났다. (사진 윤여정)

춘이 먼저 찾았는데 정개청의 『대학토석』을 보고 『미암일기』에 "한둘의 구결은 새롭고 마땅한 것을 얻었으니 참으로 기쁘고 기쁘다"고 적었다. 선조 8년(1575) 11월이었다. 『대학토석』을 마치고 이듬해 7·8월까지 『맹자』와 『논어』 토석에도 참여하였다.

이때 유희춘의 이종 동생인 나사침이 나주 대안동에 학당을 열고 정개청을 훈장으로 초빙하였다. 유희춘이 추천하였던 것이다.

대안동 학당의 정개청은 무섭도록 치열한 스승의 모습을 보여주었다. 먼저 주자의 「백록동규(白鹿洞規)」를 본받아 '학령(學令)'을 세웠다. 학도에게 숙연한 공부자세를 요구하고자 함이었다.

또한 '강의계(講義契)'도 조직하여 운영하였다. 처음 계의 이름을 지을 때 일부 제자가 '의(義)를 익힌다는 것은 너무 어렵다'고 난색을 표했던 모양이다. 그러자 오히려 "인(仁)은 처음 공부하는 사람이 쉽게 알 수 없지만, 사물의 당연한 바를 뜻하는 의(義)는 마음만 다스리면 갖출 수 있으니 괜찮다"고 하였다 한다. 공부하는 사람에게 모름지기 의(義)를 따르고 리(利)를 배격할 수 있는 마음 다스림을 요구하였던 것이다. 규칙도 제정하였는데 주자의 「증손여씨향약(增損呂氏鄉約)」을 기준으로 삼았다.

대안동 학당에도 많은 학자가 찾아왔다. 그러면서 배우고 떠나면 그만이 아닌 학자의 모임 즉 '학단(學團)'의 모습을 갖추어갔다. 학당에서의 명성이 인근에 퍼지자 나주목사 유몽정이 정개청을 나주향교의 훈도로 초빙하였다. 박민헌이 천거한 후에 연은전(延恩殿) 참봉, 동몽교관(童蒙敎官) 등의 벼슬이 내렸어도 부임하지 않았지만 '가르치는 일'이 좋았음일까. 기꺼이 나서 대안동 학당에서와 다름없이 열심히 가르쳤다.

정개청은 생도나 교생이 나태하거나 교만하고 규칙을 지키지 않으면 좌시하지 않았다. 이 때문에 봉변을 당하기도 하였다. 한 유생이 일과를 소홀히 할 뿐만 아니라 자만한 모습으로 공부 분위기를 흐리자 나주목사에게 알려 태벌을 내리게 하였는데, 그만 정개청에게 욕설을 퍼부으며 앙갚음을 하였던 것이다. 치열하고 독실한 앎과 삶이 만들어낸 안타까운 광경이었다. 이 유생은 일찍이 기대승과 고경명에게 배우고 이이의 문하에도 출입하였다고 하는데, 훗날 정개청을 '정여립의 집터를 잡아주었다'고 고발한 당사자였다.

그때 정개청은 훈도를 그만두고자 하였지만 박순까지 나서서 "모욕당하는 일은 공자나 맹자도 면하지 못한 일이니 지금 같은 말세에는 어떻겠는가?"라고 만류하여 머물렀다가, 유몽정이 떠나자 미련 없이 빠져나온 후로 후임 목사 김성일이 여러 차례 초빙하였지만 끝내 응하지 않았다.

김천일과의 의례논쟁

정개청은 예론(禮論) 즉 예의 철학에도 조예가 깊었다. 예의 핵심은 하늘을 공경하는 마음에 있으며, 이를 뒷받침하는 의식이 없으면 아니 되니, 의례(儀禮)를 가볍게 볼 것이 아니라 하늘을 향한 공경의식(恭敬儀式)으로 지극정성을 다해야 한다고 하였다. 하늘을 공경하는 마음은 가지런하고 매듭이 있어야 하므로 형식과 절차도 한 치의 소홀함이 없어야 한다는 것이었다.

정개청은 유독 고례(古禮)를 중시하였다. 감사 박민헌이 '객사에 봉안(奉安)할 전패(殿牌)의 방향과 배례(拜禮)의 위치'를 물었을 때에도 '전패는 북쪽에 남향하도록 봉안하고 신하는 남쪽에서 몸을 조금 동남쪽으로 돌려 배례해야 한다'고 자문하면서 고례를 증거로 내세웠다.

정개청은 현실적 사정으로 예의 형식과 절차를 가볍게 여기는 풍조에 비판적이었다. 하늘을 향한 공경의 마음이 부족하다고 여겼던 것이다. 이 때문에 김천일과 의례논쟁을 한 적도 있었다.

김천일은 임진왜란 때 제2차 진주성 전투(1593)에서 끝까지 항전하다가 최경회·고종후(高從厚)와 함께 남강에 몸을 던진 의병장이었는데 젖먹이 때 고아가 되어 외가에서 자라다가 이항을 찾아가 공부하고 행실을 독실히 하여 나사침 등과 같이 '유일(遺逸)'로 천거되어 이후 벼슬길에 나섰다. 선조 9년(1576) 스승 이항이 세상을 떠났을 때에는 경상도도사로 있었다. 김천일은 물론 즉시 달려와 문상하였다. 그러나 장례도 마치기 전에 그만 임지로 떠났다. 자리를 오래 비울 수 없었을 것이다.

그런데 나주 사족 사이에 너무 가볍고 소홀한 것이 아닌가 하는 논란이 있었다. 제자인 나덕명(羅德明)도 '부모보다 더한 스승에 대한 상례(喪禮) 치고는 이치에 어긋난다' 고 생각하여 정개청에게 '스승에 대한 예'를 물었다.

정개청은 '어떠한 스승인가에 따라 다르다'고 하면서 스승을 이렇게 구분하였다.

어떤 스승인가? 대성(大聖)인가, 대현(大賢)인가, 차현(次賢)인가에 따라 다르며 스승의 은의(恩誼)라도 가볍고 무거움이 있고, 깊고 얕음이 있다. 또한 스승이라도 구독(句讀)과 훈고(訓詁)에 머물렀는가, 문장(文章)과 공리(功利)를 가르쳤는가의 역할 구분이 있다. 스승이 제자에 미친 영향으로 보아 제자가 따르며 학문을 배우는 종유수학(從遊受學)의 수준이었는가, 아니면 제자가 평생 해야 할 일을 비로소 얻게 되고 스승은 그에 따른 마땅한 길[道]을 전해주었는가, 수업전도(受業傳道)의 경지에 이르렀는가 하는 구분이 있다.

스승에도 차이가 있으니 예도 한결같을 수 없음을 말한 것이다. 그리고 김천일의 경우는 부모상에 준하여야 마땅한데, 상복을 입지 않더라도 '심상(心喪) 삼 년'은 했어야 한다고 덧붙였다.

여기에서 멈추지 않았다. "살아 섬긴 스승 때문에 바라는 바를 이루었는데 스승이 돌아감에 마침내 잊고 거스르니 은의를 잊은 자이다"라고 한 것이다. 김천일이 스승을 잊었다는 것이다. 망사론(忘師論)이었다. '배사론'으로 전달될 소지가 있었다. 이런 말도 하였다.

말세가 되어 어질다고 하는 사람도 의리로 스승을 구하지 않고 공리(功利)로써 상종하니 이것은 평소 서로 강론하는 바가 언어와 문자에 지나지 않고 바라는 바가 이름을 내고 재산을 불리는 사사로움에 있었기 때문이다.

당시의 사제관계가 과거에 합격하여 이름이나 알리고 재물이나 늘리는 방편으로 전락한 세태를 통박한 것이다. 그러면서 "리(利)와 공(功)만을 계산하는 말세에 스승을 위하여 상복을 입지 않은 것이 괴상할 것도 없다"고 힐난하였다. 순간 김천일은 사사로운 이익 때문에 스승을 섬긴 사람이 되었다.

이 소식을 전해들은 김천일은 "의전(儀典)의 예는 천박하고 고루하여 반드시 따를 필요가 없다"는 견해를 밝혔다. 화가 났을 것이다.

정개청은 더욱 신랄하게 비판하였다. '의(義)로써 만사를 추스르고 예(禮)로써 마음을 다스린다'고 하는 『예기』의 구절을 인용하면서 이렇게 적었다.

극기복례(克己復禮)·박문약례(博文約禮)의 예(禮)만을 심오한 것으로 알고 의례(儀禮)를 천박하게 알고 있음은 잘못이다. 그렇게 해서는 결코 공맹의 도가 추구하는 본질에 다가설 수 없다.

실로 신랄하였다. 형식과 절차도 무시하면서 공자와 맹자가 말하는 극기복례와 박문약례라는 본질은 생각할 수도 없고 말할 자격도 없다는 것이었다.

정개청은 이렇듯 준열하고 단호한 논변으로 인해 김천일과 그를 추종하는 사족집단의 원망을 샀다. 얼마 후에 김굉필을 모시는 금양서원(錦陽書院)이 들어섰을 때 목사 김성일이 정개청을 초대 원장으로 초빙하였음에도 부임하지 못한 데에는 이러한 사연이 얽혀 있었다.

4. 겸허의 정치학

구차한 세상을 질타하다

정개청은 공과 사, 의와 리, 천리과 인욕을 철저히 구분하며 살았다. 공과 의, 천리는 절대선(絶對善)이요, 사와 리, 인욕은 절대악(絶對惡)이라는 것이다. 삶과 생각이 그러하였다.

정개청이 유희춘을 만나러 갈 때였다. 감사가 역마를 내주었음에도 자기 말을 타고 갔다. 그래서 유희춘은 "더욱 반가웠다"고 『미암일기』에 적었다. 비록 감사의 전갈을 받고 가는 것이지만 사적인 일이므로 공무에 부리는 역마를 타서는 아니 된다고 생각한 것이다. 그만큼 공과 사를 엄격히 구분하며 살았다.

정개청은 말로는 예의를 말하나 실제로는 이익을 추구하는 행위를 극도로 싫어하였다. 선조 10년(1577) 일부 사족이 무안 승달산의 빈 암자를 공부 장소로 삼고자 할 때였다.

> 승려의 사옥(舍屋)을 강당으로 삼자고 하였을 때 처음에는 온당한 것 같았으나 재삼 생각해보니 그 뜻과 생각의 기상(氣像)이 좋지 못함이 한두 가지가 아니다. 비록 승사(僧舍)라도 저쪽에서 수긍하지 않는데 우리가 강압적으로 점령하는 것은 이익만 취하는 것이 되며, 또한 지을 때 한 가지의 공로도 없으면서 거처만 편히 하려고 생각하니 참으로 염치없는 부

끄러운 모습이다.

냉정한 질타였다. 순간에 암자를 강학 장소로 활용하자는 제안은 이익을 탐하고 편함을 구하는 염치없는 행위가 되고 말았다. 훗날 제자들이 정리한 「곤재선생사실(困齋先生事實)」에 나온다.

정개청은 천리와 인욕의 이분법적 가치관에 의하여 역사와 인물도 평가하였다. 공맹(孔孟)과 걸주(桀紂)를 비교하여 예로 들었다. '부귀한 걸주는 인욕에 사로잡혔기 때문에 실로 비천하고, 빈천한 공맹은 천리를 지켰기 때문에 실로 존귀하다'고 한 것이다. 이런 시를 지은 적도 있었다.

수레 천 대를 끄는 경공도 풀과 같이 썩는데	千乘景公同草腐
한 쪽박 안자(顏子)는 하늘의 영화로움을 기둥 삼네	一瓢顏子柱天榮
이로써 인의가 진실로 참되고 귀한 것을 알겠다	是知仁義眞良貴
공후를 말하며 이름을 그릇되게 하지 않아야지	莫道公侯謾姓名

경공(景公)과 안연(顏淵)을 비교하면서 관직과 재물이 의미가 없고 실로 중요한 가치는 인의를 실천하는 삶이라고 노래한 것이다.

정개청의 평생 화두는 '왜 사람은 사에 치우치고 이익만을 추구하는가?', '왜 사람의 몸에 흐르는 혈기(血氣)가 사람의 욕심을 낳고 이로써 하늘이 내린 공정한 본성을 해치게 되는가?'였다.

정개청은 '사(私)에 매몰되어 공(公)을 팽개치며, 이기가 이타를 이겨서 결국 구차하게 된 세상'을 통박하였다. 특히 선비가 출세와 재물을 위하여 공부하는 모습을 참을 수 없었다. '오로지 재산을 늘리고 이익을 차지하기 위하여 과거에 매달리고, 급제를 하면 좋은 벼슬을 얻을 생각만 하

정개청의 친필

유일하게 남아 있는 정개청의 글씨로 1962년 간행된 학원사 『대백과사전』에 실려 있다. 출처는 알 수 없다. 동복의 존장에게 보내는 편지인데, '정치가 맑으면 백성이 편안해져 아무 일이 없는 듯 다스려지는 것이다'고 하면서 '향음 주례는 고례에 따라 거행하지 않으셨습니까' 하였다. 바른 정치와 향촌 교화의 중요성을 재촉하는 내용에서 정개청의 절박하기까지 한 숨김없는 기질이 잘 드러난다.

고, 벼슬에 나가면 공을 앞세우며 사를 취하는 빙공모사(憑公謀私)에만 요량을 다한다'는 것이다. 이러한 상황인데 관료가 된들 '누가 백성을 어떻게 아끼 보살필 것이며, 백성의 바람을 언제 조정과 임금에게 전달할 것인가' 하였다.

누가 어지러운 세상을 책임질 것인가

정개청은 당대를 '나라가 망하는 국망의 조짐이 있는 난세'로 진단하며 "천재지변이 거듭되고 사방에서 도적이 일어나며, 나라는 백성의 원망만 키우고 조정은 세상을 구제하려는 세도(世道)를 잃게 되었으니, 망하지 않을 것인가" 하였다. 하늘을 거스르며 백성을 학대하는 '역천학민(逆天虐民)'이 만연한 세상이라는 것이다. 천리를 망각하고 인욕에 사로잡혀 공과 의를 팽개치며 사와 이에 매몰된 채 백성의 고혈을 빨아들이는 나라는 머지 않아 망한다는 매우 비관적 시세관이었다.

곡성현감을 물러날 때 올린 「무자소(戊子疏)」에서는 이렇게도 말하였다.

> 임금과 신하는 각기 다른 마음을 가지고 있어 임금에게 편하면 신하에게는 불편하고 신하가 편하다고 하면 임금이 불편해하고 있으며, 또한 궁중에서 통하면 그 밖에서는 통하지 않고 밖에서 통하는 일이 궁중에는 통하지 않는 상황이 되었다.

> 임금과 신하, 궁중과 조정이 사리사욕에 사로 잡혀 서로 소통이 이루

어지지 않게 되었으니 나라의 위기라는 것이다.

정개청은 당대의 혼란과 불운은 국왕에게 궁극적 책임이 있음을 숨기지 않았다. 전생서(典牲署) 주부(主簿)에 취임할 수 없음을 고하면서 "다른 사람에게 탓할 일이 아니라 바로 인군(人君)의 한 몸에 달려 있으며 바로 전하의 마음에 있습니다"라고 하였다. "임금부터 하늘을 받들고 백성에게 혜택을 베풀겠다는 봉천혜민(奉天惠民)의 마음이 없기 때문이다"라고도 하였다. 시대에 대한 비판의 화살이 어느덧 임금을 겨냥하였던 것이다.

시세의 어두움과 세상의 어지러움이 임금 때문이라고 생각한 정개청에게 세상 구제의 제일 방안은 임금이 바로 서는 것이었다. 그래서 거듭 '공경으로 자신을 다스리면 백성이 편안하게 되며, 백성을 새롭게 할 학문을 극진하게 할 것'을 건의하였다. 임금이 솔선수범, 궁리수신을 하여야 재물과 벼슬을 찾아 공부하는 선비의 습성이 고쳐지고 입신출세의 장으로 타락한 학교도 본래 모습으로 되돌아오며 나아가 백성을 새롭게 살릴 수 있다는 것이다.

정개청은 임금은 백성을 살리고 교화하는 한에서 존재한다는 신념이 투철하였다. 이렇게 말하였다.

하늘이 백성을 내고 기르는 데 으뜸가는 성인을 가려 임금과 스승을 삼아 교화를 이루라는 책임을 주었다.

소격서(昭格署) 참봉에 부임할 수 없다면서 올린 「을유소(乙酉疏)」에 나오는데 '백성을 살리고 가르치는 면에서 임금과 스승은 동격이다'로 들린다.

정개청은 현량과를 주장하기도 하였다. 현행 과거제는 '오로지 사리사욕과 직책 녹봉만을 생각하는 관료'만 양산하고 있기 때문에 '현(賢)과 덕(德)'을 기준으로 하는 공론으로 관료를 선발하자는 것이다. 기묘사림이 도입하였을 때 조정의 분위기는 물론이고 학풍이 크게 바뀔 수 있는 가능성을 보여준 인재등용제도였다.

군사일체와 현량과! 물론 옛 글에 나오고 근래에도 자주 듣고는 있지만, 정개청이 사직상소에서 이런 정론을 거침없이 개진하였을 때 이를 본 선조는 무슨 생각이 들었을까? 혹여 벼슬에 나오려 하지 않고 이토록 과감한 주장을 서슴지 않는 정개청은 도대체 누구인가 하였을 것이다. 그러면서 '초야에서 공부하고 가르친다고 하면서 이토록 세상의 어지러움을 국왕의 잘못으로 돌리고 있으니, 혹여 임금을 가볍게 여기기 때문이 아닌가' 하다가 '초야의 선비들 사이에는 백성을 아끼지 않는 임금이라고 하찮게 여기는 경향이 있구나' 하였을 것이다.

임금이 교만하면 폭군이 된다

정개청은 부끄럽지 않은 삶이란 하늘이 내린 착한 본성을 간직하는 것이며 그러려면 그릇된 욕심이 본성을 해치지 않도록 해야 한다는 믿음을 독실함을 넘어 강박관념처럼 간직하였다. 그만큼 인간의 수양과 실천의 문제를 치열하게 고민한 것이다.

사람이 세상에 나오게 된 근원부터 더듬었다. 하늘이 사람을 냈을 때 어떠한 경지였을까? 하는 궁리였다. '어미가 자식을 낳을 때와 같은 어찌하지 못하는 아름답고 착한 경지'가 아닐까 하면서 이를 하늘의 정성(精誠)이라고 하였다. 성인의 가르침이었다. 그러면 사람이 할 수 있는 일은 무엇인가? 하늘의 정성을 따르고자 하는 공경이 사람의 해야 할 일이었다. 그렇다면 '공경이야말로 궁리수신의 본령이며 극기복례의 기본'이 된다. 역시 성인이 갈파하였다.

정개청은 한 발 더 나아갔다. 사람이 한시라도 공경의 마음을 놓치지 않으려면 어떻게 하여야 하는가? '천지가 겸허하니 성(誠)인 것이며, 군자가 겸허하여야 경(敬)이라 할 수 있다'는 의미는 무엇인가? 마침내 '교만 나태하지 않고 자신을 낮추어야 날로 새롭게 덕을 쌓을 수 있으며 또한 자기를 완전히 비워야 마음에 조금도 어긋난 생각이 없게 될 것이다'라는 결론에 이르렀다. 자신을 낮추고 비운다! 바로 겸허였다. 겸허하지 않으면 공경할 수 없고 하늘의 경지인 정성에 이르지 못한다는 것이다. 한치의 인욕도 용납될 수 없고, 사리사욕이 비집고 들어갈 틈이 조금도 없는 논리였다.

'자신을 낮추고 비운다'는 겸허의 논리는 현실 비판의 강력한 무기가 되었다. 그래서 겸허함이 없는 신하는 세상을 위협하고, 겸허함이 없는 학자는 사특한 지식만을 내세운다고 하였다. 그러면 임금이 겸허하지 못하면 어떻게 되는가? 지체 없이 '폭군이 된다'고 하였다. 여기에서 그치지 않았다. '걸(桀)과 주(紂)와 같은 길을 간다'고 하였다.

이러한 생각을 「겸허설(謙虛說)」·「논명수유이종(論命數有二種)」 등 운명(運命)과 기수(氣數)를 정리한 논설에서 풀어냈다. 여기에서 걸주의 부귀는 사람의 운명과 같은 '불역지명(不易之命)'과 같았지만 결국은 망하였다고 하면서 '왜 탕(湯)과 문(文)의 반정(反正)이 있었는가'를 물었다. 바로 이것이 천명이며 인심이라고 하면서 이렇게 강조하였다.

빈부나 귀천은 '불역지명'이 아니라 항상 변하는 '무상지기(無常之氣)'

에 지나지 않는다.

마치 '천리를 벗어나고 인욕에 사로잡혀 얻은 관직과 재물은 백성의 원망을 키워 결국 무상(無常)할 것이고, 임금의 지존(至尊)도 역시 그러할 것이다'라고 말하는 듯하다. 인간과 역사를 변화[易]의 관점에서 살피다가 어느덧 '역성혁명(易姓革命)'에 닿고 말았던 것이다.

정개청이 국청으로 잡혀올 때 압수된 이런 글을 보고 선조는 무슨 생각을 하였기에 "정개청은 옛 책을 읽은 사람이니 모든 것을 돌려주라"고 하였을까? 유성룡이 정개청의 억울함을 풀어줄 것을 건의하면서 "평생 학술에 힘쓰고 행실을 검속(檢束)하는 것을 자신의 일로 알고 살다가 우연히 한 편의 논설을 지어 졸지에 죽게 되었다"고 하였을 때 한 편의 논설이란 정철이 문제 삼았던 「동한절의진송청담설」만을 가리키는 것일까? 혹시 「겸허설」과 「논명수유이종」이 포함되지 않았는지 모르겠다.

5. 죽음 뒤에 더욱 원통하였다

캄캄한 지하의 원통한 넋들의 통곡소리가 들리지 않는가

옥사가 오래가자 민심이 흉흉해졌다. 이이의 문인으로 동인을 선두에서 배척한 이귀와 성혼의 아들 성문준(成文濬)이 일파만파를 진정시키고자 하였지만 이미 엎질러진 물이었다.

정철이 옥사를 처리하는 자세도 문제가 되었다. 최영경을 심문할 때에는 "저 자가 나의 목을 자르려고 하였다. 이렇게 말이야" 하며 손으로 목을 자르는 시늉을 하였으며, 심리 중에 술에 취하여 우스갯소리를 하기도 하였다. 안방준의 『기축기사』에 나온다.

한편 정철이 잡혀온 사람에게 '누가 정여립의 역모를 알았다고 공술하면 살려준다'고 회유, 협박하였다는 소문이 돌았다. 정여립의 조카 정집은 "많은 사람을 끌어들이면 살 수 있다고 하여놓고 지금 어찌 나를 죽이는가"라고 울부짖으며 죽었고, '정여립이 이발을 찾아간 적이 있다'고 진술한 선홍복도 "나는 죽어 마땅하지만 오래도록 잘해주겠다는 말을 믿고 무고한 사람을 죽게 하였다"고 한탄하며 죽었다.

그러다 선조 24년(1591) 2월 정철이 세자를 세우는 건저(建儲) 문제에 휘말려 파직을 당하자 기축옥의 문제가 제기되었다. 대사헌 홍여순(洪汝諄)과 대사간 이원익은 '정철이 호남의 유생을 몰래 시켜 무고의 상소를 올리게 하여 자기와 다른 명경(名卿) 사대부를 역적의 당으로 몰아가 기필

북관대첩비

기축옥이 일어나자 정개청에게 배운 나덕명·덕준·덕윤 형제는 함경도의 경성·부령·회령 등으로 유배를 갔고, 다른 두 동생인 덕현(德顯)·덕헌(德憲)은 강원도 철원으로 떠났다. 그리고 임진왜란이 일어났다. 당시 가등청정(加藤淸正)이 이끄는 일본군이 파죽지세로 진격하자 회령 사람 국경인(鞠景仁) 등이 임해군(臨海君)·황정욱(黃廷彧) 등을 인질로 잡고 반란을 일으켰다. 이때 북평사(北評事) 정문부(鄭文孚)가 군사를 모아 물리쳤는데 나덕명도 합세하여 전공을 세웠다. 역시 유배 중이던 한백겸도 함께하였다. 비문은 최창대(崔昌大)가 지었는데, 러일전쟁 때 일본에 빼앗겼다가 백 년이 지난 광복 60년에 돌아와서 일반에 공개된 후 처음 세워진 길주로 돌아갔다. (사진 최승훈)

코 죽이고자 하였다'고 탄핵하였다. 그러나 그뿐이었다. 선조가 용납하지 않았던 것이다.

임진왜란이 일어나서야 선조는 연루자들을 유배지에서 풀어주었다. 유배에서 돌아온 김우옹이 최영경의 억울함을 호소하자 받아들였다. 그러나 정개청을 비롯하여 이발 형제·백유양·유몽정·조대중·이황종 등에 대해서는 그럴 생각이 전혀 없었다. 물론 조정에서 문제를 제기하는 사람도 없었다.

정개청의 문인집단이 나섰다. 정개청을 구원하려고 했다는 이유로 유배를 갔다가 돌아온 나덕명·덕준(德峻)·덕윤(德潤) 형제와 의병장 최경회의 조카인 최홍우(崔弘宇) 등이 나섰다. 이들은 기축옥을 '사림에 화가 미치고 나라의 맥을 끊어냄이 유사 이래 가장 혹심하였던 사변'으로 규정하고 '형적이 없는 죄목으로 악명(惡名)을 안고 원통하게 죽었으니 저들의 넋들이 캄캄한 지하에서 통곡하고 있을 것이다'고 하면서 정개청을 비롯하여 이발·이길·유몽정·이황종·조대중 등의 신원을 요구하였다. 임진왜란이 일어나서 의병이 되고 관직을 맡아 전공을 세워 어느 정도 자신감을 회복하면서 그나마 이런 상소를 올릴 수 있었다.

조정에서도 유성룡과 이항복 등이 조심스럽게 문제를 제기하였다. 그러나 선조는 단호하였다. "역적을 토벌하는 데에는 마땅히 그 무리를 엄하게 다스려야 한다. 정여립이 어느 곳에서 나왔는가" 하면서 결단코 거부하였던 것이다. 이후 선조 치세에서는 이 문제가 다시 제기되지 않았다.

배척은 끊이지 않았다

정개청은 광해군 8년(1616)에 신원되고, 인조 2년(1624)에 복관되었다. 이 해에 정개청이 강학하던 옛터에 서원까지 세워졌다.

그러나 사태는 끝나지 않았다. 일부 서인은 정개청을 일관되게 부정하고 폄하하였다. 스승 박순을 배반하고 정여립과 사귀며 집터를 점지해주었으며 산사에서 회합하였다고 하였다. 이런 말도 있었다. 본래 관속이던 정개청의 부친 정세웅(鄭世雄)은 한때 심의겸 농장의 농감을 지냈으며, 정개청은 젊어서 승려 생활을 하다가 아내를 버렸고, 공부를 배우겠다고 찾아간 기대승에게 쫓겨났다는 등이었다.

김장생(金長生)이 이런 주장을 이끌었는데 안방준이 『기축기사』에 집대성해 놓았다. 안방준은 정철이 옥사를 심리할 때 무리한 처신이 없지 않았음을 알고 있었다. 그러나 정철 때문에 선비가 다친 것은 아니라고 믿었다. 더구나 자신의 스승 성혼이 정철과 막역한 사이라는 것 때문에 그 잘못이 옮겨오는 일은 없어야 했다. 그렇게 되면 성혼이 동방 도학의 적통에 오르는 데 장애가 될 것이기 때문이다. 그래서 기축옥사는 정철의 무리한 심리 내지는 모함 때문이 아니라 연루자 스스로 자초한 면이 있다는 점을 뒷받침하는 자료를 되도록 풍부하게 실었던 것이다. 정개청의 가계와 청년 시절이 매우 어둡게 서술된 연유가 여기에 있었다. 효종 치세 서인의 영수였던 송준길(宋浚吉)·이단상(李端相) 등은 『기축기사』를 증거로 정개청 서원을 훼철하기도 하였다.

한편 안방준이 정개청을 그토록 폄하한 데에는 가족사에서 배태된 증오심 때문이라는 주장이 한참 뒤 제기되었다. 즉 안방준의 종조부 안정(安艇)이 안중돈(安重敦)을 후사로 삼았다가 나중에 안중묵(安重默)으로 바꾸면서 가문의 불화가 시작되었는데, 안중돈의 조카로 양자가 된 안방준이 이 사실을 알고 안중묵을 미워하였고, 마침내 안중묵이 찾아가 배운 정개청까지 배척하면서 없는 사실을 날조하였다는 것이다. 숙종 15년(1689) 4월 나주 유생 나두하(羅斗夏) 등이 올린 상소에 나온다. 실로 어지러운 일이었다.

윤선도의 변론

효종 8년(1657) 정개청 서원이 헐리자 윤선도(尹善道)가 이듬해 만여 자에 이르는 장문의 「국시소(國是疏)」를 올렸다. 정개청을 변호하고자 함이었다. 먼저 정개청의 죽음은 정여립과 교유하였기 때문은 아니라고 하였다. 정여립과 절친하기는 이이와 성혼도 마찬가지였다는 것이다. 또한 정여립의 집터를 점지해주고 산사에서 회합하였다는 것은 정철도 문제 삼지 않았다고 하였다. 그런데 왜 정개청의 국청에서도 거론되지 않았던 사실이 날조되고 있는가?

기축옥은 정철이 정여립 모반을 기화로 조정의 착한 무리와 자기의 뜻에 맞지 않는 초야의 선비에게 분을 품고 장살(杖殺)하려고 일으켰다는 사실이 분명하다. 그런데, 지금에 이르러 그때보다 모함이 심한 것은 정철에게 씌워진 선비를 죽였다는 악명을 벗겨주기 위하여 정개청이 화를 자초하였다고 조작하려고 하기 때문이다.

서인들이 정철에게 씌워진 사화의 악명을 벗기려고 있지도 않은 사실

「우득록」 각판

함평 엄다면 제동리 자산서원에 보관되어 있다. 나주의 금성산 아래 대곡동에서 태어나서 나주 동강에도 살았던 정개청은 한때 영주산(瀛洲山)의 한 절에서도 오래 지냈다고 한다. 영주산은 금강산이라고도 하는데 분명하지 않다. 어렵게 공부해서였을까? '곤란(困難)하게 얻어간다'는 뜻을 담아 호를 곤재(困齋)라 하였고 공부하며 적은 글도 '어리석게 얻어간다'고 하여 '우득록(愚得錄)'이라고 하였다. 처음 숙종 15년(1689)에 간행될 때 전라도 여러 고을의 유생이 나서 목판에 글을 쓰고 또한 여러 고을에서 나누어 새겼다고 한다. 정개청은 이외에도 『변례편성(變禮編成)』 2권과 『수수기(隨手記)』 9권 등의 저술을 남겼는데, 의금부에 갇히면서 압수되었다가 되돌아오지 않고 없어졌다. (사진 전라남도청)

을 날조하고 있다고 폭로한 것이다. 또한 정개청의 서원을 철폐한 일에 대해서는 이렇게 비판하였다.

우리나라에서 향리의 자손으로 공경(公卿)이 되어 혁세관면(赫世冠冕)한 자는 이루 셀 수 없을 뿐 아니라, 서원의 건립 여부는 다만 인물의 현부(賢否)만을 논해야 마땅하지 인물의 세계(世系)를 논할 필요는 없다.

향리의 후손이라는 사실이 서원 철폐의 이유가 될 수 없다는 것이다. 이때 윤선도는 정개청을 '동방의 진유(眞儒)로 이황의 다음 간다'고 높게 평가하였을 뿐만 아니라 『우득록(愚得錄)』은 공부하는 사람의 지남(指南) 즉 나침반이 된다고 하였다. 그러나 이 상소는 임금에게 전달도 되지 못하였다. 집권 서인이 원천봉쇄한 것이다. 이후 윤선도는 『우득록』 교정과 간행에 힘을 쏟았으나 효종이 세상을 떠난 후 계모인 자의대비는 상복을 얼마 동안 입어야 하는가를 두고 일어난 기해예송(己亥禮訟)으로 유배를 가는 바람에 뜻을 이루지 못하였다.

이후 정개청을 높게 평가한 학자는 허목(許穆)과 박세채(朴世采)였다. 허목은 "백대(百代)에 한 번 나오는 문장으로 서 있는 바는 바르고 말하는 바는 넓어서 옛 사람의 뜻을 얻었다"고 하였으며, 박세채는 "『우득록』을 보니 도리를 깊이 알았으며 학문의 깊은 조예를 볼 수 있다"고 하였다. 그러나 이뿐이었다. 정국이 서인에서 노론으로 그리고 반(反)탕평파로 이어지면서 정개청에 대한 망각이 강요되었다. 그사이 서원도 다시 세워졌다가 부서지곤 하였다. 조선 후기 붕당사의 전개가 정개청 서원에 고스란히 투영되어 있는 것이다.

부록

인물표 | 참고도서 | 찾아보기

| 인물표 |

성명	생몰(生沒)	자(字)	호(號)	본관(本貫)	문집(文集)
고경명(高敬命)	1533~1592	이순(而順)	제봉(霽峰)	장흥(長興)	제봉집(霽峰集)
고운(高雲)	1495~ ?	언룡(彦龍)	하천(霞川)	장흥(長興)	하천유고(霞川遺稿)
구봉령(具鳳齡)	1526~1586	경서(景瑞)	백담(栢潭)	능성(綾城)	백담집(栢潭集)
권경유(權景裕)	?~1498	군요(君饒)	치헌(痴軒)	안동(安東)	
권근(權近)	1352~1409	가원(可遠)	양촌(陽村)	안동(安東)	양촌집(陽村集)
권람(權擥)	1416~1465	정경(正卿)	소한당(所閒堂)	안동(安東)	소한당집(所閒堂集)
권민수(權敏手)	1466~1517	숙달(叔達)	퇴재(退齋)	안동(安東)	
권벌(權橃)	1478~1548	중허(仲虛)	충재(沖齋)	안동(安東)	충재집(沖齋集)
권시(權諰)	1604~1672	사성(思誠)	탄옹(炭翁)	안동(安東)	탄옹집(炭翁集)
권철(權轍)	1503~1578	경유(景由)	쌍취헌(雙翠軒)	안동(安東)	
기대승(奇大升)	1527~1572	명언(明彦)	고봉(高峰)	행주(幸州)	고봉집(高峯集)
기대항(奇大恒)	1519~1564	가구(可久)	—	행주(幸州)	
기정진(奇正鎭)	1798~1879	대중(大中)	노사(蘆沙)	행주(幸州)	노사집(蘆沙集)
기준(奇遵)	1492~1521	경중(敬仲)	복재(服齋)	행주(幸州)	덕양유고(德陽遺稿)
기효간(奇孝諫)	1530~1593	백고(伯顧)	인재(忍齋)	행주(幸州)	
길재(吉再)	1353~1419	재보(再父)	야은(冶隱)	해평(海平)	야은집(冶隱集)
김개(金鎧)	1504~1569	방보(邦寶)	독송정(獨松亭)	광산(光山)	
김계휘(金繼輝)	1526~1582	중회(重晦)	황강(黃岡)	광산(光山)	
김굉필(金宏弼)	1454~1504	대유(大猷)	한훤당(寒暄堂)	서흥(瑞興)	한훤당집(寒暄堂集)
김구(金絿)	1488~1534	대유(大柔)	자암(自庵)	광산(光山)	자암집(自庵集)
김근공(金謹恭)	?~?	경숙(敬淑)	탕암(湯菴)	강릉(江陵)	
김난상(金鸞祥)	1507~1570	계응(季應)	병산(甁山)	청도(淸道)	병산유집(甁山遺集)
김부륜(金富倫)	1531~1598	돈서(惇敍)	설월당(雪月堂)	광산(光山)	설월당집(雪月堂集)
김부식(金富軾)	1075~1151	입지(立之)	뇌천(雷川)	경주(慶州)	김문열공집(金文烈公集)
김상헌(金尙憲)	1570~1652	숙도(叔度)	청음(淸陰)	안동(安東)	청음집(淸陰集)
김성원(金成遠)	1525~1597	강숙(岡叔)	서하(棲霞)	광산(光山)	서하당유고(棲霞堂遺稿)
김성일(金誠一)	1538~1593	사순(士純)	학봉(鶴峰)	의성(義城)	학봉집(鶴峰集)
김세필(金世弼)	1473~1533	공석(公碩)	십청헌(十淸軒)	경주(慶州)	십청헌집(十淸軒集)
김수항(金壽恒)	1629~1689	구지(久之)	문곡(文谷)	안동(安東)	문곡집(文谷集)
김숙자(金淑滋)	1389~1456	자배(子培)	강호산인(江湖散人)	선산(善山)	

김시습(金時習)	1435~1493	열경(悅卿)	매월당(梅月堂)	강릉(江陵)	매월당집(梅月堂集)	
김식(金湜)	1482~1520	노천(老泉)	사서(沙西)	청풍(淸風)		
김안국(金安國)	1478~1543	국경(國卿)	모재(慕齋)	의성(義城)	모재집(慕齋集)	
					동몽선습(童蒙先習)	
김안로(金安老)	1481~1537	이숙(頤叔)	희락당(希樂堂)	연안(延安)	희락당유고(希樂堂遺稿)	
김여물(金汝岉)	1548~1592	사수(士秀)	피구자(披裘子)	순천(順天)		
김우옹(金宇顒)	1540~1603	숙부(肅夫)	동강(東岡)	의성(義城)	동강집(東岡集)	
김육(金堉)	1580~1658	백후(伯厚)	잠곡(潛谷)	청풍(淸風)	잠곡유고(潛谷遺稿)	
김인후(金麟厚)	1510~1560	후지(厚之)	하서(河西)	울산(蔚山)	하서집(河西集)	
김일손(金馹孫)	1464~1498	계운(季雲)	탁영(濯纓)	김해(金海)	탁영집(濯纓集)	
김장생(金長生)	1548~1631	희원(希元)	사계(沙溪)	광산(光山)	경서변의(經書辨疑)	
김전(金詮)	1458~1523	중륜(仲倫)	나헌(懶軒)	연안(延安)		
김정(金淨)	1486~1521	원충(元沖)	충암(沖菴)	경주(慶州)	충암집(沖菴集)	
김정국(金正國)	1485~1541	국필(國弼)	사재(思齋)	의성(義城)	사재집(思齋集)	
김제민(金齊閔)	1527~1599	사효(士孝)	오봉(鰲峰)	울산(蔚山)	오봉집(鰲峰集)	
김종직(金宗直)	1431~1492	효관(孝盥)	점필재(佔畢齋)	선산(善山)	점필재집(佔畢齋集)	
김천일(金千鎰)	1537~1593	사중(士重)	건재(健齋)	언양(彦陽)	건재집(健齋集)	
김취문(金就文)	1509~1570	문지(文之)	구암(久庵)	선산(善山)	구암집(久庵集)	
김효원(金孝元)	1542~1590	인백(仁伯)	성암(省庵)	선산(善山)	성암유고(省庵遺稿)	
나덕명(羅德明)	1551~1610	유지(有之)	소포(嘯浦)	금성(錦城)	소포유고(嘯浦遺稿)	
나덕윤(羅德潤)	1557~1621	성지(誠之)	금봉(錦峯)	금성(錦城)	금봉습고(錦峯拾稿)	
나덕준(羅德峻)	1553~1604	대지(大之)	금암(錦巖)	금성(錦城)	금암습고(錦巖拾稿)	
나덕헌(羅德憲)	1573~1640	헌지(憲之)	장암(壯巖)	금성(錦城)		
나사침(羅士忱)	1525~?	—	금호(錦湖)	금성(錦城)	금호유사(錦湖遺事)	
나세찬(羅世纘)	1498~1551	비승(丕承)	송재(松齋)	나주(羅州)	송재유고(松齋遺稿)	
나위소(羅緯素)	1583~1667	계빈(季彬)	—	금성(錦城)	송암유집(松巖遺集)	
남곤(南袞)	1471~1527	사화(士華)	지정(止亭)	의령(宜寧)	지정집(止亭集)	
남언경(南彦經)	?~?	시보(時甫)	동강(東岡)	의령(宜寧)		
남이공(南以恭)	1565~1640	자안(子安)	설사(雪簑)	의령(宜寧)	설사집(雪簑集)	
남효온(南孝溫)	1454~1492	백공(伯恭)	추강(秋江)	의령(宜寧)	추강집(秋江集)	
노사신(盧思愼)	1427~1498	자반(子胖)	보진재(葆眞齋)	교하(交河)		

노수신(盧守愼)	1515~1590	과회(寡悔)	소재(穌齋)	광주(光州)	소재집(穌齋集)	
민기(閔箕)	1504~1568	경열(景說)	관물재(觀物齋)	여흥(驪興)	석담야사(石潭野史)	
민기문(閔起文)	1511~1574	숙도(叔道)	역암(櫟菴)	여흥(驪興)		
민순(閔純)	1519~1591	경초(景初)	행촌(杏村)	여흥(驪興)	행촌집(杏村集)	
민암(閔闇)	1636~1693	장유(長孺)	차호(叉湖)	여흥(驪興)		
박광옥(朴光玉)	1526~1593	경원(景瑗)	회재(懷齋)	음성(陰城)	회재유고(懷齋遺稿)	
박광전(朴光前)	1526~1597	현재(顯哉)	죽천(竹川)	진원(珍原)	죽천집(竹川集)	
박근원(朴謹元)	1525~1584	일초(一初)	망일재(望日齋)	밀양(密陽)		
박민헌(朴民獻)	1516~1586	희정(希正)	정암(正菴)	함양(咸陽)	슬한재집(瑟僩齋集)	
박백응(朴伯凝)	1525~1587	혼원(混元)	취죽헌(翠竹軒)	무안(務安)		
박상(朴祥)	1474~1530	세창(世昌)	눌재(訥齋)	충주(忠州)	눌재집(訥齋集)	
박세채(朴世采)	1631~1695	화숙(和叔)	남계(南溪)	반남(潘南)		
박소립(朴素立)	1514~1582	예숙(豫叔)	—	함양(咸陽)		
박수량(朴遂良)	1475~1546	군거(君擧)	삼가정(三可亭)	강릉(江陵)	삼가집(三可集)	
박순(朴淳)	1523~1589	화숙(和叔)	사암(思菴)	충주(忠州)	사암집(思菴集)	
박영(朴英)	1471~1540	자실(子實)	송당(松堂)	밀양(密陽)	송당집(松堂集)	
박영문(朴永文)	?~1513			함양(咸陽)		
박우(朴祐)	1476~1547	창방(昌邦)	육봉(六峰)	충주(忠州)		
박원종(朴元宗)	1467~1510	백윤(伯胤)	—	순천(順天)		
박응남(朴應男)	1527~1572	유중(柔仲)	퇴암(退庵)	반남(潘南)		
박점(朴漸)	1532~?	경진(景進)	복암(復庵)	고령(高靈)		
박종정(朴宗挺)	?~1597	응선(應善)	난계(蘭溪)	진원(珍原)		
박지화(朴枝華)	1513~1592	군실(君實)	수암(守庵)	정선(旌善)	수암유고(守庵遺稿)	
백광훈(白光勳)	1537~1582	창경(彰卿)	옥봉(玉峯)	수원(水原)	옥봉집(玉峯集)	
백유양(白惟讓)	1530~1589	중겸(仲謙)	—	수원(水原)		
백유함(白惟咸)	1546~1618	중열(仲悅)	—	수원(水原)		
백인걸(白仁傑)	1497~1579	사위(士偉)	휴암(休菴)	수원(水原)	휴암집(休菴集)	
변사정(邊士貞)	1529~1596	중간(仲幹)	도탄(桃灘)	장연(長淵)	도탄집(桃灘集)	
서경덕(徐敬德)	1489~1546	가구(可久)	화담(花潭)	당성(唐城)	화담집(花潭集)	
서익(徐益)	1542~1587	군수(君受)	만죽헌(萬竹軒)	부여(扶餘)	만죽헌문집(萬竹軒文集)	
성수침(成守琛)	1493~1564	중옥(仲玉)	청송(聽松)	창녕(昌寧)	청송집(聽松集)	

성운(成運)	1497~1579	건숙(健叔)	대곡(大谷)	창녕(昌寧)	대곡집(大谷集)
성준(成俊)	1436~1504	시좌(時佐)	—	창녕(昌寧)	
성중엄(成重淹)	1474~1504	계문(季文)	청호(晴湖)	창녕(昌寧)	
성혼(成渾)	1535~1598	호원(浩原)	우계(牛溪)	창녕(昌寧)	
성희안(成希顔)	1461~1513	우옹(愚翁)	인재(仁齋)	창녕(昌寧)	
송사련(宋祀連)	1496~1575	—	—	여산(礪山)	
송순(宋純)	1493~1582	수초(遂初)	기촌(企村)	신평(新平)	면앙집(俛仰集)
송응개(宋應漑)	1536~1588	공부(公溥)	—	은진(恩津)	
송익필(宋翼弼)	1534~1599	운장(雲長)	구봉(龜峯)	여산(礪山)	구봉집(龜峯集)
송인수(宋麟壽)	1487~1547	미수(眉叟)	규암(圭庵)	은진(恩津)	규암집(圭庵集)
송제민(宋濟民)	1549~1601	사역(士役)	해광(海狂)	홍주(洪州)	해광유고(海狂遺稿)
송준길(宋浚吉)	1606~1672	명보(明甫)	동춘당(同春堂)	은진(恩津)	
송흠(宋欽)	1459~1547	흠지(欽之)	지지당(知止堂)	신평(新平)	지지당유고(知止堂遺稿)
송희규(宋希奎)	1494~1558	천장(天章)	야계산옹(倻溪散翁)	야로(冶爐)	야계문집(倻溪文集)
신수근(愼守勤)	1450~1506	근중(勤仲)	소한당(所閒堂)	거창(居昌)	
신용개(申用漑)	1463~1519	개지(漑之)	이요정(二樂亭)	고령(高靈)	이요정집(二樂亭集)
신응시(辛應時)	1532~1585	군망(君望)	백록(白麓)	영월(寧越)	주문문례(朱門問禮)
신종호(申從濩)	1456~1497	차소(次韶)	삼괴당(三魁堂)	고령(高靈)	삼괴당집(三魁堂集)
심강(沈鋼)	1514~1567	백유(伯柔)	—	청송(靑松)	
심의겸(沈義謙)	1535~1587	방숙(方叔)	손암(巽庵)	청송(靑松)	
심정(沈貞)	1471~1531	정지(貞之)	소요정(逍遙亭)	풍산(豊山)	
심충겸(沈忠謙)	1545~1594	공직(公直)	사양당(四養堂)	청송(靑松)	
심통원(沈通源)	1499~?	사용(士容)	욱재(勖齋)	청송(靑松)	
안당(安瑭)	1460~1521	언보(彦寶)	영모당(永慕堂)	순흥(順興)	
안명세(安名世)	1518~1548	경응(景應)	—	순흥(順興)	
안방준(安邦俊)	1573~1654	사언(士彦)	은봉(隱峰)	죽산(竹山)	은봉전집(隱峯全集)
안처겸(安處謙)	1486~1521	백허(伯虛)	겸재(謙齋)	순흥(順興)	
양산룡(梁山龍)	?~1597	우상(宇翔)	—	제주(濟州)	
양산보(梁山甫)	1503~1557	언진(彦鎭)	소쇄옹(瀟灑翁)	제주(濟州)	
양산숙(梁山璹)	1561~1593	회원(會元)	반계(蟠溪)	제주(濟州)	
양응정(梁應鼎)	1519~1581	공섭(公燮)	송천(松川)	제주(濟州)	송천집(松川集)

양자징(梁子澂)	1523~1594	—	고암(孤巖)	제주(濟州)		
양팽손(梁彭孫)	1488~1545	대춘(大春)	학포(學圃)	제주(濟州)	학포유고(學圃遺稿)	
오건(吳健)	1521~1574	자강(子强)	덕계(德溪)	함양(咸陽)	덕계집(德溪集)	
오상(吳祥)	1512~1573	상지(祥之)	부훤당(負喧堂)	해주(海州)	부훤당유고(負喧堂遺稿)	
오운(吳澐)	1540~1617	태원(太源)	죽유(竹牖)	고창(高敞)	죽유문집(竹牖文集)	
오희길(吳希吉)	1556~1623	길지(吉之)	도암(櫂庵)	나주(羅州)	도동연원록(道東淵源錄)	
유감(柳堪)	1514~1569	극임(克任)	호은(壺隱)	전주(全州)		
유경심(柳景深)	1516~1573	태호(太浩)	구촌(龜村)	풍산(豊山)	구촌집(龜村集)	
유계린(柳桂麟)	1478~1528	—	성은(城隱)	선산(善山)		
유관(柳灌)	1484~1545	관지(灌之)	송암(松庵)	문화(文化)	송암집(松菴集)	
유몽인(柳夢寅)	1559~1623	응문(應文)	어우당(於于堂)	고흥(高興)	어우집(於于集)	
유성룡(柳成龍)	1542~1607	이견(而見)	서애(西厓)	풍산(豊山)	서애집(西厓集)	
					징비록(懲毖錄)	
유성춘(柳成春)	1495~1522	천장(天章)	취암(鷲巖)	선산(善山)		
유순정(柳順汀)	1459~1512	지옹(智翁)	—	진주(晉州)		
유옥(柳沃)	1487~1519	계언(啓彦)	석헌(石軒)	문화(文化)	석헌집(石軒集)	
유인숙(柳仁淑)	1485~1545	원명(原明)	정수(靜叟)	진주(晉州)		
유자광(柳子光)	?~1512	우복(于復)	—	영광(靈光)		
유팽로(柳膨老)	1554~1592	형숙(亨叔)	월파(月波)	문화(文化)	월파집(月坡集)	
유호인(兪好仁)	1445~1494	극기(克己)	임계(林溪)	고령(高靈)	유호인시고(兪好仁詩藁)	
유희경(劉希慶)	1545~1636	응길(應吉)	촌은(村隱)	강화(江華)	촌은집(村隱集)	
유희춘(柳希春)	1513~1577	인중(仁仲)	미암(眉巖)	선산(善山)	미암집(眉巖集)	
윤결(尹潔)	1517~1548	장원(長源)	성부(醒夫)	남원(南原)		
윤구(尹衢)	1495~1549	형중(亨仲)	귤정(橘亭)	해남(海南)	귤정유고(橘亭遺稿)	
윤근수(尹根壽)	1537~1616	자고(子固)	월정(月汀)	해평(海平)	월정만필(月汀漫筆)	
윤두서(尹斗緖)	1668~1715	효언(孝彦)	공재(恭齋)	해남(海南)	기졸(記拙) 화단(畵斷)	
윤두수(尹斗壽)	1533~1601	자앙(子仰)	오음(梧陰)	해평(海平)	오음유고(梧陰遺稿)	
윤상(尹祥)	1373~1455	실부(實夫)	별동(別洞)	예천(醴泉)	별동집(別洞集)	
윤선도(尹善道)	1587~1671	약이(約而)	고산(孤山)	해남(海南)	고산유고(孤山遺稿)	
윤원형(尹元衡)	?~1565	언평(彦平)	—	파평(坡平)		
윤유기(尹唯幾)	1554~1619	성보(成甫)	창주(滄洲)	해남(海南)		

윤의중(尹毅中)	1524~1590	치원(致遠)	낙촌(駱村)	해남(海南)	
윤임(尹任)	1487~1545	임지(任之)	—	파평(坡平)	
윤필상(尹弼商)	1427~1504	탕좌(湯佐)	—	파평(坡平)	
윤현(尹晛)	1536~1597	백승(伯昇)	송만(松巒)	해평(海平)	
윤홍중(尹弘中)	1518-1572	중임(重任)	—	해남(海南)	
윤효정(尹孝貞)	1476~1543	희삼(希參)	어초은(魚樵隱)	해남(海南)	
이경진(李景震)	1559~1594	성보(誠甫)	—	덕수(德水)	
이계맹(李繼孟)	1458~1523	희순(希醇)	묵곡(墨谷)	전의(全義)	
이공인(李公仁)	?~1522	제보(濟甫)	—	광주(光州)	
이과(李顆)	1475~1507	과지(顆之)	—	전의(全義)	
이귀(李貴)	1557~1633	옥여(玉汝)	묵재(默齋)	연안(延安)	묵재일기(默齋日記)
이극돈(李克墩)	1435~1503	사고(士高)	—	광주(廣州)	
이급(李汲)	1538~1589	경심(景尋)	북산(北山)	광주(光州)	
이기(李芑)	1476~1552	문중(文仲)	경재(敬齋)	덕수(德水)	
이길(李洁)	1550~1589	경연(景淵)	남계(南溪)	광주(光州)	
이단상(李端相)	1628~1669	유능(幼能)	정관재(靜觀齋)	연안(延安)	
이달(李達)	1539~1612	익지(益之)	손곡(蓀谷)	신평(新平)	
이달선(李達善)	1457~1506	겸지(兼之)	호산(湖山)	광주(光州)	
이덕형(李德馨)	1561~1613	명보(明甫)	한음(漢陰)	광주(廣州)	한음문고(漢陰文藁)
이량(李樑)	1519~1563	공거(公擧)	—	전주(全州)	
이발(李潑)	1544~1589	경함(景涵)	동암(東巖)	광주(光州)	
이복선(李復善)	1443~1504	태지(泰之)	양암(陽庵)	광주(光州)	
이산해(李山海)	1539~1609	여수(汝受)	아계(鵝溪)	한산(韓山)	아계집(鵝溪集)
이선제(李先齊)	1390~1453	가보(家父)	필문(蓽門)	광주(光州)	
이세인(李世仁)	1452~1516	원지(元之)	—	성주(星州)	
이순신(李舜臣)	1545~1598	여해(汝諧)	—	덕수(德水)	
이순인(李純仁)	1543~1592	백생(伯生)	고담(孤潭)	전의(全義)	고담집(孤潭集)
이시원(李始元)	1428~1488	원경(源卿)	양심당(養心堂)	광주(光州)	
이식(李植)	1584~1647	여고(汝固)	택당(澤堂)	덕수(德水)	
이약빙(李若氷)	1489~1547	희초(熹初)	준암(樽巖)	광주(廣州)	
이양원(李陽元)	1526~1592	백춘(伯春)	노저(鷺渚)	전주(全州)	

이름	생몰년	자	호	본관	문집
이언적(李彦迪)	1491~1553	복고(復古)	회재(晦齋) 자계옹(紫溪翁)	여주(驪州)	회재집(晦齋集)
이연경(李延慶)	1488~1552	장길(長吉)	탄수(灘叟)	광주(廣州)	
이완(李岏)	?~1547	자첨(子瞻)	봉성군(鳳城君)	전주(全州)	
이원(李黿)	?~1504	낭옹(浪翁)	재사당(再思堂)	경주(慶州)	재사당집(再思堂集)
이원록(李元祿)	1514~1574	정서(廷瑞)	송담(松潭)	덕수(德水)	
이원익(李元翼)	1547~1634	공려(公勵)	오리(梧里)	전주(全州)	오리집(梧里集)
이유(李瑠)	?~1545	언진(彦珍)	계림군(桂林君)	전주(全州)	
이이(李珥)	1536~1584	숙헌(叔獻)	율곡(栗谷)	덕수(德水)	율곡전서(栗谷全書)
이자(李耔)	1480~1533	차야(次野)	음애(陰崖)	한산(韓山)	음애집(陰崖集)
이장곤(李長坤)	1474~?	희강(希剛)	금헌(琴軒)	벽진(碧珍)	금헌집(琴軒集)
이조원(李調元)	1433~1510	염경(廉卿)	청심당(淸心堂)	광주(光州)	
이주(李胄)	?~1504	주지(冑之)	망헌(忘軒)	고성(固城)	망헌집(忘軒集)
이중호(李仲虎)	1512~1583	풍후(風后)	이소재(履素齋)	광주(光州)	
이지함(李芝涵)	1517~1578	형백(馨伯)	토정(土亭)	한산(韓山)	
이탁(李鐸)	1509~1576	선명(善鳴)	약봉(藥峰)	전의(全義)	
이항(李恒)	1499~1576	항지(恒之)	일재(一齋)	성주(星州)	일재집(一齋集)
이항복(李恒福)	1556~1618	자상(子常)	백사(白沙)	경주(慶州)	백사집(白沙集)
이해(李瀣)	1496~1550	경명(景明)	온계(溫溪)	진보(眞寶)	
이해수(李海壽)	1536~1598	대중(大仲)	약포(藥圃)	전의(全義)	약포집(藥圃集)
이행(李荇)	1478~1534	택지(擇之)	용재(容齋)	덕수(德水)	용재집(容齋集)
이형원(李亨元)	1440~1479	예경(禮卿)	성심당(惺心堂)	광주(光州)	
이홍남(李洪男)	1515~?	사중(士重)	급고자(汲古子)	광주(廣州)	급고유고(汲古遺稿)
이황(李滉)	1501~1570	경호(景浩)	퇴계(退溪)	진보(眞寶)	퇴계집(退溪集)
이황종(李黃鍾)	1544~1590	중초(仲初)	만취(晩萃)	전주(全州)	
이후백(李後白)	1520~1578	계진(季眞)	청련(靑蓮)	연안(延安)	청련집(靑蓮集)
임계영(任啓英)	1528~1597	홍보(弘甫)	삼도(三島)	장흥(長興)	
임백령(林百齡)	?~1546	인순(仁順)	괴마(槐馬)	선산(善山)	
임복(林復)	1521~1576	희인(希仁)	풍암(楓巖)	나주(羅州)	
임사홍(任士洪)	?~1506	이의(而毅)	—	풍천(豊川)	
임억령(林億齡)	1496~1568	대수(大樹)	석천(石川)	선산(善山)	석천집(石川集)

이름	생몰년	자	호	본관	문집
임제(林悌)	1549~1587	자순(子順)	백호(白湖)	나주(羅州)	백호집(白湖集)
임형수(林亨秀)	1504~1547	사수(士遂)	금호(錦湖)	평택(平澤)	
장만(張晚)	1566~1629	호고(好古)	낙서(洛西)	인동(仁同)	낙서집(洛西集)
장순손(張順孫)	1457~1534	사호(士浩)	—	인동(仁同)	
장윤(張潤)	1552~1593	명보(明甫)	—	목천(木川)	
정개청(鄭介淸)	1529~1590	의백(義伯)	곤재(困齋)	고성(固城)	우득록(愚得錄)
정광필(鄭光弼)	1462~1538	사훈(士勛)	수부(守夫)	동래(東萊)	정문익공유고(鄭文翼公遺稿)
정몽주(鄭夢周)	1337~1392	달가(達可)	포은(圃隱)	연일(延日)	포은집(圃隱集)
정문부(鄭文孚)	1565~1624	자허(子虛)	농포(農圃)	해주(海州)	농포집(農圃集)
정붕(鄭鵬)	1469 1512	운정(雲程)	신당(新堂)	해주(海州)	
정순붕(鄭順朋)	1484~1548	이령(耳齡)	성재(省齋)	온양(溫陽)	
정약용(丁若鏞)	1762~1836	미용(美鏞)	다산(茶山)	나주(羅州)	여유당전서(與猶堂全書)
정언신(鄭彦信)	1527~1591	입부(立夫)	나암(懶庵)	동래(東萊)	
정언지(鄭彦智)	1520~ ?	연부(淵夫)	—	동래(東萊)	
정여립(鄭汝立)	1546~1589	인백(仁伯)	—	동래(東萊)	
정여창(鄭汝昌)	1450~1504	백욱(伯勖)	일두(一蠹)	하동(河東)	일두유집(一蠹遺集)
정염(鄭磏)	1506~1549	—	북창(北窓)	온양(溫陽)	용호비결(龍虎秘訣)
정온(鄭蘊)	1569~1641	휘원(輝遠)	동계(桐溪)	초계(草溪)	
정응(鄭譍)	1490~1522	응지(譍之)	소우당(素愚堂)	동래(東萊)	
정인홍(鄭仁弘)	1535~1623	덕원(德遠)	래암(萊庵)	서산(瑞山)	래암집(萊庵集)
정즐(鄭騭)	1495~1554	—	용산(龍山)		
정지운(鄭之雲)	1509~1561	정이(靜而)	추만(秋巒)	경주(慶州)	추만집(秋巒集)
정철(鄭澈)	1536~1593	계함(季涵)	송강(松江)	연일(延日)	송강집(松江集) 송강가사(松江歌辭)
정충신(鄭忠臣)	1576~1636	가행(可行)	만운(晚雲)	나주(羅州)	만운집(晚雲集)
정황(丁熿)	1512~1560	계회(季晦)	유헌(遊軒)	창원(昌原)	유헌집(遊軒集) 부훤록(負喧錄)
조광조(趙光祖)	1482~1519	효직(孝直)	정암(靜庵)	한양(漢陽)	정암집(靜庵集)
조대중(曺大中)	1549~1590	화우(和宇)	정곡(鼎谷)	창녕(昌寧)	정곡집(鼎谷集)
조방언(趙邦彦)	1469~1532	빈지(贇之)	—	한양(漢陽)	

조식(曺植)	1501~1572	건중(楗中)	남명(南冥)	창녕(昌寧)	남명집(南冥集)
조온(趙溫)	1347~1417	—	—	한양(漢陽)	
조원기(趙元紀)	1457~1533	이지(理之)	돈후재(敦厚齋)	한양(漢陽)	조문절공유고 (趙文節公遺稿)
조위(曺偉)	1454~1503	태허(太虛)	매계(梅溪)	창녕(昌寧)	매계집(梅溪集)
조헌(趙憲)	1544~1592	여식(汝式)	중봉(重峰)	배천(白川)	중봉집(重峰集)
조희문(趙希文)	1527~1578	경범(景范)	월계(月溪)	함안(咸安)	월계유집(月溪遺集)
채수(蔡壽)	1449~1515	기지(耆之)	나재(懶齋)	인천(仁川)	설공찬전(薛公瓚傳)
최경창(崔慶昌)	1539~1583	가운(嘉雲)	고죽(孤竹)	해주(海州)	고죽유고(孤竹遺稿)
최경회(崔慶會)	1532~1593	선우(善遇)	일휴당(日休堂)	해주(海州)	
최부(崔溥)	1454~1504	연연(淵淵)	금남(錦南)	탐진(耽津)	금남집(錦南集)
최산두(崔山斗)	1483~1536	경앙(景仰)	신재(新齋)	광양(光陽)	신재집(新齋集)
최영경(崔永慶)	1529~1590	효원(孝元)	수우당(守愚堂)	화순(和順)	
최응룡(崔應龍)	1514~1580	견숙(見叔)	송정(松亭)	전주(全州)	
최홍우(崔弘宇)	1562~ ?	덕용(德容)	인재(忍齋)	해주(海州)	
표연말(表沿沫)	1449~1498	소유(少遊)	남계(藍溪)	신창(新昌)	남계문집(藍溪文集)
한명회(韓明澮)	1415~1487	자준(子濬)	압구정(鴨鷗亭)	청주(淸州)	
한백겸(韓百謙)	1552~1615	명길(鳴吉)	구암(久庵)	청주(淸州)	구암유고(久庵遺稿)
한준(韓準)	1542~1601	공칙(公則)	남강(南岡)	청주(淸州)	
한치형(韓致亨)	1434~1502	통지(通之)	—	청주(淸州)	
허균(許筠)	1569~1618	단보(端甫)	교산(蛟山)	양천(陽川)	성소복부고(惺所覆瓿藁)
허목(許穆)	1595~1682	문보(文甫)	미수(眉叟)	양천(陽川)	미수기언(眉叟記言) 동사(東事)
허반(許磐)	?~1498	문병(文炳)	—	양천(陽川)	
허봉(許篈)	1551~1588	미숙(美叔)	하곡(荷谷)	양천(陽川)	하곡집(荷谷集)
허성(許筬)	1548~1612	공언(功彦)	악록(岳麓)	양천(陽川)	악록집(岳麓集)
허준(許浚)	1546~1615	청원(淸源)	구암(龜巖)	양천(陽川)	동의보감(東醫寶鑑)
허엽(許曄)	1517~1580	태휘(太輝)	초당(草堂)	양천(陽川)	초당집(草堂集)
홍가신(洪可臣)	1541~1615	홍도(興道)	만전당(晩全堂)	남양(南陽)	만전집(晩全集) 만전당만록(晩全堂漫錄)
홍경주(洪景舟)	?~1521	제옹(濟翁)	—	남양(南陽)	

홍섬(洪暹)	1504~1585	퇴지(退之)	인재(忍齋)	남양(南陽)	인재집(忍齋集)
홍성민(洪聖民)	1536~1594	시가(時可)	졸옹(拙翁)	남양(南陽)	졸옹집(拙翁集)
홍양호(洪良浩)	1724~1802	한사(韓師)	이계(耳溪)	풍산(豊山)	이계집(耳溪集)
홍언필(洪彦弼)	1476~1549	자미(子美)	묵재(默齋)	남양(南陽)	묵재집(默齋集)
홍여순(洪汝諄)	1547~1609	사신(士信)	—	남양(南陽)	
홍종록(洪宗祿)	1546~1593	연길(延吉)	유촌(柳村)	남양(南陽)	
홍천경(洪千璟)	1553~1632	군옥(群玉)	반항당(盤恒堂)	풍산(豊山)	
홍한(洪瀚)	1451~1498	온진(蘊珍)	—	남양(南陽)	
황정욱(黃廷彧)	1532~1607	경문(景文)	지천(芝川)	장수(長水)	지천집(芝川集)
황진(黃進)	1550~1593	명보(明甫)	아술당(蛾述堂)	장수(長水)	
황현(黃玹)	1855~1910	운경(雲卿)	매천(梅泉)	장수(長水)	매천집(梅泉集)

| 참 고 도 서 |

· 고영진,『조선시대 사상사를 어떻게 볼 것인가』, 풀빛, 1999
· 금장태,『퇴계의 삶과 철학』, 서울대학교 출판부, 1998
· 김경재 편, 김세필 선생의 생애와 사상, 십청헌김세필선생문화재사업회, 1999
· 김 돈,『조선전기 군신권력관계 연구』, 서울대학교 출판부, 1997
· 김용섭,『한국중세 농업사 연구』, 지식산업사, 2000
· 김준석,『한국중세 유교정치사상사론 Ⅰ·Ⅱ』, 지식산업사, 2005
· 도현철,『고려말 사대부의 정치사상연구』, 일조각, 2002
· 박원호,『최부 표해록 연구』, 고려대학교 출판부, 2006
· 배종호 외,『한훤당의 생애와 사상』, 한훤당선생기념사업회, 1996
· 신병주,『남명학파와 화담학파 연구』, 일지사, 2000
· 심경호,『김시습 평전』, 돌베개, 2003
· 이경식,『조선전기 토지제도 연구 Ⅱ』, 지식산업사, 1998
· 이병도,『한국유학사』, 아세아문화사, 1987
· 이병휴,『조선전기 기호사림파 연구』, 일조각, 1984
· 이병휴,『조선전기 사림파의 현실인식과 대응』, 일조각, 1999
· 이성무,『조선시대 당쟁사』, 동방미디어, 2000
· 이성규 외,『음애 이자와 기묘사림』, 지식산업사, 2004

- 이수건, 『영남사림파의 형성』, 영남대학교 민족문화연구소, 1979
- 이수건 외, 『점필재 김종직의 학문과 사상』, 금오공과대학 선주문화연구소, 1996
- 이수건 외, 『탁영 김일손의 문학과 사상』, 영남대학교 민족문화연구소, 1998
- 이우성 외, 『이회재의 사상과 그 세계』, 성균관대학교 대동문화연구원, 1992
- 이우성 외, 『학봉의 학문과 구국활동』, 학봉선생기념사업회, 1993
- 이종범 편, 『나는 호남인이로소이다』, 사회문화원, 2002
- 이태진, 『한국사회사연구』, 지식산업사, 1986
- 이태진 편, 『조선시대 정치사의 재조명(개정판)』, 태학사, 2003
- 정두희, 『조광조』, 아카넷, 2000
- 정창권, 『홀로 벼슬하며 그대를 생각하노라』, 사계절, 2003
- 조남국 외, 『휴암 백인걸의 생애와 사상』, 휴암선생기념사업회, 1997
- 조남욱, 『정여창』, 성균관대학교 출판부, 2003
- 지두환, 『조선시대 사상사의 재조명』, 역사문화, 1996
- 최근덕 외, 『하서 김인후의 사상과 문학』, 하서기념회, 1994
- 최승희, 『조선초기 정치사연구』, 지식산업사, 2002
- 최이돈, 『조선중기 사림정치구조 연구』, 일조각, 1994
- 한영우, 『조선전기 사학사 연구』, 서울대학교 출판부, 1981

| 찾 아 보 기 |

ㄱ

갑술환국 _ 286
갑자사화 _ 22, 34, 38, 72, 73, 96
『강목고이』_ 154
「겸허설」_ 318, 319
『경연일기』_ 172
경현서원 _ 65
계미삼찬 _ 30, 235, 237, 239, 246
『고려사』_ 21, 53, 57, 63
『고려사절요』_ 21, 53
「곤재선생사실」_ 313
『곤지기』_ 132
「공자당연구」_ 94
『쾌일록』_ 250
「국시소」_ 324
『국조유선록』_ 161
국조오례의 _ 171
기묘사화 _ 24, 65, 70, 71, 90, 94, 95, 96, 108, 110, 114, 144, 181, 197, 210, 221, 224, 269, 294, 305
기일원론 _ 242
『기축기사』_ 304, 320, 323
『기축록』_ 250
기축옥 _ 30, 31, 247, 283, 285, 291, 292, 295, 299, 306, 320, 321, 323, 324
기해예송 _ 324
김개사건 _ 165, 174, 227
『근사록』_ 24
『금남집』_ 46, 65
금양서원 _ 311

ㄴ

낙암 _ 174, 203, 208
남명학파 _ 25, 26, 28, 230, 255, 291
『남사록』_ 46
낭천제 _ 227, 228
노비종모법 _ 109
『논어석소』_ 162
『논사록』_ 192, 193, 196
「논심성정」_ 183
「논재상천거」_ 304
『눌재집』_ 100

ㄷ

『당토행정기』_ 49, 51
『대동기문』_ 169
대윤(大尹) _ 25, 112, 148, 196
『대학강의』_ 106, 130
『대학석소』_ 162
『대학토석』_ 162, 307

『대학혹문』_ 302, 303
「도심인심설」_ 132
『동강집』_ 272
『동국사략』_ 58, 70, 71, 98, 99
『동국지리지』_ 292
『동국통감』_ 20, 21, 35, 53, 54, 64, 71, 99
『동남소사』_ 247, 285, 286, 287
『동방견문록』_ 35, 51
『동사강목』_ 62
『동사찬요』_ 98
동서분당_ 168, 216
동암·남계에 대한 감회_ 288
「동한절의진송청담설」_ 299, 300, 319

ㅁ

만언봉사_ 167
『매월당집』_ 71, 99
『매천야록』_ 288
면앙정_ 124, 242
『몽구』_ 154
무오사림_ 23, 87
무오사화_ 22, 34, 38
『무정보감』_ 176
「묵죽도」_ 110, 112, 113
물염정_ 110, 147
「미산만익비」_ 51
『미암일기』_ 143, 155, 165, 166, 167, 172, 307, 312
『미암집』_ 170, 172

ㅂ

「백록동규」_ 307
백화정_ 106, 136, 137
『벽온방』_ 24
「보좌명」_ 161

ㅅ

사단칠정논변_ 175, 182
「사단칠정설」_ 174, 182
사미인곡_ 255
『사서오경언석』_ 162
『사서의변』_ 162
『사서집주』_ 302
사서토석_ 143, 167, 171, 290, 305
삼국균적론_ 20, 59, 66
『삼국사기』_ 20, 58
『삼국사략』_ 53
『삼국사절요』_ 20, 53
삼당시인_ 244
삼윤수뢰사건_ 238, 246
삼인대 상소_ 79
「서명(西銘)」_ 132
「서명사천도」_ 106, 132

『석담일기』_ 167, 228, 238, 247, 250, 252, 254, 261, 262
석천사_ 66, 67
「선조조고사본말」_ 277
『성리대전』_ 24, 110
『성학십도』_ 195
소릉_ 18
소릉복위론_ 19, 34
소쇄원_ 124, 125
소윤(少尹)_ 25, 112
『소학』_ 23, 25, 88, 96, 108, 110, 114, 130, 178
『속휘변』_ 154
『속몽구』_ 154
『속몽구분해』_ 154, 162
송사련무고사건_ 186
수미법_ 158
수암서원_ 246, 286
순회세자_ 177, 216
시강원_ 112, 144, 148
『시서경해』_ 153
신비복위소_ 23, 70, 71, 79, 85, 87, 90, 101, 102
『신증유합』_ 154, 155
『신찬여지승람』_ 34
『신편동국통감』_ 34, 54
『심경』_ 24
『십구사략』_ 202
「십훈(十訓)」_ 145

ㅇ

안명세사건_ 176
양재역벽서사건_ 117, 142, 149, 165, 176
『어우야담』_ 270
여항시인_ 244
『역대요록』_ 154
『연려실기술』_ 109, 277
『연산군일기』_ 39
영귀사_ 135
『용호비결』_ 160
우계학파_ 29
『우득록』_ 325, 326
우부리사건_ 70, 81
위사공신_ 149, 164, 165, 176
「유희경전」_ 270
윤암정사_ 305
『율곡전서』_ 258
율곡학파_ 29
을묘왜변_ 119
을사사화_ 25, 65, 132, 142, 149, 150, 159, 165, 176, 222, 224, 225, 263, 292
을사위훈론_ 164, 165
의국론_ 24
이기호발설_ 183
『이락연원』_ 95
『일월록』_ 250, 277
일재학파_ 25, 26
임백령시호사건_ 205, 222

『입당구법순례행기』_ 35, 51

ㅈ

『자치통감』_ 248
『자치통감강목』_ 24, 154, 248
『잠서』_ 23
『전습록』_ 97
『점필재집』_ 38
「정훈」_ 142, 145, 156, 158
「조의제문」_ 19, 22, 34, 36
종계변무주문 _ 203
주기론 _ 242
「주역관상편」_ 106, 132
『주자대전』_ 23, 24, 95, 112, 143, 153, 162, 175, 178, 179, 185
『주자문록』_ 174, 175, 178, 179
『주자서절요』_ 174, 178
『주자어류』_ 23, 95, 153, 300
중종반정 _ 23, 70, 71, 73, 81, 83, 96
『중종실록』_ 84, 100
「증손여씨향약」_ 23, 307

ㅊ

『창진방』_ 24
처사형 사림 _ 30, 31, 291
「천명도」_ 106, 107, 127, 129, 174, 180

『천명도설』_ 127
『천자문』_ 154

ㅌ

「탐진대」_ 286
「태극도설」_ 132
태극음양논쟁 _ 106, 133, 175
「태산가」_ 120
『택리지』_ 287
퇴계학파 _ 25, 26, 28, 230, 255

ㅍ

『표해록』_ 34, 35, 46, 49, 50, 51, 52
필암서원 _ 137, 138

ㅎ

한전론 _ 23, 89, 145
『해동명장전』_ 298
『헌근록』_ 161
현량과 _ 23, 89, 90, 108, 115, 200, 285, 296, 316, 317
화담학파 _ 25, 26, 230, 291, 301
화산사 _ 135
『효경간오』_ 121